国家社科基金青年项目"南海丝绸之路水下文化遗产合作保护问题研究"（15CGJ013）结项成果

南海丝绸之路水下文化遗产合作保护问题研究

马明飞　著

WUHAN UNIVERSITY PRESS
武汉大学出版社

图书在版编目(CIP)数据

南海丝绸之路水下文化遗产合作保护问题研究/马明飞著.—武汉：
武汉大学出版社,2023.10
ISBN 978-7-307-23312-6

Ⅰ.南…　Ⅱ.马…　Ⅲ.海上运输—丝绸之路—水下—文化遗产—
保护—研究　Ⅳ.K917

中国版本图书馆 CIP 数据核字(2022)第 170503 号

责任编辑:胡　荣　　　责任校对:汪欣怡　　　版式设计:马　佳

出版发行：**武汉大学出版社**　（430072　武昌　珞珈山）
（电子邮箱：cbs22@whu.edu.cn　网址：www.wdp.com.cn）
印刷:武汉邮科印务有限公司
开本:720×1000　1/16　印张:12.75　字数:205 千字　插页:1
版次:2023 年 10 月第 1 版　　　2023 年 10 月第 1 次印刷
ISBN 978-7-307-23312-6　　　定价:49.00 元

序　言

南中国海（以下简称"南海"）海域总面积约 350 万平方公里，是中国大陆南部边缘海，是太平洋与印度洋之间的海上走廊和中间站，在近千年来作为著名的"海上丝绸之路"要道，也是中国沟通东南亚、南亚、西亚、非洲的必经之地，具有重要的战略地位，自古以来就由中国管辖。自二十世纪六七十年代南海勘探出极为丰富的油气资源之后，周边邻国或就南海各岛礁提出主权要求，或对海域划界、油气资源开发产生争议，并持续至今，事关中国、中国台湾、越南、马来西亚、印度尼西亚、文莱、菲律宾等"六国七方"。中国依据"南海断续线"主张权利，并提出了和平解决南海争议的"搁置争议，共同开发"原则。

在世界格局发生复杂变化的当前，中国适时提出了"一带一路"倡议。2013年 10 月上旬，中国国家主席习近平访问印度尼西亚时，提议与东盟各国合作建设"21 世纪海上丝绸之路"，得到了国际社会特别是南海周边国家的广泛关注和积极响应。可以说，和平解决南海争议已经成为中国以及南海周边国家的共识。南海海域不仅有丰富的油气、渔业等自然资源，作为古代"海上丝绸之路"的要道，还沉睡着大量古沉船、遗迹等水下文化遗产。此类人文资源不仅具有重大的考古、历史、艺术和经济价值，更是中国人民最早到达、最先开发南海诸岛的历史见证，同时在维护国家主权、解决南海争议时还可发挥不可替代的作用。因此，水下文化遗产也是我国海洋权益中的重要组成部分。但是，南海海域的水下文化遗产的保护却面临着严峻的局势。一方面，南海丝绸之路沿线水下文化遗产的破坏行为十分猖獗。由于南海海域存在争议，大量水下文化遗产或被私人盗掘、拍卖，或被南海周边国家商业打捞，部分邻国甚至蓄意破坏南海海域起源于我国的水下文化遗产，意在抹杀中国有关南海权利的历史证据。另一方面，南海周边国家水下文化遗产保护的法律与政策不尽相同，加之南海海域存在主权争议，各国的国内法和相关的国际公约对南海丝绸之路的水下文化遗产的所有权、管辖权规定不一致，造成了法律上的冲突和空白，客观上对南海丝绸之路水下文化遗产的保护构成了障碍。上述问题引起了理论界和实务界的广泛关注。在和平解决南海争端、合作开发和保护南海资源的今天，"21世纪海上丝绸之路"和"海洋命运共同体"的提出为合作保护南海水下文化遗产提供了重要契机。《南海丝绸之路文化遗产保护共同宣言》的发布更是揭开了南海丝绸之路水下文化遗产合作保护的序幕。在上述背景下，开展南海丝绸之路水下文化遗产合作保护问题研究具有重要的现实意义和理论价值。

本书密切把握了"南海海洋权益争端"、"21世纪海上丝绸之路"倡议及"海洋命运共同体"理念等几大热点话题，结合我国在南海问题上的态度和立场，提出了南海丝绸之路沿线国家应积极开展水下文化遗产的合作保护的倡议。具体而言，本书首先对南海丝绸之路水下文化遗产保护基本问题进行了界定，其次对南海丝绸之路主要沿线国家水下文化遗产保护的法律和政策进行梳理，进而分析了南海丝绸之路沿线开展水下文化遗产合作保护的法律与政治基础，同时也对南海丝绸之路水下文化遗产合作保护的现实困境进行了探讨。南海海域划界争端，南海复杂的地缘政治环境，南海诸国对水下文化遗产的商业化打捞行为，《保护水下文化遗产公约》"就地保护"原则，海盗、海上恐怖主义及自然灾害等海上非传统安全行为等都对南海丝绸之路水下文化遗产合作保护提出了现实挑战，解决这些问题是建立合作保护的实践基础。

为此，本书认为，我国在南海丝绸之路沿线开展水下文化遗产的合作保护应采取多种对策。首先，我国应当在南海丝绸之路水下文化遗产合作保护中坚持"搁置争议，共同保护"原则并发挥主导作用，积极倡导建立合作保护机制并推动区域合作保护专项合作文件的制定。其次，我国应积极探索并建立以沿线国家主导发掘为主、商业合作打捞为辅的水下文化遗产打捞模式。最后，我国应当修改已过时的《中华人民共和国水下文物保护管理条例》，完善国内水下文化遗产保护立法。在此基础上，中国应带动南海丝绸之路沿线各国积极借鉴水下文化遗产大国的经验，并结合南海丝绸之路的具体情况，在现有的中国—东盟"10+1"合作框架下积极促成各国达成专门的南海丝绸之路水下文化遗产合作保护专项合作文件、创建互信互利为基础的多边合作机制、建立联合执法制度、设置自然保护区制度和构建以谈判协商为主的争端解决机制。

　　本书在撰写过程中采用了系统化的研究模式，在研究过程中采取了跨学科的研究方法，涉及海洋法学、国际法学、国际关系学、管理学等学科知识。全书通过对海洋法的研究明确南海丝绸之路水下文化遗产的法律地位，通过国际法研究南海丝绸之路水下文化遗产合作保护的现实基础，通过对国际关系研究合作保护的模式和制度框架，为南海丝绸之路水下文化遗产合作保护的开展奠定理论基础。在此基础上，本书进一步分析了南海丝绸之路水下文化遗产合作保护的路径，为未来合作保护工作的实质性开展提供了可行性建议。期待本书能为国际法、文化遗产保护法研究注入新鲜的血液，为我国维护海洋权益提供有益的参考，发挥积极的作用。

目　　录

第一章 南海丝绸之路水下文化遗产概述

南海丝绸之路沿线海域作为古代海上丝绸之路的要道，有众多古商船、战舰航经，也有众多船舶因种种原因沉没于此。由于这一海域存在争议，因此该区域的水下文化遗产开发和保护也处于无序的状态。此外，南海周边各国国内法对水下文化遗产的定义也不尽相同，部分水下文化遗产没有被列入保护的范围，这十分不利于该南海丝绸之路水下文化遗产的保护。因此，促成南海周边国家对南海丝绸之路水下文化遗产的合作保护的首要任务就是对该区域的水下文化遗产进行界定，并了解其分布及保护的现状。

第一节 南海丝绸之路水下文化遗产的界定

如何界定南海丝绸之路水下文化遗产，对于正确认识南海周边国家在合作保护水下文化遗产的范畴具有重要意义。对何谓南海丝绸之路水下文化遗产，尚未有学者作出定义。要正确认识这一概念，我们可以将这一概念进行拆分，首先了解何谓南海丝绸之路，其次再对水下文化遗产进行界定。

一、南海丝绸之路概述

随着历史的演进和观察视角的变化，对南海丝绸之路的认识和解读随之丰富。通过对南海丝绸之路的多维度观察有利于我们正确、全面、深入地理解这一概念，从而正确界定南海丝绸之路水下文化遗产。

（一）地理视阈下的南海丝绸之路

《中国大百科全书·丝绸之路》条目写道，丝绸之路是"中国古代经中亚通

1

往南亚、西亚以及欧洲、北非的陆上贸易通道。因大量中国丝和丝织品多经此路西运，故称丝绸之路，简称丝路。……近来一些学者更扩大了丝绸之路的概念，认为上述道路只是通过沙漠绿洲的道路，因称之为'绿洲路'。又将通过中国北方游牧民族地区的道路称为'草原路'，经中国南方海上西行的道路称为'海上丝绸之路'或'南海道'等等"①。

《辞海》中对于"丝绸之路"的解释是："古代横贯亚洲的交通道路，亦称丝路。……约自公元前第二世纪以后千余年间，大量的中国丝和丝织品皆经此路西运，故称丝绸之路。丝绸之路的支线……亦有取道海上者，或自中国南部直接西航，或经由滇、缅通道再自今缅甸南部利用海道西运，或经由中亚转达印度半岛各岛再由海道西运。"②

国内较早提出"海上丝绸之路"概念的学者陈炎在其所著《略论海上"丝绸"之路》一文中，将海上丝绸之路划分为东海航线和南海航线，其中南海航线是海上丝绸之路的重要组成部分。③ 据东汉班固撰写的《汉书·地理志》卷二八"粤地"条记载，汉武帝时（公元前 140 至前 87 年），我国海船从雷州半岛始发，载有大量黄金和丝织品，穿越今越南、泰国、马来西亚、缅甸，远航到印度洋的印度半岛南部黄支国（今康契普拉姆）去换取当地的特产，然后从斯里兰卡返航。这是我国丝绸作为商品出口到上述这些国家的最早纪录，途经今香港九龙半岛，南海西沙、南沙海域，最终到达西亚和东非乃至欧洲。④ 此条为丝绸贸易而开辟的海上航路，就是海上丝绸之路的南海航线。

随着古代中国在航海技术方面的不断进步，海上丝绸之路南海航线在唐宋时期得以进一步延伸。著名的唐代地理学家贾耽（公元 730 年—公元 805 年）在《广州通海夷道》和《新唐书·地理志》中均对南海航线有清晰的记载。在此期间，南海航线是从广州出发，经东南亚、印度洋北部诸国，后由印度前往阿曼湾，最终抵达波斯湾。这一航线将中国和三大地区——以室利佛逝（苏门答腊南部古国）为首的东南亚地区、以印度为首的南亚地区、以大食（古阿拉伯帝国）

① 中国大百科全书总编辑委员会主编：《中国大百科全书·中国历史》，中国大百科全书出版社 2000 年版，第 162 页。

② 夏征农等主编：《辞海》，上海辞书出版社 1980 年版，第 53 页。

③ 陈炎：《略论海上"丝绸"之路》，载《历史研究》1982 年第 3 期，第 162 页。

④ 班固：《汉书》（卷二十八下），中华书局 1962 年版，第 1671 页。

为首的阿拉伯地区，通过海外丝绸贸易联系在一起。① 两宋时期采取鼓励对外贸易的措施比唐代更加积极，进一步促进了南海航线的发展。大量典籍记载显示南海诸岛海域为丝路航线所经。宋末史学家马瑞临在《文献通考·四裔考九》占城条和近现代史学家张铁生在《中非交通史初探》中对这一时期的南海航线进行了介绍。② 两宋时期的海上丝绸之路南海航线，不仅发展到了亚丁湾乃至东非沿岸，还开辟了广州到菲律宾的新航线。值得关注的是，南海中沙群岛海域成为这一时期南海航线所经过的海区，并使得南海诸岛在南海航线中居于交通枢纽地位。

元朝的南海航线基本上和宋朝相似，但又有所发展。这一时期的南海航线在两宋的基础上进一步向南、向西发展，船队经南海航行至波斯湾的忽里模子（今伊朗阿巴斯港或霍尔木兹海峡一带）后，可向西北继续航行至波斯罗（今伊拉克巴士拉），再向南航行至祖法儿（今阿曼佐法尔），再向西入亚丁湾，经西岸默伽（今沙特阿拉伯麦加），继续向西北行可至开罗，由祖法儿向南经亚丁湾口至东非的摩加迪沙（索马里首都），再向南至层摇罗（今坦桑尼亚的桑给巴尔岛）。③

明代大航海家郑和曾先后七次率船队在公元 1405—1433 年远航，途经了三十余国，最远到达红海沿岸港口和非洲东海岸，同时将海上丝绸之路南海航线推向了鼎盛。

明代的海上丝绸之路南海航线在沿用和发展传统南海航线的基础上，又开辟了几条自广州出发的新航线。据明《海录·噶喇叭（雅加达）》记载，这一时期的新航线主要有三条：一是明代由七洲洋（西沙）、占城附近海面南下抵爪哇海、帝汶岛航线；二是明中期从欧洲绕非洲好望角入印度洋经南海抵广州航线；三是明末从广州经菲律宾到北美洲墨西哥航线。④ 这些航线基本上以南海西沙群岛为中心展开，在西沙群岛东西两侧形成两条常用航线。无论哪条航线，南海诸

---

① 王巧荣：《海上丝绸之路南海航线对中国南海权益的历史价值》，载《桂海论丛》2018 年第 4 期，第 52 页。

② 王巧荣：《海上丝绸之路南海航线对中国南海权益的历史价值》，载《桂海论丛》2018 年第 4 期，第 53 页。

③ 陈炎：《略论海上"丝绸"之路》，载《历史研究》1982 年第 3 期，第 171 页。

④ 杨炳南：《海录》，商务印书馆 1936 年版，第 18 页。

岛都是必经之地。自郑和下西洋之后，明清长时期的海禁政策使得中国人逐渐从海上丝绸之路的航线退出，海上丝绸之路南海航线日益衰亡。

综上所述，从地理上讲，南海丝绸之路是指古代海上丝绸之路南海航线途径南海海域的部分，即海上丝绸之路南海段。自汉代发源至明代到达鼎盛期海上丝绸之路南海段上航行的大部分为中国的船只。从今天来看，南海丝绸之路途径的南海海域既包括中国的海域，也涵盖了南海周边国家（越南、马来西亚、印度尼西亚、菲律宾、文莱等国）的海域。

（二）国际法视阈下的南海丝绸之路

海上丝绸之路南海航线最早形成于汉代，发展于唐、宋、元三朝，在明朝达到了鼎盛。在上述三个时期，国际上的航海水平均低于中国，这一事实早已被世界公认。因此，可以说自汉代开辟的途经南海通往东南亚各国的这条航线，在相当长的历史时期内，仅有中国船只在行驶。因而，南海海域及诸岛礁首先为中国人民认识和开发。随着南海航线的不断发展，中国人民对这一海域的地理、水文的认识不断深化，并逐步纳入版图，行使管辖权。

1. 古代中国对南海的认识和管辖

海上丝绸之路南海航线自汉代形成后，我国史籍中就出现了关于南海的记载。东汉杨孚在其所著的《异物志》中记载的"涨海"被多数学者认为是关于南海海域最早的记载。[①] 到了唐宋时期，随着海上丝绸之路南海航线的扩展，中国人民对南海的认识也进一步扩展到南海的部分岛礁。唐代贾耽在其所著《广州通海夷道》中记载的南海航线中提到的地名"象石"经考证即为西沙群岛。[②] 到了宋朝时期，吴自牧所著《梦粱录》中所言"七洲洋"经考证为西沙群岛一带的海域。[③] 这表明，至少到了宋代，中国人民就已经发现并涉足于西沙群岛。元朝的南海航线在宋朝的基础上有所发展，船队航迹已至南沙群岛并进一步向西延伸。元代著名航海家汪大渊在所著的《岛夷志略》中载明的航线中提及的地名

---

① 王巧荣：《海上丝绸之路南海航线对中国南海权益的历史价值》，载《桂海论丛》2018 年第 4 期，第 54 页。

② 李庆新：《海上丝绸之路》，黄山书社 2016 年版，第 45 页。

③ 吴自牧：《梦粱录》（卷十二），中国商业出版社 1982 年版，第 102 页。

"昆仑山""昆仑洋"即为今天的南沙群岛及附近海域。① 明代郑和下西洋航程绘制的航海图，即《自宝船厂开船从龙江关出水直抵外国诸番图》，将东沙群岛和中沙群岛统称为"石星石塘"，称西沙群岛为"石塘"，称南沙群岛为"万生石塘"。② 明代张燮的《东西洋考》中对西沙群岛、南沙群岛的位置，而且对相关海域的航路、岛礁的分布，海流潮汐的变化规律以及航行与风向的关系，都做了极其详细的描述。③ 这些史料表明至少在明代，中国人民对整个南海海域已经有了整体的认知。到了清代，众多历史典籍除记录有关中国人民在南海诸岛生产和生活的情况外，而且开始对南海诸岛进行细分。康熙末年成书的《指南正法》中将南海诸岛分为"南澳气"（指东沙群岛）、"七洲洋"（指西沙群岛）、"万里长沙"（指中沙群岛）和"万里石塘"（指南沙群岛）。④ 而雍正八年（公元1730 年）出版的陈伦炯《海国闻见录》，把南海诸岛分为"南澳气"（指东沙群岛）、"七洲洋"（指西沙群岛）、"万里长沙"（指中沙群岛）和"千里石塘"（指南沙群岛）。⑤ 书中附图《四海总图》明确标绘有四大群岛的地名和位置。

与此同时，中国人民发现和开发南海诸岛后，中央政府逐步加强对南海诸岛的行政管辖。据《汉志》记载，汉武帝平定南粤之乱后，以其地置"儋耳、朱崖、南海、苍梧、玉林、合浦、交趾、九真、日南九郡"。其中，儋耳、朱崖二郡分别辖有今海南岛西部和东部，邻近海区也纳入所在郡管辖范围。⑥ 到了唐代，据《旧唐书·地理志》记载，西沙群岛彼时已归振州（辖今海南岛西南部）管辖。⑦ 至宋代，据《诸藩志》记载，西沙群岛、南沙群岛等南海诸岛均归属广南东路琼管辖，这说明南沙群岛此时也置于中国行政管辖内。⑧ 到了元朝时

---

①　除此之外，本书还记载了船队所到的东南亚、南亚、西亚、东非国家和地区的地理气候、风土人情和珍奇特产，记载的国名和地名有 200 多个。详见苏继顾：《岛夷志略校释》，中华书局 1981 年版，第 318 页。

②　陈炎：《海上丝绸之路与中外文化交流》，北京大学出版社 1996 年版，第 185 页。

③　张燮：《东西洋考》（卷九），商务印书馆 1935 年版，第 129 页。

④　向达校注：《两种海道针经》，中华书局 1961 年版，第 107~121 页。

⑤　李长傅校注：《〈海国闻见录〉校注》，中州古籍出版社 1985 年版，第 50~73 页。

⑥　王巧荣：《海上丝绸之路南海航线对中国南海权益的历史价值》，载《桂海论丛》2018 年第 4 期，第 55 页。

⑦　刘昫等撰，陈焕良、文华点校：《旧唐书》（第 2 册），岳麓书社 1997 年版，第 2084 页。

⑧　赵汝适：《诸藩志》（卷下），商务印书馆 1937 年版，第 40 页。

期，据《元史·世祖本纪》记载，著名天文学家郭守敬到"南海"进行天文测量，这里的"南海"经考证为西沙群岛，表明此时西沙群岛已归属元代王朝管辖①。明代正德年间《琼台志》之《琼海方舆志》里，对于疆域的记载："……南则占城（菲律宾北部沿岸），西则真腊、交趾，东则千里长沙（西沙群岛）、万里石塘（南沙群岛），北至雷州、徐闻。"② 这表明此时南海诸岛均已归属朝廷管辖。清代 1724 年印行的《清直省分图》之《天下总舆图》、1755 年印行的《皇清直省分图》之《天下总舆图》、1767 年印行的《大清万年一统天下全图》、1817 年印行的《大清一统天下全图》等均将南海诸岛标绘在中国版图的行政区内，以及根据《广东通志》《万州志》《琼州府志》等的记载，此时的南海诸岛已置于广东省琼州府万州辖下。③

2. 近现代中国对南海疆域线的划定

到了近现代，国民政府水陆地图审查委员会于 1935 年 1 月发布《中国南海各岛屿华英名对照表》，并在同年 4 月出版的《中国南海各岛屿图》详细地罗列了南海诸岛 132 个岛、礁、沙、滩的名称，第一次将南海诸岛划分为四个部分：东沙岛（今东沙群岛）、西沙群岛、南沙群岛（今中沙群岛）和团沙群岛（今南沙群岛），精确地标注了我国南海诸岛的地理方位，明确将"曾姆滩"（即曾母暗沙）绘注于 4°N，122°E 的位置上。④ 1936 年著名地理学家白眉初所著的《中华建设新图》一书中的第二图《海疆南展后之中国全图》，在南海疆域内标有东沙群岛、西沙群岛、南沙群岛（今中沙群岛）和团沙群岛（今南沙群岛），其周围用国界线标明，以示南海诸岛同属我国版图。南海诸岛最南的国界线标在 4°N 左右，并将曾姆滩标在国界线内。这就是中国地图上最早出现的南海疆域线，也是今天中国地图上"南海断续线"的雏形。

1947 年，彼时的南京国民政府内政部方域司在其统绘的《南海诸岛位置图》（1948 年出版）中，在南海标出东沙、西沙、中沙和南沙四群岛，并采用四群岛的最外缘岛礁石与邻近国家海岸线之间的中线在其周围标记了 11 条断续线。⑤

---

① 厉国青、钮仲勋：《郭守敬南海测量考》，载《地理研究》1982 年第 1 期，第 79 页。

② 唐胄：《正德琼台志 上册》（卷四 疆域），海南出版社 2006 年版，第 67 页。

③ 韩振华：《我国南海诸岛史料汇编》，东方出版社 1988 年版，第 403 页。

④ 吴士存：《南沙争端的起源与发展》，中国经济出版社 2009 年版，第 48 页。

⑤ 李金明：《中国南海疆域研究》，福建人民出版社 1999 年版，第 204 页。

中华人民共和国成立后，出于维护与越南民主共和国友好关系的需要让出了北部湾的两条线，经政府审定出版的地图在同一位置上标绘了南海海域国界线，将这11条改为9条，因而最初称其为"九段线"，因其形状为"U"形，所以也被称为"U"形线（现官方说法为"南海断续线"）。① 1962年，地图出版社出版《中华人民共和国地图》挂图，沿用上述断续线，西北段起自海南岛的南面，东北段至巴士海峡，并沿用至今。同年7月外交部批准该图为标准国界线样图。②

3. 当代南海争端的源起与现状

（1）南海争端的源起

"南海断续线"作为我国南海传统疆域线（亦有学者认为是"历史性权利"线）自1948年公布以来，在半个多世纪得到了包括南海周边国家在内的国际社会的默认。最初，南海周边各国对"南海断续线"及中国拥有南海主权并无异议，一些国家甚至多次主动承认目前存在争议的岛礁和海域属于中国。以越南为例，除了早年的报道、地图，甚至教科书都承认中国对西沙群岛、南沙群岛的主权之外，历史上还曾有过1956年6月15日、1958年9月14日（"范文同公函"）和1965年5月9日等三次著名的官方表态。③ 但南海的平静自二十世纪六七十年代南海海域发现大量油气资源后就被打破。1968年，联合国亚洲暨远东经济委员会框架下的"亚洲外岛海域矿产资源联合勘探协调委员会"正式成立。该委员会在成立之初随即对亚洲的海底资源进行了初步勘察。根据其1969年提供的研究报告，越南沿岸之临近海域、南沙群岛东部和南部海域可能蕴藏着丰富的油气资源，而这些海域大部分位于"南海断续线"内，属于中国的权利范围。④ 这一发现成为当今南海岛礁主权争端、海洋划界争端以及油气资源开发争端的导火索。加之1973年爆发的第四次中东战争引发的石油危机，迫使世界各国重新审视本国的能源安全问题，也使得南海周边国家更加觊觎南海丰富的油气

---

① 《人民日报：中国在南海断续线内的历史性权利不容妄议和否定》，载人民网：http://opinion.people.com.cn/n1/2016/0523/c1003-28369833.html，最后访问日期：2020年3月18日。

② 林金枝：《得道多助——外国方面对中国拥有西沙和南沙群岛主权的论证》，载《南洋问题》1981年第2期，第58页。

③ 吴士存：《南沙争端的起源与发展》，中国经济出版社2009年版，第55页。

④ 李金明：《南海争议现状与区域外大国的介入》，载《现代国际关系》2011年第7期，第1页。

资源。自 20 世纪 70 年代开始,南海周边国家纷纷以《联合国海洋法公约》《大陆架公约》中的某些条款为"依据",大肆强占南海岛礁,单方面划分海域,疯狂开采南海海域内的油气资源。① 此外,南海的渔业资源也非常丰富。据统计,仅 2005 年南海渔业资源年产值就约为 30 亿美元,占世界鱼类总产量的 10%,堪称世界上最为丰富的渔场之一。近年来,越南、菲律宾、马来西亚等南海周边国家竞相制定海洋渔业的开发战略,将目光集中到南海海域,肆意掠夺南海海域特别是争端海域(例如南沙群岛部分海域)的渔业资源,采用野蛮手段驱赶中国渔船,甚至发生多起抓捕和打死、打伤中国渔民的事件,加剧了南海争端的复杂性。②

(2) 南海争端相关各国的主张及现状

越南自 1975 年统一后便开始大肆侵占南海岛礁,继续原南越政府对南海诸岛的主权主张。越南报纸刊登越南全国地图,并在其版图范围内划入了西沙群岛、南沙群岛。1976 年,越南把南沙划归同奈省管辖。随后,越南一方面大力占领南海岛礁,另一方面也积极向南沙群岛移民,鼓励本国渔民在条件较好的岛礁上长期、稳定地捕鱼。③ 1977 年越南政府公布的《越南社会主义共和国对领海、毗邻区、专属经济区和越南大陆架之声明》明确规定,越南的领海是从基线量起向外延伸 12 海里(其内是越南的内水),毗连区和专属经济区的宽度分别是 24 海里、200 海里。1979 年 8 月,《越南对于黄沙群岛和长沙群岛的声明》否定了 1958 年 9 月 14 日的"范文同公函",认为中国对此照会的解释是最大的曲解,因为"照会的精神和文字仅意指承认中国领海 12 海里"。④ 2009 年 5 月,越南向联合国大陆架界限委员会单独提交了南海"外大陆架划界案",声称有 3260 公里长的海岸线并主张对中国的西沙和南沙群岛的主权。⑤ 实际上,越南已

---

① 吴士存:《南沙争端的起源与发展》,中国经济出版社 2009 年版,第 55 页。

② 鞠海龙:《中国南海维权的国际舆论环境演变——基于 1982 年以来国际媒体对南海问题报道的分析》,载《人民论坛·学术前沿》2015 年第 10 期,第 83 页。

③ David Jenkins, "A 2000-year-old Claim", *Far Eastern Economic Review* (August 7, 1981), p. 32.

④ 《越南曾承认中国南海主权:和周总理照会确认》,载搜狐网:https://mil.sohu.com/20150217/n409073758.shtml,最后访问日期:2020 年 3 月 5 日。

⑤ 傅莹、吴士存:《南海局势及南沙群岛争议:历史回顾与现实思考》,载《南海评论(1)》,南京出版社 2017 年版,第 10 页。

成为控制南海岛礁最多的国家（实际控制 29 个，见表 1-1）。

表 1-1　　　　　　　　　南海周边各国实际控制南沙岛礁情况①

国家	实际控制岛礁
中国	美济礁、渚碧礁、赤瓜礁、东门礁、南薰礁、华阳礁、永暑礁、太平岛（中国台湾实际控制）、中洲岛（中国台湾实际控制）
越南	鸿庥岛、南威岛、西卫滩、南子岛、敦谦沙洲、安波沙洲、染青沙洲、中礁、毕生礁、柏礁、西礁、无乜礁、日积礁、大现礁、六门礁、东礁、南华礁、舶兰礁、奈罗礁、鬼喊礁、琼礁、广雅滩、蓬勃堡、万安滩、景宏岛、人骏滩、奥南暗沙、金盾暗沙、李准滩
菲律宾	马欢岛、南钥岛、中业岛、西月岛、北子岛、费信岛、双黄沙洲、司令礁
马来西亚	弹丸礁、光星仔礁、南海礁

菲律宾对南海岛礁的态度和政策在 20 世纪 60 年代南海海域发现油气资源及第一次石油危机发生后转变得尤为积极和扩张，将占领重要岛礁、分享南海油气资源作为首要目标。1971 年 7 月，菲律宾外交部曾向台湾当局抗议其在太平岛上的军事存在。1972 年，菲律宾政府正式将其主张主权的南沙群岛部分岛屿合并为"卡拉延群岛"，划归巴拉望省管辖。1973 年，菲律宾删除了宪法中对占领南沙群岛不利的条文。1974 年，菲又向越南和台湾当局发表抗议，宣称菲律宾有获得对方所占岛屿的权利。② 与此同时，菲律宾也开始派遣军队占领岛礁，至今已占领 8 个（见表 1-1）。在菲律宾抢占岛礁的过程中，值得关注的是黄岩岛问题。为达到侵占黄岩岛的目的，菲律宾以该岛在其 200 海里专属经济区内为由，

---

① 《各国对南沙群岛实际控制情况》，载凤凰网：http://news.ifeng.com/mainland/special/nanhailingtuzhengduan/，最后访问日期：2020 年 1 月 2 日。

② Jianming Shen, "International Law Rules and Historical Evidences Supporting China's Title to the South China Sea Islands", *Hastings International and Comparative Law Review* (Vol. 21, 1997), p. 57.

自 1997 年毁坏了中国主权标志开始，就对该岛及其附近 5 海里水域开展实际控制行动，多次在黄岩岛抓扣、抢劫甚至用军舰撞击我国正常作业的渔船，造成多起灾难性事故，并非法逮捕我国渔民。① 此外，菲律宾还曾联合美国在黄岩岛海域开展军事演习。2009 年，菲律宾参议院通过了第 2699 号领海基线法案，将黄岩岛划至菲律宾主权范围内，引发了中国政府的严正抗议。② 2012 年 4 月 10 日，菲律宾海军闯入中国三沙市黄岩岛海域，打着"维护主权"的旗号对避风停靠在该海域的 12 艘中国渔船进行袭扰，并企图派携带武器的海军人员登上中国渔船抓捕渔民。"中国海监 75 号"和"中国海监 84 号"渔政船事发后赶至黄岩岛海域，菲抓捕中国渔民的企图未能得逞。③ 中菲在黄岩岛进行了长达二十余天的对峙后，经多方面斗争菲舰于 5 月 3 日撤退。中方于 2012 年 6 月开始在黄岩岛进行工程建设，并派海警船只守卫黄岩岛海域，结束了菲律宾长期霸占黄岩岛的局面。④ 黄岩岛事件开创了和平解决南海争端的先例，但其后菲律宾仍频频挑起事端。

在 1968 年之前，马来西亚并未介入南海争端，但随着南海油气资源的发现，该国开始意识到南沙群岛的重大战略意义，并逐步进行了一系列的勘探活动，涉及南康暗沙、北康暗沙、海宁礁、潭门礁等南沙群岛多处岛礁，并发现了当时世界上储量较高的大气田"民多洛油田"，并在随后对其进行钻探开发活动，获得了巨大的经济效益。⑤ 与此同时，马来西亚开始宣称对南沙群岛部分岛礁享有主权。1979 年，马来西亚在其官方出版的大陆架地图中将安伯沙洲、司令礁、波

---

① 《菲律宾觊觎海洋资源 找借口强占我国黄岩岛》，载新浪新闻网：http：//news. sina. com. cn/c/2009-03-03/093017325156. shtml，最后访问日期：2019 年 9 月 2 日。

② 《菲律宾提交领海法案到联合国 欲"强占"黄岩岛》，载搜狐新闻网：http：//news. sohu. com/20090303/n262567716. shtml，最后访问日期：2019 年 9 月 2 日。

③ 《菲军方：中国海警船在黄岩岛以水炮驱逐菲渔船》，载凤凰网：http：//news. ifeng. com/mainland/special/nanhailingtuzhengduan/content-3/detail _ 2014 _ 02/24/34134230 _ 0. shtml，最后访问日期：2019 年 9 月 3 日。

④ 《菲方：中国在黄岩岛建军事设施 不久将飘五星红旗》，载凤凰网：http：//news. ifeng. com/mainland/special/nanhailingtuzhengduan/content-3/detail_2014_02/24/34134230_0. shtml，最后访问日期：2019 年 9 月 3 日。

⑤ 吴士存：《南沙争端的起源与发展》，中国经济出版社 2009 年版，第 143 页。

浪礁、南海礁、南乐暗沙、校尉暗沙一线以南的南沙群岛地区划入其版图之内。① 为巩固其主张，马来西亚在 1983 年利用军事演习之机占领了弹丸礁，又在 1986 年 11 月占领了南海礁、光星仔礁，总计占领 3 个岛礁（见表 1-1）。马来西亚自介入南海争端以来不仅获得了巨大的经济利益，又实际控制了部分岛礁，成为南海争端中不可忽视的当事方之一。

印度尼西亚与其他国家之间并没有主权上的冲突，但其在纳土纳群岛的海域划界问题上与中国存在着异议。纳土纳群岛是印尼北部的群岛，归廖内省管辖。20 世纪 60 年代，印尼开始着手考虑纳土纳群岛的大陆架划界和专属经济区划界问题。1969 年，印尼和马来西亚签订了大陆架协议来划分两国的大陆架，但其中的第三段边界线深入至南沙群岛海域，引发了同中国的争端。1980 年，印尼公布了《印度尼西亚专属经济区政府宣言》，但其专属经济区已经深入中国的"南海断续线"之内。1983 年，印尼又公布了《印度尼西亚专属经济区》第 5 号法令，主张除协议外，以等距离或中间线划界。但印尼的划界主张并没有得到中国的认可。② 1995 年中国外交部明确表态，中方对于纳土纳群岛的主权不存在争议，但希望两国通过谈判解决海洋划界问题，2015 年中国外交部再次重申了这一立场。③ 两国的海洋划界争议目前依旧存在。

文莱作为英国的被保护国，1984 年才实现了民族独立。1958 年，英国以两项命令确定了文莱和马来西亚的两条侧向边界线，这两条边界线同时构成了文莱同马来西亚沙捞越和沙巴的领海和大陆架界线。但是，在 1979 年马来西亚公布大陆架地图时并没有参照上述界线，文莱于 1981 年对马来西亚的此种做法提出了质疑和抗议。1984 年文莱独立后便通过立法宣布了本国的 200 海里专属经济区，其所划定的专属经济区与中国和马来西亚的海域权利主张存在冲突。另外，文莱在 1987 年向中国发出照会宣称对其专属经济区内处于南沙群岛南端的南通

---

① 马来西亚的此种行为招致了中国、越南和菲律宾的公开抗议，但其无视周边各国的抗议，仍旧坚持其主权主张。参见吴士存：《南沙争端的起源与发展》，中国经济出版社 2009 年版，第 147 页。

② 常书：《印度尼西亚南海政策的演变》，载《国际资料信息》2011 年第 10 期，第 25 页。

③ 《外交部回应南海纳土纳群岛"争议"：主权属印尼》，载凤凰网：http://news. ifeng. com/a/20151113/46227704_0. shtml，最后访问日期：2019 年 10 月 5 日。

礁享有主权，中国对此表示抗议。① 值得注意的是，南通礁曾自1993年起被马来西亚实际控制。2009年3月，马来西亚和文莱单方面签署文件，将南通礁划归文莱，但文莱未在该岛礁驻守，中国也未出兵占领南通礁，两国各自坚持自己的主张，争端一直延续至今。②

综上所述，从国际法的视角来看，南海丝绸之路所经过的南海海域既包括不存在争议的南海周边各国管辖的海域，也包括存在争议的海域，特别是"南海断续线"内的海域。"南海断续线"内的南海海域是中国人最早发现、最早命名、最早开发经营、最早管辖的海域，根据国际法的原则以及相关规定，发现和占领是获得领土的有效途径之一，鉴于此中国的权利范围当然覆盖了南海诸岛及"南海断续线"以内海域，而且南海周边各国在相当长的时期内对"南海断续线"的效力并无异议，部分国家还主动承认中国在南海海域的权利。然而在南海发现丰富的油气资源之后，南海周边各国纷纷改变原有的立场，或对"南海断续线"内的岛礁提出主权要求，或就"南海断续线"划界产生争议，甚至直接采取军事行动非法占领相关岛礁，严重侵犯了中国的合法权益。针对日益紧张的南海局势，中国最初运用武力来维护自己的主张，其中最具代表性的是1974年和1988年中越之间发生的两次规模较大的海战。通过1974年海战，中国恢复了对西沙群岛全部岛礁的实际控制；③ 通过1988年海战中国占领了南沙群岛部分岛礁例如永暑礁、赤瓜礁等。④ 自20世纪90年代以来，随着冷战的结束，和平与发展成为当今世界的主题，这一主题渲染下的国际大环境为和平解决南海争端提供了良好的外部条件。1991年，中国国家主席杨尚昆访问东南亚时，表示希望与东南亚国家进行磋商，共同开发南沙群岛。⑤ 1995年，中国国务院副总理钱其琛在文莱同东盟国家外长举行对话时，再次重申了解决南海争议的"搁置争议，共同

---

① Liselotte Odgaard, *Maritime Security Between China and Southeast Asia*, Ashgate Publishing Limited, 2002, p. 89.

② 鞠海龙：《文莱海洋安全与实践》，载《世纪经济与政治论坛》2001年第5期，第62页。

③ 《中越南海之战：你争我夺的1974年》，载搜狐网：http://www.sohu.com/a/204401321_488570，最后访问日期：2019年10月9日。

④ 《1988年中越南沙海战》，载凤凰网：http://news.ifeng.com/mil/200803/0307_235_430113.shtml，最后访问日期：2019年10月9日。

⑤ 罗观星：《国事回声——高端采访实录》，中国文化出版社2009年版，第263页。

开发"原则，并主张这一原则是目前处理南海争端最现实可行的途径。① 这一原则也逐渐得到了南海周边国家的认可，中国将与南海各国通过和平方式，加强相互协调和沟通，共同开发利用南海资源。

（三）"21 世纪海上丝绸之路"视阈下的南海丝绸之路

古代海上丝绸之路作为东西方沟通交流的桥梁，使我国与海上丝绸之路沿线区域之商贸联系逐步建立起来，并日趋密切，促进了东西方的文化交流和生产力发展，成为亚欧大陆文明交流之典范，并仍在当下对亚欧国家之经贸合作具有十分重要的影响。② 鉴于海上丝绸之路沿线地区特别是南海海域具有十分重要的地理区位优势、丰富的自然资源和广阔的发展前景，我国与南海周边国家的双、多边对话机制不断增强，区域合作也不断深化。我国在 20 世纪 90 年代提出的解决南海争议的"搁置争议，共同开发"原则大大促进了我国与南海周边国家关系的缓和，加上 2003 年我国与东南亚国家联盟（东盟）等 10 国建立战略伙伴关系以来，中国与南海周边国家（均为东盟成员国）携手开创了"黄金十年"。在这十年间，中国—东盟博览会已连续举办十年，重点是经济合作，并逐步向政治、安全、文化等领域拓展。为了应对国际金融危机和抗击重大灾害，东盟和中国共同努力、守望相助、同舟共济，构建出了合作交流的良好内部环境。③ 此外，2010年中国—东盟自贸区建成，这是当下全球涵盖人口最多，也为发展中国家组建之最大的自由贸易区，在建成后更十分有力地推动了我国与东南亚国家之间的经贸合作与经济共同繁荣。中国已成为东盟第一大贸易伙伴，东盟成为中国第三大贸易伙伴，以自贸区升级为标志，中国与东盟关系已进入成熟期，合作已进入快车道。④

正是上述纵贯古今、横亘东西之时代大背景和历史机遇催生了"21 世纪海上丝绸之路"。2013 年 9 月和 10 月，中国国家主席习近平在出访中亚和东南亚

---

① 《东盟与中国关系大事记》，载人民网：http://www.people.com.cn/item/zrjcfdm/zl02.html，最后访问日期：2019 年 10 月 11 日。

② 冯并：《"一带一路"：全球发展的中国逻辑》，民主法制出版社 2015 年版，第 15 页。

③ 邹嘉龄、刘春腊、尹国庆、唐志鹏：《中国与"一带一路"沿线国家贸易格局及其经济贡献》，载《地理科学进展》2015 年 5 月，第 598 页。

④ 杨言洪主编：《"一带一路"黄皮书》，宁夏人民出版社 2015 年版，第 25 页。

国家期间，提出共建"21世纪海上丝绸之路"的重大举措，引起国际社会广泛关注。"21世纪海上丝绸之路"倡议旨在港口航运、海洋能源、经济贸易、科技创新、生态环境、人文交流等领域，促进政策沟通，道路联通，贸易畅通，货币流通，民心相通，携手共创区域繁荣。在人文交流领域，各地成功举办了一系列以"21世纪海上丝绸之路"为主题的国际峰会、论坛、研讨会、博览会，在增进了解、建立共识、深化合作进而促进民心相通中发挥了重要作用。① 随着"21世纪海上丝绸之路"建设日益发展，南海丝绸之路沿线水下文化遗产将逐渐成为推进沿线国家民心相通、服务共建"21世纪海上丝绸之路"的重要载体。共建"21世纪海上丝绸之路"，南海丝绸之路沿线水下文化遗产具有得天独厚的文化优势，今后必将被赋予建设"民心相通"的重要使命。

作为"21世纪海上丝绸之路"倡议的深化拓展，习近平主席在2019年4月提出的"海洋命运共同体"理念也为中国同南海周边国家进一步深化以海洋为载体和纽带的文化合作提供了契机。② 党的十九大更是将"加强文物保护利用和文化遗产保护传承"作为坚定文化自信，提高文化软实力的重要部分写进报告中。③ 海洋文化能提供强有力的社会共识、舆论环境、精神动力。作为海洋文化的承载物，海洋文化遗产是我国海洋事业发展的文脉之根与魂，是中华民族优秀文化基因库的重要因子，海洋文化遗产蕴含的价值理念和认知观念是我国坚定文化自信不可阙如的一部分，而海洋文化遗产相关产业的发展会进一步带动海洋经济的发展。作为海洋文化遗产的重要组成部分，水下文化遗产的保护与传承不容忽视。因此，开展南海丝绸之路水下文化遗产的合作保护是当前新时期深度推进"21世纪海上丝绸之路"倡议实施、促进海上互联互通、践行"海洋命运共同体"理念的应有之义。

在水下文化遗产保护领域，2014年6月21日在海口举行的南海丝绸之路文

---

① 杨言洪主编：《"一带一路"黄皮书》，宁夏人民出版社2015年版，第13页。

② 习近平总书记的"海洋命运共同体"理念指出，"中国提出共建21世纪海上丝绸之路倡议，就是希望促进海上互联互通和各领域务实合作，推动蓝色经济发展，推动海洋文化交融，共同增进海洋福祉"。参见《共同构建海洋命运共同体》，载人民网：http://theory.people.com.cn/n1/2019/0424/c40531-31047292.html，最后访问日期：2020年2月5日。

③ 《习近平提出，坚定文化自信，推动社会主义文化繁荣兴盛》，载中华人民共和国中央人民政府：http://www.gov.cn/zhuanti/2017-10/18/content_5232653.htm，最后访问日期：2019年10月22日。

化遗产保护研讨会是国内首次在这一领域召开的研讨会，来自全国各地的 37 家科研院所、文物局、博物馆等联合发布了《南海丝绸之路文化遗产保护共同宣言》。① 该"宣言"表示，南海区域各国的文化机构和学术团体应当加强交流，在人文历史、航海科技、贸易往来、遗产保护、打击犯罪等方面谋求更广泛的文化合作。这些合作应该遵循有关国际公约框架下的基本原则，并成为其文化遗产保护典范。该"宣言"还提出，水下文化遗产保护，应当建立行之有效的管理机制，充分运用现代科技，建立起科学有效的防控体系。② 这一"宣言"显示了我国与南海丝绸之路沿线国家合作保护水下文化遗产的决心，但遗憾的是这一"宣言"并没有具体的实施措施，也没有可操作的行动纲领，中国应如何与南海丝绸之路沿线国家合作开展保护水下文化遗产工作是一个急需加强的课题。

二、水下文化遗产概述

文化遗产蕴含着一个国家或民族特有的精神价值、思维方式和想象力，见证了人类历史的发展，体现着一个民族的生命力和创造力，是这个民族智慧的结晶，更是全人类文明的瑰宝。习近平同志 2014 年 2 月 25 日在首都北京考察工作时强调"像爱惜自己的生命一样保护好文化遗产"③。根据文化遗产所处的地理环境位置的不同可分为陆上文化遗产与水下文化遗产两种。现如今大部分国家将更多的视线聚焦在陆上文化遗产，缺乏对水下文化遗产的保护与重视。以我国为例，我国的陆上文化遗产的保护较为完备和高效，而水下文化遗产的保护才刚刚起步。要想对水下文化遗产进行有效的保护，对水下文化遗产的概念界定则是必要的前提。

---

① 《中国学者发起南海丝绸之路文化遗产保护共同宣言》，载凤凰网：http：//finance. ifeng. com/a/20140709/12682503_0. shtml，最后访问日期：2019 年 10 月 15 日。

② 《南海丝绸之路文化遗产保护共同宣言发布》，载国务院新闻办公室网站：http：// www. scio. gov. cn/31773/35507/htws35512/Document/1524739/1524739. htm，最后访问日期：2019 年 10 月 20 日。

③ 《习近平：像爱惜自己的生命一样保护好文化遗产》，载新华网：http：//www. xinhuanet. com/politics/2015-01/06/c_1113897353. htm，最后访问日期：2019 年 10 月 20 日。

（一）　国际法上关于水下文化遗产的定义

"水下文化遗产"首次被关注是在 20 世纪 50 年代。联合国教科文组织（UNESCO）在 1956 年出台的《关于适用于考古发掘的国际原则的建议》（以下简称《建议》）中对"考古发掘"的定义就包括成员国在领海及底层下进行的考古活动，水下考古被纳入其中。这预示着国际社会开始关注水下文化遗产，具有十分重要的意义。虽然这一《建议》并不具有约束力且只限于成员国内陆或领水内，却被成员国的国内立法广为接受。① 在区域层面，1978 年欧洲理事会通过的《水下文化遗产报告》是首次正式提出"水下文化遗产"的国际文件，该《报告》建议欧洲理事会各成员国修订国内立法加强对所有在水下超过 100 年以上的物品的保护。② 1985 年欧洲理事会制定的《保护水下文化遗产欧洲公约（草案）》在第 1 条确定了这一公约的保护对象，初步阐明了水下文化遗产的范畴。③ 虽然这一草案最终因土耳其的反对而未能订立，但仍具有重要的意义，该草案确立的很多保护水下文化遗产的重要原则被其后很多国际协定所借鉴和发扬，例如"就地保护原则""合作保护原则"等。④ 此外，欧洲理事会 1985 年《有关文化财产犯罪的欧洲公约（草案）》⑤ 及 1992 年修订后的《保护考古遗产欧洲公约》⑥ 在各自的适用范围上也单独提及了水下文化遗产。

---

① Preliminary Study on the Advisability of Preparing An International Instrument for the Protection of the Underwater Cultural Heritage, UNESCO General Conference, Twenty-eighth Session, 4 Oct. 1995, para. 2-3. 转引自陈旭艳：《水下文化遗产国际法保护研究》，中国政法大学 2009 年硕士学位论文，第 4 页。

② Janet Blake, "The Protection of the Underwater Cultural Heritage", *International and Comparative Law Quarterly* (Vol. 45, 1996 No. 4), p. 822.

③ 《保护水下文化遗产欧洲公约（草案）》确立的保护对象为："全部或部分位于海洋、湖泊、河流、运河、人造水库或其他水体，或有潮汐现象的地区，或其他周期性被水淹没地区，之所有遗迹、物品及人类存在的遗迹，或从以上环境寻回之所有遗迹、物品及人类存在的遗迹。" Article1 of Draft European Convention on Protection of Underwater Cultural Heritage.

④ 赵亚娟：《联合国教科文组织〈保护水下文化遗产公约〉研究》，厦门大学出版社 2007 年版，第 103 页。

⑤ Article 1 of European Convention on Offences relating to Cultural Property.

⑥ Article 1 of European Convention on the Protection of the Archaeological Heritage Revised 1992.

在多边层面，1982 年《联合国海洋法公约》（以下简称《海洋法公约》）对水下文化遗产未予以足够重视，只在第 149 条和第 303 条对"海洋考古和历史文物"作出了一些笼统和较为原则的规定，但是没有明确界定上述概念。① 国际法协会 1994 年《保护水下文化遗产布宜诺斯艾利斯公约（草案）》在定义部分进一步充实了水下文化遗产的内涵。② 国际古迹遗址理事会 1996 年《水下文化遗产保护管理宪章》中虽也明确使用了"水下文化遗产"这一概念，但并未对这一定义的内涵与外延作出界定。③ 2001 年联合国教科文组织《保护水下文化遗产公约》（以下简称《水下文化遗产公约》）第 1 条规定了水下文化遗产的定义："'水下文化遗产'系指至少 100 年来，周期性地或连续地，部分或全部位于水下的具有文化、历史或考古价值的所有人类生存的遗迹，比如：（i）遗址、建筑、房屋、工艺品和人的遗骸，及其有考古价值的环境和自然环境；（ii）船只、飞行器、其他运输工具或上述三类的任何部分，所载货物或其他物品，及其有考古价值的环境和自然环境；（iii）具有史前意义的物品。海底铺设的管道和电缆不应视为水下文化遗产。海底铺设的管道和电缆以外的，且仍在使用的装置，不应视为水下文化遗产。"④

2001 年《水下文化遗产公约》作为第一个专门保护、管理水下文化遗产的普遍性国际公约，其对"水下文化遗产"的定义体现了国际社会对这一概念共同的认知。在《水下文化遗产公约》通过之前，虽然"水下文化遗产"的概念早已出现，但并没有国际法律文件对"水下文化遗产"这一术语作出内涵与外延确

---

① 参见《联合国海洋法公约》第 149 条、第 303 条。

② 《保护水下文化遗产布宜诺斯艾利斯公约（草案）》采用了列举的方法，将遗址、建筑、房屋、人工制品、人类遗骸、失事船舶、飞行器、其他运输工具或其任何部分、所载货物或其他物品都包括在定义范围内，还在定义里创设性地提出了"有考古价值的环境和自然环境"。参见赵亚娟：《联合国教科文组织〈保护水下文化遗产公约〉研究》，厦门大学出版社 2007 年版，第 95 页。

③ Mark Staniforth, The Role of ICOMOS ICUCH and NAS in Underwater Cultural Heritage Protection in the Pacific, Academia：http：//www. academia. edu/7921674/The_Role_of_ICOMOS_ICUCH_and_NAS_in_Underwater_Cultural_Heritage_Protection_in_the_Pacific, last visited Oct. 29, 2019.

④ Convention on the Protection of the Underwater Cultural Heritage 2001, UNESCO Official Website：http：//portal. unesco. org/en/ev. php-URL_ID = 13520&URL_DO = DO_TOPIC&URL_SECTION = 201. html, last visited Oct. 22, 2019.

切的定义。《水下文化遗产公约》对水下文化遗产的定义使用了一般概括、正面列举和反面排除并用的综合性定义方式。① 可见，水下文化遗产并非完全包括位于水下的一般意义上的"文化遗产"，而是更为严格。但是相对来说，《水下文化遗产公约》对水下文化遗产的定义仍然较为宽泛。②

（二）南海丝绸之路沿线国家国内立法关于水下文化遗产的定义

南海丝绸之路沿线国家根据自身不同的立法传统、文化遗产法律体系及水下文化遗产的特征，确立了不同的水下文化遗产的定义。梳理南海丝绸之路沿线国家现行水下文化遗产保护法律规定中关于"水下文化遗产"的定义，在明晰沿线各国水下文化遗产保护范围差异的基础上，对划定各国合作保护的对象具有十分重要的指示意义。

1. 中国

迄今为止，我国一直没有在法律意义上使用"水下文化遗产"的概念，而代之以"水下文物"这一说法。我国《水下文物保护管理条例》（2022 年修订）定义"水下文物"是指"遗存于特定水域的具有历史、艺术和科学价值的人类文化遗产"，同时排除"1911 年以后的与重大历史事件、革命运动以及著名人物

---

① 在作出一般概括性规定时，《水下文化遗产公约》设置了三个标准，也即三个特征：（1）时间标准：周期性地或连续性地满 100 周年；（2）价值标准：具有文化、历史或考古价值；（3）地理标准：部分或全部位于水下所有人类生存的遗迹，包括可移动和不可移动的物。在正面列举时，《水下文化遗产公约》不但将各种人类遗存包含在内，而且基于周边环境对保护水下人类遗存的重要作用与研究价值纳入了与这些人类遗存有关的环境，包括考古环境与自然环境。在使用反面排除方式时，《水下文化遗产公约》将海底铺设的管道和电缆（无论是否尚在使用）与除此之外的仍在使用的其他装置排除于水下文化遗产的定义之外。最后，《水下文化遗产公约》虽在正面列举时将船只、飞行器纳入水下文化遗产范畴，但《水下文化遗产公约》的许多规定已将国家船舶和飞行器排除在外。参见傅崐成、宋玉祥：《水下文化遗产的国际法保护——2001 年联合国教科文组织〈保护水下文化遗产公约〉解析》，法律出版社 2006 年版，第 50 页。

② 一方面，该定义仅要求"具有文化、历史或考古价值"，没有任何要求必须是"重大的"价值，这表明成员国有义务保护至少一个世纪前就在水下的人类遗迹，无论价值重大与否；另一方面，在定义之后，仅列举了主要的遗产类别，这样的列举并未穷尽，而是开放式的。参见傅崐成、宋玉祥：《水下文化遗产的国际法保护——2001 年联合国教科文组织〈保护水下文化遗产公约〉解析》，法律出版社 2006 年版，第 51 页。

无关的水下遗存"。① 这个概念充分肯定了水下文化遗产应具有的价值，同时界定了保护的时间范围，并将 1911 年以后的具有重大历史价值的水下文物也规定到保护范围内，基本符合我国实际情况。虽然此概念所保护的时间范围可延伸至 1911 年之后，少于《水下文化遗产公约》规定的达到保护范围的对象至少 100 年的要求，但《水下文化遗产公约》在第 2 条第 4 款也表明了各国应"采取一切适当措施……根据各自的能力，运用各自能用的最佳可行手段"来保护水下文化遗产。②

2. 越南

越南政府于 2005 年 7 月正式颁布的《水下文化遗产管理保护法令》中就"水下文化遗产"进行了定义。③ 该法令第 3 条第 1 款规定："水下文化遗产是指存在于水下并具有历史、文化和/或科学价值的物质文化遗产。包括遗迹、古物、国家宝藏；文物、建筑艺术、场所；工艺品和人的遗骸、与人类起源有关的古生物，及其具有考古价值的环境和自然环境。"④ 同时该条第 2 款规定正在使用的水下管道、电缆、装置和设备等不应视为水下文化遗产。该法令借鉴了《水下文化遗产公约》中关于水下文化遗产的定义，但未对水下文化遗产的时间年限作出明确的规定。

3. 菲律宾

菲律宾政府在其国内立法中未使用"水下文化遗产"的概念，而是采用了"文化财产"一词来表述。菲律宾在 1966 年制定并于 1974 年修正的《文化财产保存与保护法》第 3 条"文化财产"的定义中包含"船舶或船的部分或者整体"，也包括沉船上具有文化、历史、人类学、科学价值和意义的物品等。⑤ 与

---

① 参见《中华人民共和国水下文物保护管理条例（2022 年修订）》第 2 条。

② 刘丽娜：《中国水下文化遗产法律保护》，知识产权出版社 2015 年版，第 27 页。

③ Decree no. 86/2005/ND-CP of 8th July 2005 on Management and Protection of Underwater Cultural Heritage, Vietnam Law & Legal Forum：http：//faolex. fao. org/docs/pdf/vie60607. pdf, last visited Feb. 14, 2020.

④ 邬勇、王秀卫：《南海周边国家水下文化遗产立法研究》，载《西部法学评论》2013 年第 4 期，第 56 页。

⑤ Bobby C. Orillaneda & Wilfredo P. Ronqillo, "Protecting and Preserving the Underwater Cultural Heritage in the Philippines：A Background Paper", The MUA Collection（2013. 01. 10），p. 4.

《水下文化遗产公约》对于水下文化遗产的定义相比，《文化财产保存与保护法》对"文化财产"的定义中一方面缺乏对水下文化遗产的时间年限的规定，另一方面缺乏对水下文化遗产具有考古价值的规定。

4. 马来西亚

马来西亚在其 2005 年颁布的《国家遗产法》中采用了"水下文化遗产"这一概念且表述与《水下文化遗产公约》并无不同，是南海周边国家对水下文化遗产的定义中唯一的与《水下文化遗产公约》表述一致的国家。① 但是《国家遗产法》第 63 条第 1 款还规定，如果水下的物品或遗迹具有文化价值，马来西亚政府也有权宣布该等物品或遗迹属于水下文化遗产。② 因此马来西亚《国家遗产法》项下的"水下文化遗产"保护的时间范围也可比公约规定的至少 100 年时限的要求短，同我国《水下文物保护管理条例》的规定类似。

5. 印度尼西亚

印度尼西亚同中国、菲律宾一样，也未在国内立法中采用"水下文化遗产"这一概念。印度尼西亚在其 2010 年颁布的《文化遗产法》第 1 条第 1 款及第 5 条规定了"文化遗产"的范畴，包括"陆上或水下保存超过 50 年的具有重要的历史、科学、教育、宗教及或文化价值的文物、建筑、构筑物及遗址"③。这一定义同《水下文化遗产公约》的相比，在缺乏要求水下文化遗产具备考古价值的同时，保护的时间范围也短于《水下文化遗产公约》规定的至少 100 年的要求。

6. 文莱

在文莱，有关水下文化遗产保护的最主要的法律为 1967 年《古迹和宝藏法》，并经 1984 年、1991 年、2002 年三次修订。在该法第 2 条第 1 款规定的适用范围中包括在 1894 年 1 月 1 日前就已存在的古纪念碑、古迹、文物、历史遗

---

① National Heritage Act 2005, HBQ：https：www. hbq. usm. my/conservation/laws/nationalheritageact. htm last visited Feb. 21, 2020. 转引自林蓁：《领海内满足水下文化遗产定义的军舰的法律地位：中国和东盟国家立法研究》，载《中国海洋法学评论》2018 年卷第 1 期，第 9 页。

② Ida Madieha Azmi, "Tragedy of the Commons：Commercialization of Cultural Heritage in Malaysia", *Queen Mary Journal of Intellectual Property* (Vol. 2, 2012, No. 1), p. 68.

③ Jhohannes Marbun, "An Advocacy Approach on Underwater Heritage in Indonesia, Case Study：An Auction on Underwater Heritage from Cirebon Waters in 2010", *The MUA Collection* (2013. 01. 10), p. 92.

迹以及宝藏，但该法未就此适用范围作出其他解释和说明。① 从字面上看，《古迹和宝藏法》对所保护对象的定义仅限定了时间范围，未要求上述古迹、历史遗迹等具备《水下文化遗产公约》规定的文化、历史或考古价值。

综上所述，截至目前，包括中国在内的南海丝绸之路沿线六国仍不是《水下文化遗产公约》的成员国，但是《水下文化遗产公约》作为"水下文化遗产资源管理与保护的国际科学技术规则与标准的首次法典化"，可以作为南海丝绸之路水下文化遗产合作保护的标杆。但是仅就南海周边各国国内法关于"水下文化遗产"的定义而言，就同公约所定义的存在诸多不一致之处（见表1-2）。

表1-2　　　《水下文化遗产公约》和南海丝绸之路沿线国家就
"水下文化遗产"定义的不一致处

国家	定义中是否具备时间条件（至少100年）	定义中是否具备文化、历史、考古价值	定义中是否包括可移动物及不可移动物
中国	是（但也包括1911年之后与重大历史事件、革命运动以及著名人物有关的水下遗产）	缺乏文化、考古价值，代之以"艺术和科学价值"	是
越南	无	缺乏考古价值，代之以"科学价值"	是
菲律宾	无	缺乏考古价值，代之以"科学价值"	是
马来西亚	是	是	是
印度尼西亚	是（50年以上）	缺乏考古价值，代之以"科学价值"	是
文莱	是（在1894年1月1日之前已存在）	否	是

从以上的归纳来看，南海丝绸之路沿线六国国内立法对于"水下文化遗产"

---

① Section 2（1）of Antiquities and Treasure Trove Act 1967.

的定义既有交叉重叠之处又存在差异。从字面意思来看，仅有马来西亚对"水下文化遗产"的定义符合《水下文化遗产公约》的"三标准"，而其他国家的定义同《水下文化遗产公约》对"水下文化遗产"所设置的时间标准、价值标准都或多或少地存在差异。此种差异就会造成各国在合作保护的过程认定水下文化遗产时产生冲突。例如在 2019 年南海争端海域发现了一艘沉船，该沉船于 1970 年沉没，经考证具备历史、文化和考古价值，但沉没的时间未满 50 年，那么依据印度尼西亚、文莱的国内法，此沉船并不属于水下文化遗产，但是依据中国、越南、菲律宾等国的法律，此沉船却属于水下文化遗产。此种情况下势必会给各国合作保护南海丝绸之路水下文化遗产造成障碍。有鉴于此，开展合作保护的首要前提就是各国要就水下文化遗产的定义达成一致。为了最大限度地保护南海丝绸之路水下文化遗产，各国在进行合作谈判时似可适当放宽《水下文化遗产公约》所限定的时间和价值等诸项标准，对合作保护的对象采取较为宽泛的定义，以扩大合作保护的范围，维护各国在保护水下文化遗产方面的共同利益。

三、南海丝绸之路水下文化遗产的定义

综上所述，从地理上讲，南海丝绸之路是指古代海上丝绸之路南海航线途经南海海域的部分即海上丝绸之路南海段，所途经的南海海域既包括归属于中国的海域，也包括归属于南海周边国家（越南、印度尼西亚、文莱、菲律宾、马来西亚等国）的海域。从国际法视角来观察，南海丝绸之路所经过的南海海域既包括不存在争议的南海周边各国的海域，也包括存在争议的海域，特别是南海周边国家同"南海断续线"相邻的部分海域。"南海断续线"以内的南海海域自古以来就由中国行使管辖权。然而在南海发现丰富的油气资源之后，南海周边各国为了各自的利益蓄意同中国挑起争端，或采取非法手段抢占南海岛礁，或对海域划界产生不满，南海局势日益紧张，甚至爆发了武装冲突。中国一直致力于和平解决南海争端，并适时提出了"搁置争议，共同开发"原则，并逐步得到了南海周边国家的认可。在这一原则指导下，中国与南海周边国家的经贸合作不断加强，携手开创了"黄金十年"，合作领域也不断向政治、安全、文化等领域延拓。在上述时代大背景和历史机遇下，"21 世纪海上丝绸之路"倡议应运而生。这一倡议的目标包括促进各成员间在人文交流领域的沟通和合作，水下文化遗产保护正是

这一领域非常重要的组成部分。为此，2014 年 6 月 21 日在海口举行了南海丝绸之路文化遗产保护研讨会，这是国内首次在这一领域召开的研讨会。会后发布的《南海丝绸之路文化遗产保护共同宣言》，表明了我国与南海丝绸之路沿线国家合作保护水下文化遗产的美好愿景。而这一目标实现的首要前提则是明确"水下文化遗产"的定义，进而划定保护的水下文化遗产的范围。从国际法多边层面上来看，《水下文化遗产公约》作为首个专门保护、管理水下文化遗产的普遍性国际条约，其对"水下文化遗产"的定义体现了国际社会对这一概念共同的认知，因此可作为南海丝绸之路水下文化遗产保护的标杆。《水下文化遗产公约》对"水下文化遗产"这一定义设置了时间标准、价值标准及地理标准，但是南海丝绸之路沿线六国对"水下文化遗产"的定义却鲜有完全符合这三项标准的。此种差异造成了各国在合作保护的过程中认定水下文化遗产时的冲突，进而对合作保护产生障碍。因此为了最大限度地保护南海丝绸之路水下文化遗产，各国在进行合作谈判时似可放宽或取消公约所限定的时间标准和价值标准，对"水下文化遗产"采取较为宽泛的定义，以扩大合作保护的范围，维护各国在保护水下文化遗产方面的共同利益。

因此，笔者认为，南海丝绸之路水下文化遗产是指位于海上丝绸之路南海段海域具有文化、历史或考古价值的所有人类生存的遗迹，包括可移动的和不可移动的物，以及依据南海丝绸之路沿线国家国内法应当被认定为水下文化遗产的遗迹。各国在进行合作保护水下文化遗产谈判时可对符合这一定义的水下文化遗产进行适当列举，对不在合作保护范围的予以排除。

第二节　南海丝绸之路水下文化遗产的分布情况

了解南海丝绸之路水下文化遗产的分布情况是在这一区域开展实质性合作保护的基础性工作。南海丝绸之路沿线海域自古以来就是连接东亚、东南亚和印度洋海域的黄金水道，这一海域内沉睡着众多水下文化遗产。由于资金、技术等条件的限制，南海丝绸之路沿线国家直到 20 世纪 70 年代才陆续开展这一海域内的水下考古工作，并在 20 世纪末达到了高潮。已开展南海丝绸之路沿线水下考古工作的国家主要有中国、印度尼西亚、菲律宾、越南、马来西亚等国。本部分将按照国别将南海丝绸之路沿线海域水下文化遗产的分布情况进行介绍。

一、中国在相关海域发现的水下文化遗产

中国的水下考古工作在改革开放以后才开始。1985 年发生在南海海域的麦克·哈彻（Mike Hatcher）盗捞"海尔德马尔森号"（Geldermalsen）沉船事件导致我国大量水下文物流失,① 使得业界学者认识到保护水下文化遗产的必要性。② 在此背景下, 1987 年 3 月, 国家文物局牵头成立了国家水下考古协调小组；同年 8 月, 广州救捞局联合英国商业打捞公司发现"南海 I 号"沉船；同年 11 月, 中国历史博物馆水下考古研究室成立。③ 1987 年发生的这三件大事, 成为中国水下考古诞生的重要标志。时至今日, 中国已经在南海海域进行了比较系统和科学的水下考古工作, 主要针对南海诸岛礁盘、潟湖及周边海域内的水下文物遗存的工作。迄今为止, 中国在南海海域的水下考古工作以西沙群岛开展得最为充分, 其次是东沙群岛, 南沙群岛仅在部分岛屿进行了初步工作, 中沙群岛的工作尚未开展。④ 究其原因, 一方面与地理条件有关, 另一方面则与南海海域争议有关。

（一）西沙群岛海域

西沙群岛海域位于南海的西北部（15°42′N ~ 17°15′N, 110°42′E ~ 113°08′E）, 北距海南岛榆林港 180 海里, 东临中沙群岛海域, 西距越南李山岛约 110 海

---

① 1985 年, 英国职业探宝人麦克·哈彻在南海海域（对该海域中国同印度尼西亚有争议）打捞到"海尔德马尔森号"（Geldermalsen）沉船, 共出水 126 块金锭和 16 万件瓷器（迄今所发现的最大一批中国出口瓷器）, 本次打捞未获得中方或印尼方的官方许可。虽然当时的国际海洋博物馆大会要求"以科学方法发掘'海尔德马尔森'这样重要的考古发现", 但打捞者利欲熏心, 枉顾沉船船货的历史意义, 采取了破坏性的方式对沉船进行了打捞, 并于 1986 年在荷兰阿姆斯特丹进行拍卖, 总价约 1000 万英镑。参见郭玉军:《国际法与比较法视野下的文化遗产保护问题研究》, 武汉大学出版社 2011 年版, 第 301 页。

② 《记者视域: 水下考古 探寻中国海洋文明》, 载中国考古网: http://kaogu.cssn.cn/zwb/ggkgzx/xw_3516/201206/t20120604_3923910.shtml, 最后访问日期: 2019 年 7 月 3 日。

③ 《中国水下考古任重道远 家底还不清楚盗捞仍严重》, 载中国考古网: http://kaogu.cssn.cn/zwb/kgyd/kgsb/201105/t20110504_3921248.shtml, 最后访问日期: 2019 年 7 月 3 日。

④ 范伊然:《南海考古资料整理与述评》, 科学出版社 2013 年版, 第 8 页。

里，南临南沙群岛海域，海域面积 50 余万平方公里。西沙群岛海域的水下考古工作始于 1998 年，中国历史博物馆水下考古学研究室会同海南省文物保护管理办公室、广东省文物考古研究所等单位为抢救在这一海域发现的华光礁 1 号沉船遗址组成了西沙水下考古队，对这一海域水下文物进行了考古调查与试掘，这是我国水下考古工作者首次独立进行的远海水下考古活动。[1] 此后，在 2007 年，中国国家博物馆水下考古研究中心与海南省文物局等单位再次对华光礁 1 号沉船遗址进行发掘。在 2009 年 5 月、2010 年 4 月，中国国家博物馆水下考古研究中心与海南省文物局等单位合作开展了两次对西沙群岛的文物普查。[2] 在 2012 年 3 月 29 日至 4 月 1 日，国家文物局、国家海洋局举行西沙群岛海域文化遗产联合巡航执法专项行动，对这一海域的水下文化遗产展开巡航执法行动，并对部分沉船遗址进行了复查。[3] 可以说，西沙群岛的水下考古工作开展得较为充分。西沙群岛经过历次考古调查，截至 2013 年，在北礁、银屿、珊瑚岛、金银岛、全富岛、石屿、浪花礁等地共发现 50 余处水下遗物点，20 处沉船遗址，共采集、打捞出水文物千余件（详见表 1-3、表 1-4）。

表 1-3　　　　　　　　　　**西沙群岛海域水下遗物点分布情况**

位置	水下遗物点概况	
	遗物点名称或位置	遗物概况
北礁	北礁遗物点（1974 年）	打捞出汉至明代铜钱 403.2 公斤，以及若干铜镜、铜锭、钢剑鞘及 4 件宋代青釉瓷器
	北礁遗物点（1975 年）	采集约 1200 件文物，主要是瓷器和陶器
	96 北礁 1 号遗物点	采集文物近 60 件，包括瓷器和陶器
	96 北礁 2 号遗物点	采集约 20 件宋代青釉瓷器
	96 北礁 3 号遗物点	采集 10 余件青花瓷、釉陶和泥陶残片

---

[1] 《盘点历次西沙考古》，载中国考古网：http://kaogu. cssn. cn/zwb/kgyd/kgsb/201505/t20150525_3933682. shtml，最后访问日期：2019 年 7 月 4 日。

[2] 许永杰、范伊然：《中国南海诸岛考古述要》，载《江汉考古》2012 年第 1 期（总第 122 期），第 45 页。

[3] 《首站设在海南西沙海域》，载《海南日报》：http://news. hexun. com/2012-03-27/139776654. html，最后访问日期：2019 年 7 月 14 日。

续表

位置	水下遗物点概况	
	遗物点名称或位置	遗 物 概 况
北礁	96 北礁 4 号遗物点	采集到青釉瓷器、釉陶器 10 余件
	96 北礁 5 号遗物点	采集包括 1 件石磨棒在内的青花瓷器残片、残红砖 20 余件
	99 北礁 1 号遗物点	采集到 20 余件宋代青瓷残片和明代青花瓷残片
	99 北礁 2 号遗物点	采集到 20 件左右的宋代青瓷残片和清代青花瓷残片
	99 北礁 3 号遗物点	采集到近 10 件青瓷和青花瓷（元明）
	99 北礁 4 号遗物点	采集到 2 枚非洲象牙及部分陶器残片
	99 北礁 5 号遗物点	发现 3 件锭石，其中 1 件被打捞出水
	2010 北礁 6 号遗物点	散落少量青花、白釉、青釉瓷器残片、陶片和砖
	2010 北礁 7 号遗物点	散落大量陶、瓷器碎片和少量完整瓷器（白釉为主，少量青花）
	2010 北礁 8 号遗物点	遗物分布范围大而分散，主要为青瓷、酱釉瓷和青花残片
	2010 北礁 9 号遗物点	发现 6 块锭石及少量石构件和石材
	2010 北礁 10 号遗物点	散落较多白釉瓷器、青釉瓷器、青白瓷和青花瓷残片
	2010 北礁 11 号遗物点	散落较多铜钱，极少数瓷器残片及 3 块长方形碇石
	2010 北礁 12 号遗物点	散落少量青釉、白釉和青花瓷器残片
	2010 北礁 13 号遗物点	发现 2 块花岗岩质地碇石
	2010 北礁 14 号遗物点	散落有青白釉、青花以及白釉瓷器碎片
	2010 北礁 15 号遗物点	所见遗物仅少量石块
	2010 北礁 16 号遗物点	散落有青白瓷、白瓷和青花瓷残片
	2010 北礁 17 号遗物点	散落范围分散，大多为明代晚期漳州窑产品，另有一石磨盘
	2010 北礁 18 号遗物点	发现类似碇石的石构件及少量青花瓷碎片
	2010 北礁 19 号遗物点	共采集唐、宋、明等朝代铜钱 1030 枚
	2010 北礁 20 号遗物点	发现部分宋、明时期的铜钱，还发现 2 枚铜锭
	2010 北礁 21 号遗物点	发现 2 块石板及成摞的铁锅凝结物

续表

位置	水下遗物点概况	
	遗物点名称或位置	遗 物 概 况
珊瑚岛	珊瑚岛 1 号遗物点	采集 85 件清代青花瓷器
	珊瑚岛 2 号遗物点	发现 100 余件陶、瓷器
	珊瑚岛 3 号遗物点	出水 60 余件石雕器物、10 余件清代青花瓷残件
	珊瑚岛 4 号遗物点	出水近 20 件陶瓷器残片（青花瓷和釉陶）
银屿	银屿 1 号遗物点	采集出水瓷器 84 件，分为青瓷和白瓷
	银屿 2 号遗物点	采集的出水文物有白瓷和青瓷残器
	银屿 3 号遗物点	打捞出水清代青花瓷片 20 余件及少量残青砖
	银屿 4 号遗物点	散落大量青釉瓷片和少量脱釉瓷片
	银屿 5 号遗物点	散布大量青花瓷片
	银屿 6 号遗物点	遗物主要有铜钱、青釉瓷器底和口沿、酱釉罐残腹片和含铁质凝结物（包含铁器、瓷器和铜器）
金银岛	金银岛礁盘西南边缘	采集 60 余件瓷器，以明清的青花瓷片最多
全富岛	在该岛的礁盘上采集到唐至清代嘉庆、道光年间的陶、瓷器 70 余件	
石屿	石屿 1 号遗物点	采集出水文物 33 件，包括青白瓷、青瓷等
	石屿 2 号遗物点	散落元代德化窑瓷器、景德镇窑卵白釉瓷器、青花残片以及龙泉窑青釉瓷
浪花礁	16°01′N～16°05′N，112°26′E～112°36′E	所见遗物以青花瓷残片为主，另有 1 件明代的铜熨斗和 1 件青灰色残条砖
赵述岛	赵述岛 1 号遗物点	散落有少量白釉、青釉瓷残片，为元代龙泉窑产品
	赵述岛 1 号遗物点	散落有一些碗罐瓷器残片
玉琢礁	玉琢礁 1 号遗物点	所见遗物有象牙、石构件及少量瓷片
	玉琢礁 2 号遗物点	石构件 1 件及铁制大炮 4 门
	玉琢礁 3 号遗物点	2 块碇石
东岛	东岛观音庙 1 号遗物点	散落有少量清代晚期青白瓷、青花瓷以及陶器残片
永兴岛	永兴岛东湾 1 号遗物点	散落有少量青白瓷、青花瓷以及陶器残片
华光礁	华光礁 1 号遗物点	散落有少量白釉瓷器残片和陶片

表 1-4　　　　　　　　　　　　**西沙群岛海域沉船遗址分布情况**

位置	沉船遗址概况	
	沉船遗址名称或位置	遗物概况
北礁	北礁 1 号沉船遗址	采集出水瓷器有青白瓷、青瓷和青花瓷三类，其中以青花瓷为主，青白瓷次之，青瓷最少
	北礁 2 号沉船遗址	发现 3 颗铜制炮弹头、船体碎片及大量的铅锭。采集到铅锭数斤、银锭 7 个
	北礁 3 号沉船遗址	散布了大量的青花瓷器残片，共采集约 150 件
	北礁 4 号沉船遗址	遗物多为白釉、青白釉瓷器，也有部分陶器
	北礁 5 号沉船遗址	散落较多的陶瓷器残片和部分完整器物，主要以青白釉为主
	北礁 6 号沉船遗址	散落有元代酱釉瓷器碎片、部分船舶碎片和人工打制的石块
华光礁	华光礁 1 号沉船遗址	出水瓷器以青白瓷为主，青瓷次之，酱釉器最少
	华光礁 4 号沉船遗址	散落较多白釉瓷器、青花瓷器残片
石屿	石屿 1 号沉船遗址	出水有宋元时期青釉、青白釉瓷器和清代青花瓷器
	石屿 2 号沉船遗址	散布较多瓷片，包括青花、卵白釉、白釉、青灰釉、酱釉等
	石屿 3 号沉船遗址	遗物主要是青花五彩瓷、白瓷和青花瓷
玉琢礁	玉琢礁 1 号沉船遗址	仅采集少量青瓷碗和青花碗
	玉琢礁 2 号沉船遗址	分布有较多瓷器碎片，采集到一些青瓷盘、碗、壶、杯等，另有少量白瓷壶和杯
	玉琢礁 3 号沉船遗址	遗物分布较为集中，采集有青花碗和陶罐
浪花礁	浪花礁 1 号沉船遗址	遗物较为集中地分布在礁盘上，采集有龙泉窑青瓷
	浪花礁 2 号沉船遗址	所见遗物有石构件、金属构件、砖块、青花瓷、青花瓷残片以及玻璃器残片
南沙洲	南沙洲西南部海域	遗物分布范围较大，包括德化窑青花碗、盘、杯
盘石屿	盘石屿 1 号沉船遗址	遗物主要是明代中期青花瓷碗、盒和白釉瓷器
珊瑚岛	珊瑚岛 1 号沉船遗址	遗物有石像、石材和方形石柱以及少量青花瓷碗残片
金银岛	金银岛 1 号沉船遗址	散落有白釉、青花瓷残片和石雕

（二）东沙群岛海域

东沙群岛海域位于南海的东北部（20°33′N ~ 20°10′N，115°54′E ~ 116°57′E），北距汕头 140 海里，东距高雄 240 海里，海域面积约 5000 平方公里。中华人民共和国成立后，东沙群岛主要由台湾当局管辖。1999 年，台湾当局将东沙群岛划归"海巡部"管辖。自 2000 年起，东沙群岛改由台湾"行政院海巡署海岸巡防总局"接管，存在两岸分治的复杂局面。2004 年起东沙海域被台湾核定为台湾第一座"国家公园"，称"东沙环礁国家公园"。2007 年，台湾当局正式设立"海洋国家公园管理处"，积极在环台湾岛海域开展环保与人文建设。[1] 鉴于目前东沙群岛由台湾当局实际管辖，因此东沙群岛的水下考古工作主要是由台湾学者进行的。在 2007 年台北"中央研究院"开展的东沙岛文物调查中，台北中山大学海下技术研究所在东沙海域发现数处古代沉船。为进一步了解东沙岛海域的水文、地形及水下文化遗产现状，2012 年台北"中央研究院"再次开展了东沙环礁水域调查，这次调查又发现了 4 处沉船遗址（见表 1-5）及 5 处遗物分布点。[2] 截至目前，东沙群岛的水下考古虽发现有沉船遗址和遗物分布点，但仍有待于进一步的水下考古工作。

表 1-5   **2012 年东沙调查沉船概况**

沉船编号	发现地点	材质	规模	年代
东沙一号	东沙岛潟湖口外水深 3~5 米处	铁船	船骸南北长 115 米，东西宽 19 米；圆柱体长 3.5 米，宽 4.2 米	不详
东沙二号	东沙岛东南方水深 3~5 米处	木船	遗址东西宽 200 米，南北长 220 米	清代中期

---

[1] 陈仲玉：《东沙群岛经营的回顾与展望》，载《"国家公园"学报》2010 年第 21 卷第 1 期。转引自范伊然：《南海考古资料整理与述评》，科学出版社 2013 年版，第 28 页。

[2] 陈仲玉：《东沙岛南沙太平岛考古学初步调查》，载《历史语言研究所集刊》第 68 本第二分册，1995 年。转引自范伊然：《南海考古资料整理与述评》，科学出版社 2013 年版，第 28 页。

续表

沉船编号	发现地点	材质	规模	年代
东沙三号	东沙岛东南方水深 3~5 米处	铁、木、玻璃 纤维船	船骸南北宽 6 米，东西长 18 米	近代
东沙四号	东沙岛东南方水深 3~5 米处	木船	南北长 150 米，东西宽 100 米	清代中期

（三）中沙群岛海域

中沙群岛海域位于南海诸岛中部（15°24′N ~ 16°15′N，113°40′E ~ 114°57′E），西沙群岛东南约 100 公里、东沙群岛西南远方、南沙群岛北方，是一处除黄岩岛（民主礁）以外大部分隐伏于水面下的珊瑚礁石，海域面积 60 余万平方公里。中沙群岛由东北向西南，略呈椭圆形，黄岩岛是中沙群岛的唯一岛屿，在中沙环礁以东约 170 海里，毗邻菲律宾马尼拉海沟，加之其海域内有丰富渔业和油气资源潜力，因此也是当代中国与菲律宾南海争端的海域之一。由于该海域存在争端及自然地理条件的限制，中沙群岛海域目前尚未开展基本的水下考古调查工作。但有大量调查资料证实，中沙群岛海域的水下文化遗产正在遭受破坏，其中包括周边国家的蓄意破坏。在 2010 年 3 月 4 日，我国渔民在中沙黄岩岛海域发现"大明宣德年造"碗底瓷片并经文物部门确认，这是中沙黄岩岛海域的首次考古发现。[①] 2011 年 4 月，我国渔民目击菲律宾籍船只在黄岩岛明代沉船遗址处作业，进行疯狂地盗掘和破坏。[②] 鉴于此种严峻局势，中沙群岛海域的水下文物保护工作亟待推进。

（四）南沙群岛海域

南沙群岛海域位于南海的东南部（3°40′N ~ 11°55′N，109°33′E ~ 117°50′E），北起雄南滩，南至曾母暗沙，东至海马滩，西起万安滩，海域面积约 82 万平方

---

① 吴春明：《中国水下考古 20 载》，载《海洋世界》2007 年第 8 期，第 28 页。

② 《我国水下文物盗捞呈集团化公司化趋势》，载搜狐网：http://roll.sohu.com/20111215/n329085636.shtml，最后访问日期：2019 年 8 月 5 日。

海里，约占中国南海传统海域面积的 2/5。周边自西向东依次毗邻越南、印度尼西亚、马来西亚、文莱和菲律宾，加之这一海域有丰富的渔业和油气资源，因此也是当代南海争端的主要海域。由于中国同南沙群岛海域周边国家复杂的争端及这一海域险恶的自然地理条件，在该海域开展的水下考古工作十分有限。就中国而言，国家水下文物保护中心（原隶属于中国文化遗产研究院，2014 年独立建制为国家文物局水下文化遗产保护中心）先后在 2010 年春秋两季组队参加南海科学考察活动，对费信、马欢、弹丸等 11 个被周边国家侵占的岛礁进行了抵近观察，并参加了南沙巡航曾母暗沙投碑仪式。① 这些工作为开展南沙群岛海域的水下文化遗产调查工作积累了宝贵经验。

（五）其他海域

除上述群岛海域外，广东沿海港口作为南海丝绸之路的起点，在其海域内也发现了部分水下文化遗产，其中具有代表性的当属 "南海Ⅰ号" 沉船和 "南澳Ⅰ号" 沉船。"南海Ⅰ号" 沉船最早于 1987 年在广东阳江海域发现，是国内发现的第一个沉船遗址，在发现之初因资金和技术问题研究一度被延迟。② 在2001—2004 年，获国家文物局批准，并由中国历史博物馆牵头，广东省文物考古研究所、阳江市博物馆协作，"南海Ⅰ号" 沉船水下考古队正式组建，并连续四个年度先后开展了 7 次水下考古调查，采集出水了一大批文物标本。③ 2007 年，经初步整体打捞后，出水后的 "南海Ⅰ号" 船体被移至广东海上丝绸之路博物馆的水晶宫内存放并继续开展后续发掘、保护工作。经水下调查和勘探可知，沉船船体长约 23.8 米，宽约 9.6 米，型深约 3 米。出水的水下文化遗产种类繁多，主要以瓷器为主，还包括大量的铜钱及有少量的金环、金戒指、银锭、

---

① 《国家文物局水下文化遗产保护中心年报·2014 年》编委会：《国家文物局水下文化遗产保护中心年报 2014》，第 13 页。

② 李岩、陈以琴：《南海Ⅰ号沉浮记——继往开来的旅程》，文物出版社 2009 年版，第9 页。

③ 国家文物局水下文化遗产保护中心等：《南海Ⅰ号沉船考古报告之一——1989—2004年调查（上）》，文物出版社 2017 年版，第 12 页。

铜环等遗物。① 经初步研究,专家、学者推断"南海Ⅰ号"沉船是一艘沉没在海上丝绸之路南海航线上的南宋时代贸易商船,更是迄今为止世界上发现的海上沉船中年代最早、船体最大、保存最完整的远洋贸易商船,它将为复原海上丝绸之路的历史、陶瓷史提供极为难得的实物资料。②

"南澳Ⅰ号"沉船最早于 2007 年在广东汕头市南澳岛东南三点金海域的乌屿和半潮礁之间被在此作业的渔民发现。③ 2009 年 9 月 26 日,由国家文物局、广东省博物馆等部门联合开展的"南澳Ⅰ号"水下考古抢救发掘项目正式启动,连续三个年度先后进行了三次大规模打捞工作,并于 2012 年 9 月完成第三轮打捞,总计出水文物近 3 万件。④ 经水下实地勘探可知,沉船船体长约 25.5 米,宽约 7 米,货物散布范围长约 28 米,宽约 10 米。出水文物基本上为漳州市平和窑克拉克瓷的瓷器,此外还有景德镇产的彩釉瓷器以及金属器等。⑤ 南澳岛位于南海丝绸之路航线上,船上装载的瓷器主要出自福建漳州平和窑,综合来看,考古学家初步推测,"南澳Ⅰ号"是从福建漳州附近驶向东南亚一带的明代晚期(万历年间)的商贸船。⑥ 它是至今为止发现的明代沉船里舱位数量最多的,也是国内发现的唯一的明代晚期的商贸货船,将为研究明代海上丝绸之路的历史提供珍贵的

---

① 出水的瓷器主要有磁灶窑酱黑釉瓷绿釉瓷、江西景德镇窑青白瓷、浙江龙泉窑青瓷、福建德化窑青白瓷和白瓷、闽清义窑青白瓷和青瓷等。出水的铜钱以北宋时期的年号钱为主,如政和通宝、元祐通宝、宋元通宝、至道元宝、皇宋通宝、熙宁通宝、元符通宝、大观通宝等,另有少量货泉、五铢、开元通宝、乾元通宝、唐国通宝等汉唐五代十国钱币,南宋时期的有建炎通宝、绍兴通宝、绍兴元宝,最晚的为乾道元宝。参见《国家文物局水下文化遗产保护中心年报·2014 年》编委会:《国家文物局水下文化遗产保护中心年报 2014》,第 76 页。
② 栗建安:《海上丝绸之路的中国水下考古概述》,载《文物保护与考古科学》2019 年第 4 期,第 129 页。
③ 李培、黄学佳等:《"南澳Ⅰ号"会被完整复原》,载《南方日报》2012 年 9 月 25 日,第 A18 版。
④ 吴绪山:《解读"南澳Ⅰ号"》,载《深圳特区报》2012 年 9 月 21 日,第 B01 版。
⑤ 瓷器的主要类型包括青花瓷大盘、碗、钵、杯、罐、瓶等,此外还有釉陶罐、铁锅、铜钱、铜板以及锡壶等。在出水瓷器的纹饰中有人物、花卉、动物等图案以及汉字,如用莲花代表"廉政"的"廉",用鹿代表仕途的"禄"。纹饰中同时还有绶带鸟、十八学士登瀛洲、米芾拜石的典故等。数量最多的青花大盘直径在 30 厘米左右,内壁绘麒麟、牡丹、仕女、书生与花草等。代表性文物为玉壶春瓶、双龙罐、彩釉瓷器、双鱼大盘等。参见林海莘、方淦明:《沉睡海底四百余年重见天日 解读汕头"南澳Ⅰ号"前世》,载《潮商》2010 年第 3 期,第 2 页。
⑥ 吉笃学:《"南澳Ⅰ号"沉船再研究》,载《华夏考古》2019 年第 2 期,第 86 页。

史料。

二、南海丝绸之路沿线其他国家在相关海域发现的水下文化遗产

20 世纪后半叶以来，南海丝绸之路沿线其他国家的考古机构与本国或者西方的私人打捞公司进行了多项海底沉船打捞作业，获得了许多令人瞩目的考古发现。除中国外，参与南海丝绸之路沿线海域的水下考古工作的国家主要有越南、菲律宾、印度尼西亚、马来西亚等国。除中国外，这些国家打捞作业的方式多为本国考古机构与本国或者西方的私人打捞公司合作进行，打捞的沉船包括来自中国的木帆船、东南亚帆船、阿拉伯帆船和西班牙大帆船等。沉船出水文物以瓷器为主，而以中国古代瓷器为大宗，同时也有越南等地的瓷器和马来西亚的陶器。① 南海丝绸之路沿线海域沉船反映了古代东亚、东南亚、南亚、西亚乃至东非地区的贸易状况，是南海丝绸之路和大航海以来东西方贸易往来的重要实物资料，具有很高的学术价值。以下按照国别将该海域发现的沉船遗迹及相关水下文化遗产进行介绍。

（一）越南

越南海岸线长 3260 多公里，其东部和南部海域濒临中国南海西沙群岛海域、南沙群岛海域，是南海丝绸之路的必经之地。自 1991 年至 2002 年，越南海域内共发掘出 5 艘沉船（详见表 1-6）。

表 1-6 **越南海域发掘沉船概况**

沉船名称	沉船地点	规模	出水文物	沉船年代/来源地	备注
建江号	越南建江省富国县安泰社海域 9°59′N, 104°02′E	船骸长 30 米，宽 7 米，有分仓	主要为 15 世纪泰国宋加洛窑青瓷器	——	1991 年打捞发掘

---

① 范伊然：《南海考古资料整理与述评》，科学出版社 2013 年版，第 114 页。

续表

沉船名称	沉船地点	规模	出 水 文 物	沉船年代/来源地	备注
头顿号（槟榔沉船）	越南头顿省槟榔附近海域 8°38′N，106°48′E	船骸长 32.71米，宽 9 米	出水瓷器6万余件，主要为景德窑、汕头窑、漳州窑、德化窑产品，还有部分外国风格的外销瓷，以及部分铜制品，船上出"庚午年"（康熙二十九年，1690 年）墨块	1690 年左右	1990—1992 年由越南国家航海救护总局和 Sverker Hallstrom 公司合作打捞
金瓯号	越南金瓯省海域 7°41′N，105°29′E	船长 24 米，宽 8 米，竹柏制造	船货主要为景德镇窑青花瓷约 5 万件，部分瓷器为西洋风格纹样，部分瓷器底部有"大清雍正"年款识。也有部分广东民窑瓷器及康熙铜钱	推测来自中国	1997—1998 年由越南国家博物馆、金瓯省博物馆、越南国家航海救护总局打捞发掘
占婆号	云南占婆附近海域 7°41′N，105°29′E	船骸长 29.4米，宽 7.2米，柚木制造	船货主要为越南海阳窑产品，还有部分中国、泰国产瓷器，"开元通宝"钱币和明洪武年钱币	15 世纪晚期沉船	1997—2000 年打捞发掘
平顺号	越南平顺省海域 10°33′N，108°35′E	船长 23.4 米，宽 7.2 米	船货主要为广东汕头窑、福建漳州窑瓷器，为明末风格	推测来自中国	2001—2002 年打捞发掘

（二）菲律宾

菲律宾西部海域濒临南海东沙群岛海域和中沙群岛海域，也是古代海上丝绸之路的必经之处。近年来在菲律宾海域也发现了较多的沉船遗迹，主要有三种类型：一是中国华南地区的贸易船，二是东南亚帆船，三是西班牙"大帆船"（详见表1-7）。①

---

① 范伊然：《南海考古资料整理与述评》，科学出版社 2013 年版，第 121 页。

表 1-7　　　　　　　　　　　　　菲律宾海域发掘沉船概况

沉船名称	沉船地点	规模	出 水 文 物	沉船年代/来源地	备注
圣迭戈号	马尼拉湾南口好运礁海域	—	出水文物达 34407 件，包括景德镇窑和漳州窑生产的"克拉克瓷"，以及大型铁锚、铁炮、菲利普Ⅱ世~Ⅲ世时期的墨西哥银币，以及金项链、簪子等	1600 年被荷兰人击沉	1991—1994 年菲律宾国家博物馆和"环球第一"探险队打捞发掘
潘达南岛沉船	潘达南岛和巴拉望岛间海峡	木制尖底型海船，残存 7 个船舱	出水瓷器主要为明代景德镇窑、德化窑、漳州窑的青花瓷和龙泉窑系的青瓷	推测来自中国	1995 年由菲律宾国家博物馆发掘
那斯特拉·塞诺拉·维达号沉船	吕宋岛与民都乐岛之间的海域	船体遗骸包括长方形的龙骨和船板	船货主要是来自中国的青花瓷和陶器	推测来自西班牙	—
塔加波罗沉船	波利瑞港附近的塔加波罗岛北面礁盘	—	主要为华南贸易沉船遗物	—	—
希拉奎沉船	波利瑞港外希拉奎岛北面海域	—	出水碇石与泉州法石、日本博多港等地发现的"博多型"碇石	推测为宋元时期华南帆船	2001—2002 年打捞发掘
圣安东尼奥沉船	吕宋岛西南部圣安东尼奥港外海域	—	出水瓷器主要为宋元时期仿龙泉窑的青瓷，推测为福建地区窑口烧造	—	—
皮托加拉沉船	菲律宾民都乐岛北部皮托加拉港外海域	—	出水瓷器有一半左右系泰国陶瓷、还发现了不少元、明时期的中国青花瓷	—	—
勒拉沉船	菲律宾勒拉滩海域	—	出水大量中国青花瓷和青瓷	沉没年代在 1500 年前后	—

（三）马来西亚

马来西亚地处南海与印度洋的连接之处，马来亚海域自古以来就是黄金水道，也是沉船发现的重要地点。自 20 世纪 90 年代以来马来亚海域发现的古代中国和东南亚沉船包括："Turiang 沉船"（The Turiang shipwreck），约 1370 年；"南洋号沉船"（The Nanyang shipwreck），约 1380 年；"龙泉号沉船"（The Longquan shipwreck），约 1400 年；"皇家南洋号沉船"（The Royal Nanhai shipwreck），约 1460 年；"宣德号沉船遗址"（The Xuande site），约 1540 年；"兴泰号沉船"（The Singtai shipwreck），约 1550 年；"Desaru 号沉船"（The Desaru shipwreck），1845 年；"Diana 号沉船"（The Diana shipwreck），约 1817 年。此外，1984 年，马来西亚方面在柔佛海域调查了 1727 年沉没的荷兰东印度公司"Risdam"号沉船，发现了象牙、锡锭、苏木等文物。①

（四）印度尼西亚

印度尼西亚海域连接了印度洋与太平洋，地处东西海上交通要道，是目前发掘沉船最多的海域之一，其中最为著名的沉船包括：印旦沉船、井里汶沉船等（详见表 1-8）。②

表 1-8　　　　　　　　　　印度尼西亚海域发掘沉船概况

沉船名称	沉船地点	规模	出 水 文 物	沉船年代/来源地	备注
中国帆船	印度尼西亚 Bintan 岛外约 12 海里	—	打捞瓷器 2.7 万件，瓷器中有 2 件有"癸未春日写"款（癸未年即 1643 年）	—	1983—1985 年英国探险队发现

① 范伊然：《南海考古资料整理与述评》，科学出版社 2013 年版，第 117 页。
② 李雯：《十世纪爪哇海上的世界舞台——对井里汶沉船上金属物资的观察》，载《故宫博物院院刊》2007 年第 6 期，第 27 页。

续表

沉船名称	沉船地点	规模	出　水　文　物	沉船年代/来源地	备注
"海尔德马尔森号"（Geldermalsen）沉船	印度尼西亚和马来亚海域（该海域同中国有争议）	—	出水 126 块金锭和 16 万件中国瓷器，以及纺织品、漆器、苏木、沉香木等		1984 年由英国职业探宝人麦克·哈彻盗捞
"泰兴"号沉船	印度尼西亚海域		出水 35 万件（片）青花瓷器		1999 年麦克·哈彻盗捞
勿里洞号（黑石）沉船	爪哇勿里洞岛	—	发现文物 6.7 万余件，其中约 6 万件为唐代长沙窑瓷器	推断为 826 年前后	2002 年由德国打捞公司打捞
井里汶沉船	—	船体长 31 米，宽 10 米	出水完整器 155685 件，可修复器 76987 件，瓷片 262999 片，船货多达 521 种，包括主要来自中国的越窑瓷器、青铜器、钱币等，以及来自马来亚的锡锭和锡制品，来自泰国的细陶军持，来自中亚的青金石料、可能来自印度或印度尼西亚或斯里兰卡的红宝石、蓝宝石、珊瑚珠、红石等	—	2004 年 4 月—2005 年 10 月由印度尼西亚 PT. Paradigma Putra Sejahtera 公司打捞
印旦沉船	靠近印度尼西亚爪哇海的印旦油田	船长约 30 米，宽 10 米	出水船货有来自中国（定窑、越窑、繁昌窑）的瓷器，中国南汉国的银锭（约 5000 两）和铅币（韩亨通宝 145 枚），马来西亚的陶器和锡；爪哇的青铜器	960 年前后	1997 年由德国 Seabed Explorations 公司和印度尼西亚 P. T. Sulung Segarajaya 公司合作打捞

三、南海丝绸之路水下文化遗产分布现状评析

通过对南海丝绸之路沿线国家水下考古情况的梳理，使我们对沿线海域水下文化遗产的分布情况有了初步认识，为南海丝绸之路水下文化遗产合作保护提供了准确的对象和科学的依据。南海丝绸之路沿线水下文化遗产资源十分丰富，就中国而言，经中国政府历年来对南海诸岛的水下考古工作，目前发现的水下遗物点共 50 余处，沉船遗址 20 余处。其中西沙群岛海域的水下考古的成果最为丰硕，水下考古工作者在北礁、华光礁、银屿、盘石屿、珊瑚岛等岛礁陆续发现了 51 处唐宋、元、明、清等不同时期的水下遗物点及 20 处沉船遗址，其中华光礁、北礁、石屿等沉船遗址已经经过科学的水下考古勘测和发掘，著名的北礁沉船遗址、华光礁沉船遗址也已经先后被列为全国重点文物保护单位。[1] 在东沙群岛海域的水下考古工作也得到了初步开展，中国台湾的考古学者在东沙环礁的水下调查中发现了 4 处水下沉船遗址，为进一步的水下考古发掘奠定了基础。但是在中沙群岛海域、南沙群岛海域因特殊的政治因素及险恶的自然地理条件，水下考古工作尚未全面开展。中沙群岛目前除黄岩岛局部露出水面外，其余的海岛全部隐没于海面之下，距海面 10～26 米，再加上菲律宾在黄岩岛蓄意挑起事端，目前开展水下考古工作的时机尚不成熟。而南海争端的主要海域为南沙群岛海域，在这一海域菲律宾、马来西亚、印度尼西亚、文莱同中国频频发生冲突，开展水下考古工作同样不现实。

就南海丝绸之路沿线其他国家而言，越南、印度尼西亚、菲律宾、马来西亚等国也对南海丝绸之路沿线海域进行了规模不小的沉船打捞工作，就目前可收集到的资料来看，这些沿线国家打捞的沉船有 20 余艘，并出水了大量包括中国瓷器、钱币在内的水下文物。随着南海局势的不断发展，沿线国家对这一海域特别是与中国存在争端的海域的水下文化遗产资源也在进行开发与争夺。南海丝绸之路沿线海域水下考古工作涉及国家海洋权益保护大业，从国家层面上大力推进南海水下考古工作迫在眉睫。

---

[1] 《南海文化遗存见证"海上丝绸之路"》，载南海网：http：//www.hinews.cn/news/system/2012/06/27/014568850.shtml，最后访问日期：2019 年 8 月 11 日。

第三节　南海丝绸之路水下文化遗产的保护现状

南海丝绸之路沿线海域辽阔，水下蕴藏着丰富的遗产资源，沿线部分国家如中国、印度尼西亚等也是世界公认的水下文化遗产大国。近些年来，除中国外，沿线其他国家在该海域也陆续打捞出水了一大批水下文物，但由于打捞、保护水下文化遗产的成本巨大，且沿线部分海域存在争端，南海丝绸之路沿线水下文化遗产的保护呈现出各国各自为政、保护水平参差不齐的状态。此外，沿线海域水下文化遗产非法盗捞严重，甚至有蓄意破坏水下文化遗产的现象出现，需要引起高度重视。

我国对南海丝绸之路沿线水下文化遗产的保护最早是从麦克·哈彻盗捞"海尔德马尔森号"沉船事件开始的，时至今日，中国已经在相关海域进行了比较系统的水下考古工作，对相关的沉船和出水文物进行了科学的保护，其中最有代表性的当属"南海Ⅰ号"沉船的打捞和保护。2009 年至 2011 年，"南海Ⅰ号"在国际考古学界率先采用沉船整体打捞、整体搬迁、异地清理的模式，堪称近海沉船考古的开创性举措。经过沉船整体打捞后，沉睡海底 800 余年的"南海Ⅰ号"整体搬迁，入驻广东"海上丝绸之路博物馆"，并在馆中建立了专门的考古发掘区，进行了两次试验性发掘。这标志着我国水下文化遗产保护的巨大进步——采用"公共考古"的理念，对水下文化遗产进行系统性清理发掘，并同时对出水文物进行科学保护。[1] 2007 年至 2008 年，"华光礁Ⅰ号"沉船的发掘，标志着中国水下考古的工作和保护水域已由近海扩展至远海区域。[2] 此外，中国政府还建立了系统和科学的机制加强对南海丝绸之路沿线水下文化遗产的全面保护。例如，2009 年，作为专职统筹协调全国水下文化遗产保护工作的国家文物局水下文化遗产保护中心成立。2010 年，国家文物局与国家海洋局签署了《关于合作开展水下文化遗产保护工作的框架协议》，规定了双方在水下文化遗产保护战略与规划、水下考古、海洋文化建设等八个方面进行合作，并开展了一系列联合执

---

[1]　崔勇：《"南海Ⅰ号"沉船发掘纪略》，载《自然与文化遗产研究》2019 年第 10 期，第 18 页。

[2]　包春磊：《"华光礁Ⅰ号"南宋沉船的发现与保护》，载《大众考古》2014 年第 1 期，第 41 页。

法行动。特别需要注意的是，2018年11月27日，国家文物局水下文化遗产保护中心南海基地项目在海南琼海正式开工。基地建成后，一方面将为维护我国的南海海洋权益产生积极的影响，另一方面也为保护南海丝绸之路水下文化遗产作出积极贡献。

南海丝绸之路沿线其他国家在相关海域也都进行了多项沉船打捞作业。同中国主要依靠政府官方机构（例如国家及地方各级文物局、国家海洋局等）进行水下文化遗产保护并禁止对水下文化遗产商业开发不同的是，沿线其他国家因技术和资金的不足不同程度地允许对水下文化遗产进行商业开发，并将商业开发水下文化遗产的收益用于水下文化遗产的保存、保护。例如越南、马来西亚和印度尼西亚在开发相关海域的水下文化遗产（主要是沉船）时大多与私人打捞公司合作。私人打捞公司要向国家缴纳申请费等相关费用，打捞出水的文物由国家同私人打捞公司按照一定的原则和比例分取实物或者拍卖收入，国家获得的拍卖收入用于重要（即有代表性，有重要的历史、考古和文化价值，与本国历史和文化直接相关）水下文化遗产的保护。[1]

需要引起高度重视的是，南海丝绸之路沿线海域的非法盗捞问题异常严重。自20世纪末麦克·哈彻盗捞"海尔德马尔森"号沉船、"泰兴"号沉船事件发生后，该海域盗捞和走私水下文化遗产的非法活动日益猖獗，水下文化遗产的安全形势极为严峻，水下非法盗掘活动已呈现信息化、集团化、一条龙化的趋势。[2] 以中国为例，广东和福建沿海部分港口作为南海丝绸之路的起点，相关海域内水下文化遗产较为丰富，盗捞和走私水下文物的非法活动十分猖獗，特别是近年来非法打捞活动已开始出现组织化、公司化趋向。[3] 另据相关报道，我国沿

---

① 文亚军：《南中国海海域水下文化遗产打捞政策比较评析》，载《市场论坛》2014年第4期，第24~25页。

② 《"水下海盗"洗劫南海文物纪实故事》，载今日头条：http://www.zjzhongshang.com/gushi/yingxiaogushi/55746.html，最后访问日期：2019年8月1日。

③ 有的盗捞者加大资金投入，结成暂时性的"股份公司"，潜水员利用潜水技术和设备入股，按股分红。为逃避打击，盗捞团伙通常选择深夜出动，他们将文物打捞出来后，立即采取专船运送方式，人货分离、异地上岸，文物基本上由买家直接运走，整个过程中间环节少，时间非常短。参见《我国水下文物盗捞呈集团化公司化趋势》，载搜狐网：http://roll.sohu.com/20111215/n329085636.shtml，最后访问日期：2019年8月5日。

海省份相关执法机构于近年来已开展了多项打击非法打捞、倒卖水下文物的行动,[①] 但是上述活动仍屡禁不止。[②] 此外，近年来出现了一个新情况，一些周边国家蓄意破坏中国南海水下文化遗存，意在销毁中国有关南海主权的历史证据。位于中沙群岛的黄岩岛附近海底的一艘明代沉船就曾于 2011 年遭到外籍轮船的破坏。据目击的海南渔民介绍，当时有两艘 2000 多吨的外籍轮船在明代沉船遗址处轮番作业，进行盗掘和破坏。[③] 由于南海丝绸之路沿线海域其他国家同中国在部分海域存在争端，因此目前在沿线海域相关国家尚未开展水下文化遗产的合作保护。

第四节　南海丝绸之路水下文化遗产合作保护的必要性

南海丝绸之路沿线海域水下文化遗产众多，沿线各国都相继开展了水下考古活动，但沿线水下文化遗产保护的现状却不容乐观，各国在沿线海域水下文化遗产保护的问题上各自为政，保护水平各异，加之该海域存在争端，沿线各国在争端海域就水下文化遗产打捞上也频频产生冲突。与此同时，沿线东南亚国家在其实际管辖范围内海域发现的水下文化遗产有相当一部分是起源于中国的，这些国家（菲律宾、马来西亚、印度尼西亚等国）由于打捞技术和资金的匮乏而不得不

---

① 据报道，福建省边防总队仅在 2006 年 10 月一个月开展的打击非法打捞、倒卖水下文物行动中，就破获盗捞水下文物案件 45 起，缴获文物 7144 件。2011 年 7 月 25 日，福建省漳州市边防支队、市文化综合执法支队、市文保所联合行动破获一起重大水下文物遗产盗捞案件，缴获出水文物 722 件，其中三级文物 112 件，一般文物 610 件，这仅是其中一个团伙打捞三个晚上的数量，具体流失的文物数量已经很难统计。参见《西沙水下遗存 50% 被盗捞 我国文物盗捞呈集团化》，载腾讯网：https://news.qq.com/a/20111215/000234.htm，最后访问日期：2019 年 9 月 2 日。

② 在 2013 年 4、5 月间，海南省文物局和海南省西南中沙群岛办事处，共同组织开展了 2011 年西沙群岛水下文化遗产保护状况巡查和文物执法督查工作。但巡查的结果触目惊心，此次共巡查了西沙群岛海域 48 处水下文化遗存，发现盗捞面积占遗存面积 50% 以上的有 26 处，有些沉船遗址中心区域已被盗捞一空。参见《中国水下文物盗捞猖獗 文物工作者不得已抢救发掘》，载凤凰网：http://news.ifeng.com/mainland/detail_2011_12/15/11336355_0.shtml，最后访问日期：2019 年 9 月 3 日。

③ 《西沙海底文物惨遭洗劫 南海周边轮船曾蓄意破坏》，载搜狐网：http://news.sohu.com/20111024/n323201611.shtml，最后访问日期：2019 年 9 月 4 日。

同私人打捞者合作。① 私人打捞者追求的是打捞沉船或文物商业价值的最大化，为节约成本并获得高收益，因而在打捞方法和手段上往往较为粗放，对沉船遗迹进行破坏性的发掘。此外，南海丝绸之路沿线海域非法盗捞、打捞行为十分猖獗，特别是在争端海域，实际控制此等海域的国家对该等非法行为执法不力。鉴于上述情形，在南海丝绸之路沿线迫切需要各国开展水下文化遗产的合作保护。

一、现实必要性

中国目前已在南海海域进行了比较系统和科学的水下考古工作，其中以西沙群岛开展得最为充分，其次是东沙群岛，南沙群岛仅在部分岛屿进行了初步工作，中沙群岛的工作尚未开展。究其原因，一方面是地理原因，但更重要的原因则是上述群岛的争议。众所周知，这两处群岛离我国海岸较远，调查难度大，因此十分考验我国的远海水下考古能力。远海水下考古一方面涉及职能部门众多，文物部门要与外交部、国家海洋局甚至海警、海军等部门密切协调配合；另一方面是因距陆地较远，水下考古的补给是一个大问题。相反，南海丝绸之路沿线部分国家海岸距上述二群岛较近。例如中沙群岛中唯一的岛屿黄岩岛，距菲律宾吕宋岛西岸约230公里，距广东沿海却是1000余公里。而南沙群岛还位于中沙群岛以南，距中国的海岸线更远。仅从地图上看，南沙群岛确实距越南西南沿海、马来西亚西北沿海及文莱北部沿海较中国南部沿海更近。中国如能同上述国家在南海丝绸之路沿线开展水下文化遗产的合作保护，则会大大降低因距离问题造成的现实困难，有利于推动中沙群岛、南沙群岛水下考古工作的进行。除了距离因素导致的现实困难外，在上述海域中周边国家同中国争端频发，且各国实际占领的岛礁不下半数，涉及的问题包括主权及海域划界和油气资源开发，较为复杂。如若中国单独在上述海域开展水下考古工作，将很有可能被其他国家视为中国对该海域的主权宣示进而受到周边国家的广泛关注和强烈抵制，甚至会发生蓄意破坏水下文物意图销毁中国有关南海主权历史证据的事件，客观上不利于南海丝绸之路水下文化遗产的保护。事实上，这类事件已经发生。2011年，位于中沙群

---

① 李锦辉：《南海周边主要国家海底文化遗产保护政策分析及启示》，载《太平洋学报》2011年6月第19卷第6期，第74~78页。

岛的黄岩岛附近海床的明朝沉船就曾被外国船只破坏。① 因此，在南海丝绸之路沿线尤其是争端海域开展水下文化遗产的合作保护十分必要。

再者，南海丝绸之路沿线其他国家在其管辖水域内也都发现了大量沉船遗迹，其中大部分起源于中国。以越南等国为例，越南在1997—1998年在其金瓯省海域内打捞出沉船，取名为"金瓯"号，船货主要为景德镇窑青花瓷约5万件，部分瓷器底部有"大清雍正"年款识，推测该船来源于中国；在2001—2002年平顺省海域打捞发掘出沉船，取名为"平顺"号，船货主要为广东汕头窑、福建漳州窑瓷器，为明末风格，推测该船来源于中国。菲律宾海域内发现的潘达南岛沉船和希拉奎沉船，马来西亚海域内发现的大部分沉船及印度尼西亚海域内发现的部分沉船均推测来源于中国。② 但就打捞和保护方式来看，同中国主要依靠政府官方机构进行水下文化遗产的发掘和保护并禁止对水下文化遗产商业打捞不同的是，沿线其他国家因技术和资金的不足不同程度地允许对水下文化遗产进行商业开发，并将由此获取的收入用于水下文化遗产的保护。越南、菲律宾、马来西亚和印度尼西亚都与私人打捞公司签订有打捞合作协议，通过公私合作的手段打捞沉船。私人打捞者追求的是打捞沉船或文物商业价值的最大化，较少甚至完全不考虑其考古价值，为节约成本并获得高收益，因而在打捞方法和手段上往往较为粗放，对沉船遗迹进行破坏性的开发，十分不利于对水下文化遗产特别是来源于中国的沉船及其船货的保护。有鉴于此，沿线国家开展南海丝绸之路水下文化遗产的合作保护迫在眉睫。

二、法律必要性

南中国海自古以来就由中国管辖，因而我国对"南海断续线"海域内海床和底土也享有对应的管辖权，这是毋庸置疑的。但鉴于水下文化遗产的非自然资源的特殊属性及南海海域目前存在的争议，在南海丝绸之路沿线海域开展水下文化遗产合作保护存在法律上的障碍和冲突。

---

① 《水下文物盗捞集团化 我国南海主权证据被他国蓄意破坏》，载舜网新闻中心：http：//news. e23. cn/content/2011-12-15/2011C1500718. html，最后访问日期：2019年9月5日。

② 范伊然：《南海考古资料整理与述评》，科学出版社2013年版，第114~121页。

第一，根据我国《专属经济区和大陆架法》的规定，中国对专属经济区自然资源的权属和管辖权有明确规定，但并不包括水下文化遗产。① 国内唯一调整水下文化遗产的专项法规《水下文物保护管理条例》并不是单纯基于属地原则来厘定水下文化遗产的管辖权，而是主要基于属人原则，即主要关注水下文化遗产的来源国是否为中国。② 该条例明确，我国拥有在领海以外依照中国法律由中国管辖的其他海域内（即毗连区、专属经济区、大陆架）的起源于中国或起源不明的文物之管辖权，而对外国领海外或公海内起源于中国的水下文化遗产也享有管辖权。③ 此外，我国法律只关注来源于中国的水下文物，但水下文化遗产发现多是由于偶然因素，如我国船舶在专属经济区内发现他国的水下文化遗产，应如何处理？④ 这种聚焦于水下文化遗产来源的规定不利于水下文化遗产的保护，也缺乏实际操作性。⑤ 例如，中国应如何对来源于中国的水下文化遗产在南海丝绸之路途经的马六甲海域行使管辖权？即使在南海海域，特别是中沙群岛和南沙群岛，由于我国与其他周边国家存在争端，涉及重大的经济利益和地缘政治安全问题，在南海问题越来越复杂化的当下，中国单独在上述海域进行水下考古作业都会比较敏感，何谈保护这些海域的水下文化遗产？

第二，南海丝绸之路沿线海域非法打捞、盗捞行为十分猖獗，我国在南海海域的水下文化遗产保护陷入困境。我国尽管对南海拥有无可置疑的权利，但事实上，南海周边各国对南海岛礁的不法侵占使我国对上述岛礁及相关海域缺少实际管控，而实际侵占了这些岛礁的国家对于水下文化遗产的保护不甚重视，造成了部分海域管辖权的重叠和真空，私人打捞者在这些海域肆无忌惮地盗捞水下文化遗产。⑥ 特别是印尼和马来西亚等国，通过政府和私人主体合作的方式开展水下文化遗产打捞活动，允许商业开发水下文化遗产。但是，私人打捞者过分追求水下文化遗产的商业价值而忽视其考古价值，往往对水下文化遗产采取成本较低但

---

① 参见《中华人民共和国专属经济区和大陆架法》第 4 条。

② 刘丽娜：《中国水下文化遗产法律保护》，知识产权出版社 2015 年版，第 117 页。

③ 参见《中华人民共和国水下文物保护管理条例》（2011 年修订）第 2 条、第 3 条。

④ 刘丽娜：《中国水下文化遗产法律保护》，知识产权出版社 2015 年版，第 117 页。

⑤ 刘丽娜、王晶、郭萍：《试论中国水下文化遗产的法制建设与国际合作》，载《中国文物科学研究》2012 年第 4 期，第 41 页。

⑥ 《水下文物海盗：南海文物保护处于"真空状态"》，载腾讯网：https://news.qq.com/a/20111026/001403.htm，最后访问日期：2019 年 9 月 2 日。

极具破坏性的打捞方式，大肆毁坏和劫掠沿线起源于我国的水下文化遗产。我国制定的《水下文物保护管理条例》虽严禁商业打捞水下文化遗产，但对南海海域的水下文化遗产保护尚停留在规范层面，缺乏实际效力。有鉴于此，上述南海丝绸之路沿线国家实施水下文化遗产的合作保护行动，特别是在南海各国重叠的争议区开展合作保护显得尤为迫切。

综合本章所述，南海丝绸之路水下文化遗产是指位于海上丝绸之路南海段海域（包括各国无争议的领海、毗连区、大陆架、专属经济区及公海海域及存在争议的部分海域）具有文化、历史或考古价值的所有人类生存的遗迹，包括可移动物和不可移动物，以及依据南海丝绸之路沿线国家国内法应当被认定为水下文化遗产的遗迹。自20世纪70年代以来，沿线各国在沿线海域陆续开展了一系列水下考古活动，发现了大量沉船遗迹，并出水了包括大量文物。可以说，南海丝绸之路沿线海域水下文化遗产类别繁多，非常丰富。但与此同时，南海丝绸之路水下文化遗产保护面临的局势却不容乐观。但由于打捞、保护水下文化遗产的成本巨大，且沿线部分海域存在争端，南海丝绸之路沿线水下文化遗产的保护呈现出各国各自为政、保护水平参差不齐的状态。目前来看，仅有中国开展了系统和科学的水下文化遗产保护工作，沿线其他国家因缺乏相应的技术和资金，只能依靠私人打捞者开展打捞工作。而私人打捞者过分追求水下文化遗产的商业价值而忽视其科学文化价值造成了水下文化遗产的破坏甚至灭失，极不利于对水下文化遗产的保护。更糟糕的情况是，沿线海域水下文化遗产非法盗捞的行为极为严重，甚至出现了蓄意破坏水下文化遗产的现象。此外，中国在沿线存在争端的海域因地理原因和政治原因开展水下文化遗产保护工作十分困难，即便是不存在争端的海域，中国开展水下文化遗产保护工作也存在法律上的障碍。因此，开展南海丝绸之路水下文化遗产合作保护有其现实必要性和法律必要性。

第二章　南海丝绸之路主要沿线国家水下文化遗产保护的政策与法律

南海海域作为古代海上丝绸之路的要道，有众多古商船、战舰航经，也有众多船舶因种种原因沉没于此。但是由于南海部分海域存在争议，南海丝绸之路沿线国家主张的管辖海域层层重叠，冲突时有发生。而沿线国家基于自身国情而在对待水下文化遗产的科学文化价值和商业价值间的协调存在或多或少的差异，致使各国对于水下文化遗产保护之政策与法律不尽相同，从而使南海丝绸之路沿线的水下文化遗产开发和保护也处于无序的状态，十分不利于沿线水下文化遗产的保护。因此，构建南海丝绸之路水下文化遗产合作保护机制加强沿线国家在这一领域的国际合作势在必行。截至目前，南海丝绸之路沿线国家均未加入《水下文化遗产公约》，这使得沿线国家在《水下文化遗产公约》框架下构建水下文化遗产的合作机制存在一定障碍，有鉴于此，考察南海丝绸之路沿线国家关于水下文化遗产保护的政策和法律显得尤为重要。明确沿线国家水下文化遗产保护的政策和法律及其差异是开展行之有效的水下文化遗产合作保护工作的前提。

第一节　中国水下文化遗产保护的政策和法律

中国目前已在南海海域进行了比较系统和科学的水下考古工作，并对出水文物进行了科学的保护。但我国水下文化遗产保护工作从 1985 年麦克·哈彻盗捞"海尔德马尔森"号沉船才开始起步。[1] 该事件的发生及此后陆续发生的几起南海海域水下文物盗捞事件（例如 1999 年麦克·哈彻盗捞"泰兴"号沉船事件）

---

[1]　郭玉军：《国际法与比较法视野下的文化遗产保护问题研究》，武汉大学出版社 2011 年版，第 301 页。

引起我国政府和考古界的高度重视，也催生了一系列保护水下文化遗产的实际举措。二十多年间，中国的水下文化遗产保护事业经历了从无到有逐渐发展壮大的历程，从最初的对四大海域的水下沉船遗址的调查，到对多项水下沉船遗址的考古发掘（"南海Ⅰ号""南澳Ⅰ号"沉船打捞），再到水下文化遗产保护的科学研究，最后到专门水下文化遗产保护机构——国家文物局水下文化遗产保护中心的设立，我国的水下文化遗产保护事业已迈入全新的阶段。时至今日，我国保护水下文化遗产的成果反映在政策和法律层面，主要体现在中央的统一领导下，保护水下文化遗产专项规划编制的阶段化、常态化，中央立法与地方立法相结合，地方立法活跃的态势。

一、中国水下文化遗产保护政策

我国的水下文化遗产保护事业虽起步较晚但发展较为迅速，且在水下文化遗产保护政策方面也是一以贯之。在 1989 年我国出台关于水下文化遗产保护的专项法规《中华人民共和国水下文物保护管理条例》（以下简称《水下文物保护管理条例》）之前，我国对陆上及水下文化遗产的保护是主要依据 1982 年颁布的《中华人民共和国文物保护法》（以下简称《文物保护法》）进行统一性保护。根据《文物保护法》的相关规定，对文物的考古发掘应以科学研究为目的并经相关部门审核批准，对文物的利用也应在保证文物安全、进行科学研究和充分发挥文物历史、文化等作用的前提下开展。[①] 1989 年国务院出台的《水下文物保护管理条例》也基本秉承了上述原则，因此我国的水下文化遗产保护政策一直是以保护水下文物历史、文化及考古等科学价值为导向的。

随着海洋权益在国家利益中的地位逐步凸显，而水下文化遗产作为我国海洋权益中的重要组成部分不容忽视，因此水下文化遗产的保护也逐渐上升至国家战略层面。具体来讲，自"十一五"末期始，在中央的统一领导和部署下，《水下文化遗产保护"十二五"专项规划》《水下文化遗产保护"十三五"专项规划》陆续出台，我国保护水下文化遗产专项规划的编制自此走上了阶段化、常态化的道路，水下文化遗产保护工作取得了里程碑式的突破。值得重点关注的是，在《水下文化遗产保护"十二五"专项规划》中已将"海上丝绸之路"定义为我国

---

① 参见《中华人民共和国文物保护法（1982）》第 16 条、第 17 条。

特有的水下文化遗产类型，并重点关注"海上丝绸之路"古港口①、航路②、船货③及船体④的保护，在《水下文化遗产保护"十三五"专项规划》中更是将以"南海 I 号""丹东 I 号"等考古发掘和保护展示项目为代表的海上丝绸之路文物保护工程作为"十三五"期间水下文化遗产的重点项目稳步推进实施。除此之外，"十三五"期间，我国还继续开展了西沙群岛、南沙群岛及沿海重点海域水下文化遗产调查和水下考古发掘保护项目，划定了一批水下文化遗产保护区，与此同时大力提升水下文化遗产保护装备水平，并努力建成国家水下文化遗产保护南海基地。综上所述，我国对水下文化遗产特别是对南海丝绸之路沿线水下文化遗产保护的重视已达到前所未有的高度，势必会促进南海丝绸之路水下文化遗产保护合作。

二、中国水下文化遗产保护法律

中国关于水下文化遗产保护的法律可分为国际法和国内法两个部分。截至目前，中国虽已加入《海洋法公约》，但尚未加入《水下文化遗产公约》或其他双多边及区域性关于水下文化遗产保护的协定，因此中国水下文化遗产保护的法律主要体现在我国宪法、法律、行政法规、地方性法规、部门规章、地方政府规章等所组成的立法层次较全但较为分散的法律框架之下。⑤

---

① "海上丝绸之路"古港口遗址保护主要涉及港口附近的沉船、城市设施、造船厂、陶瓷窑址以及相关海外交通史的研究及保护，目前涉及的港口遗址包括登州、蓬莱、扬州、宁波、漳州月港、泉州、广州及古合浦等。参见《水下文化遗产保护"十二五"专项规划（草案）》。转引自刘丽娜：《中国水下文化遗产法律保护》，知识产权出版社 2015 年版，第 16 页。

② 航路保护主要涉及我国出海航路遗痕的研究和保护，其中"海上丝绸之路"南线以广东沿海拓展至越南、印尼等东南亚诸国。参见《水下文化遗产保护"十二五"专项规划（草案）》。

③ 船货的保护主要以历年水下考古发现的沉船资料（主要为瓷器品）为主线，通过对这些船货的研究进而探寻具体时代的内涵。参见《水下文化遗产保护"十二五"专项规划（草案）》。

④ 船体研究主要以"海上丝绸之路"沿线已经发现的现有的唐至清的沉船为研究对象，涉及北方沙船、浙船、福船、广船等种类，分为贸易船、战船、内河船及远洋船等。参见《水下文化遗产保护"十二五"专项规划（草案）》。转引自刘丽娜：《中国水下文化遗产法律保护》，知识产权出版社 2015 年版，第 16 页。

⑤ 刘丽娜：《中国水下文化遗产法律保护》，知识产权出版社 2015 年版，第 14 页。

(一) 中央立法

1982 年，中国颁布了《文物保护法》，并分别于 1991 年、2007 年、2013 年、2015 年、2017 年历经五次修正，2002 年进行一次修订。① 这部法律包括总则在内共计八章 80 条，涵盖不可移动文物、考古发掘、馆藏文物、民间收藏文物、文物出入境、法律责任等部分，是中国关于文化遗产保护的根本性母法，对中国管辖范围内的陆上与水下的文化遗产进行统一性保护。为贯彻落实《文物保护法》，国务院于 2003 年颁布《中华人民共和国文物保护法实施条例》（以下简称《文物保护法实施条例》），并分别于 2013 年、2016 年、2017 年历经四次修订。②《文物保护法实施条例》也通过普遍性保护方式，对陆地与水下的文化遗产进行统一保护。此外，其他有关水下文化遗产的法律规定散见于《中华人民共和国宪法》③《中华人民共和国专属经济区和大陆架法》④《中华人民共和国海上交通安全法》⑤《中华人民共和国刑法》⑥《中华人民共和国治安管理处罚法》⑦《国务院关于外商参与打捞中国沿海水域沉船沉物管理办法》等。⑧

鉴于 20 世纪 80 年代中期起中国沿海特别是南海海域水下文物被大肆非法盗捞的严峻形势，国务院又于 1989 年发布《水下文物保护管理条例》，并于 2011 年、2022 年进行两次修订。该条例虽然仅有 23 条，但这却是我国唯一关于水下文化遗产保护的特别法规，初步确立了我国关于水下文化遗产保护的基本制度，如所有权制度、发掘制度等。由于《水下文物保护管理条例》是我国保护水下文化遗产的特别法，有较强的针对性，因此本部分内容将主要围绕该条例所确立的具体制度进行分析。

我国一直没有在法律意义上使用"水下文化遗产"的概念，而是在《水下文物保护管理条例》中代之以"水下文物"这一说法。

① 参见《中华人民共和国文物保护法》（2017 年修正）。
② 参见《中华人民共和国文物保护法实施条例》（2017 年第二次修订）。
③ 参见《中华人民共和国宪法》（2018 年修正）第 22 条、第 119 条。
④ 参见《中华人民共和国专属经济区和大陆架法》第 4 条、第 9 条。
⑤ 参见《中华人民共和国海上交通安全法》（2016 年修正）第 24 条、第 26 条、第 41 条。
⑥ 参见《中华人民共和国刑法》（2017 年修正）第 151 条、第 324 条、第 328 条。
⑦ 参见《中华人民共和国治安管理处罚法》（2012 年修正）第 63 条。
⑧ 参见《国务院关于外商参与打捞中国沿海水域沉船沉物管理办法》（2016 年修订）。

涉及水下文化遗产管辖权、所有权制度问题，《水下文物保护管理条例》规定了两种情况下水下文化遗产所有权归国家：一是"遗存于中国内水、领海内的一切起源于中国的、起源国不明的和起源于外国的文物"；二是"遗存于中国领海以外依照中国法律由中国管辖的其他海域内的起源于中国的和起源国不明的文物"。① 对于"遗存于外国领海以外的其他管辖海域以及公海区域内的起源于中国的文物"，国家享有辨认器物物主的权利。简而言之，在中国内水、领海内的水下遗产所有权归国家，毗连区、专属经济区和大陆架上的起源于中国和起源不明的水下遗产也属于中国。对于这些中国国家所有的水下文物，中国基于属人原则和属地原则，当然具有无可置疑的管辖权。虽然《海洋法公约》《水下文化遗产公约》均回避了所有权问题，仅规定了管辖权，但《水下文物保护管理条例》所确立的水下文化遗产管辖权制度同上述两公约的规定仍存在不一致的情形。第一，我国对内水、领海内的全部水下文化遗产主张所有权，包括起源于中国和起源于外国的水下文化遗产。但根据国际法中国家主权豁免原则以及《水下文化遗产公约》第 2 条第 8 款的规定，涉及一国内水、领海范围内起源于外国的国家船舶或飞行器享有主权豁免，任何有关该类型水下文化遗产的措施均应征得相关外国的国家同意。其次，遗存在中国毗连区、专属经济区、大陆架等由中国管辖的海域内的起源国不明的文物也属于中国。这与《海洋法公约》《水下文化遗产公约》等国际多边条约对于"起源不明的"水下文化遗产的规定不同，其规定属于全人类共同财富，协调国和沿岸国有权行使保护措施，或因授权而保护之。②

就水下文化遗产开发制度而言，《水下文物保护管理条例》规定了水下文化遗产的开发特许和登记注册制度，保证了国家享有水下文化遗产的绝对发掘权。③ 就该制度内容同《水下文化遗产公约》相较，我国是肯定该公约所确立的"禁止商业性开发"原则的④，但却尚未明确这一原则，因此现实中可能会出现在尊重"文物保护和科学研究"的基础上的商业打捞行为。

---

① 参见《中华人民共和国水下文物保护管理条例》（2022 年修订）第 2 条、第 3 条。

② 刘丽娜：《中国水下文化遗产法律保护》，知识产权出版社 2015 年版，第 139 页。

③ 首先，我国遵从了水下文物的考古勘探和发掘活动应当"以文物保护和科学研究为目的"这一原则。其次，我国规定在中国管辖范围内的水域下进行的水下文物的考古勘探或者发掘活动，必须向国务院文物主管部门提出申请并提供资料，未经许可不得私自勘探或者发掘。参见《中华人民共和国水下文物保护管理条例》（2022 年修订）第 11、14 条。

④ 参见《保护水下文化遗产公约》第 2 条第 7 款。

就水下文化遗产发现报告制度而言，《水下文物保护管理条例》规定，发现水下文物的单位和个人应当及时向国家文物局或者地方文物行政管理部门报告；水下文物已打捞出水的，应当及时上缴国家文物局或者地方文物行政管理部门处理。① 该条例确立的这一制度同《水下文化遗产公约》规定的"报告和通知"条款一致②，但条例还规定了文物行政管理部门接到报告后应在 24 小时到达现场，并在 7 日内提出处理意见，较《水下文化遗产公约》有较强的可操作性。

值得关注的是，鉴于《水下文物保护管理条例》至今已实施 30 年且无法解决我国水下文物保护管理工作面临的一些新情况、新问题，国家文物局、司法部等国家机关目前正在进行《水下文物保护管理条例》修订的前期工作，最终结果仍待观察。

（二）地方立法

随着非法盗捞、涉海基建等对水下文化遗产的破坏愈发严重，国家及地方各省市逐渐加大了水下文化遗产的保护力度。自 2009 年开始，我国水下文化遗产集中的省份如福建、广东陆续出台地方性法规来明确地方政府保护水下文物的责任。

1. 福建

福建省目前虽然还未出台过一部省级专门的水下文化遗产保护规定，但是于 2020 年 3 月 20 日在福建省第十三届人大常委会第十七次会议上修正的《福建省文物保护管理条例》（2020 年修正）用了第三章一整章的内容对福建省水下文物的保护作出了规定。关于水下文物的保护和管理主要有五个方面的内容：一是明确了省级以下人民政府及文物部门的水下文物保护责任，以加强水下文物的保护；③ 二是对水下文物分布集中的水域要依法核定公布水下文物保护单位和水下文物保护区；④ 三是规范了水下文物发现、报告和管理的相关制

---

① 参见《中华人民共和国水下文物保护管理条例》（2022 年修订）第 9 条。

② 参见《保护水下文化遗产公约》第 9 条、第 11 条。

③ 该条例规定，县级以上地方人民政府应当依法做好水下文物的保护工作。本省行政区域、毗邻海域内水下文物存在损坏或者灭失危险的，所在地县级人民政府文物行政主管部门应当立即采取必要措施做好保护工作，并向省人民政府文物行政主管部门报告。参见《福建省文物保护管理条例》（2020 年修正）第 20 条。

④ 该条例规定，省人民政府文物行政主管部门应当组织开展水下文物遗址的调查工作。对水下有价值的文物遗址，县级以上地方人民政府应当依法核定公布为文物保护单位，并采取相应的保护管理措施；水下文物分布范围较大，需要整体保护的，应当依法核定公布为水下文物保护区。参见《福建省文物保护管理条例》（2020 年修正）第 21 条。

度;① 四是明确了公安机关水下文物保护职责;② 五是建立了举报奖励制度,发挥广大群众的作用,更加及时、有力地打击非法打捞、哄抢水下文物违法行为。③

上述《福建省文物保护管理条例》(2020 年修正)第三章规定的政府及其相关部门对水下文物保护的职责、水下文物保护单位对水下文物保护区和水下文物保护和管理的相关规范,以及公安机关水下文物保护职责,举报奖励等制度可对其他省份水下文化遗产保护立法和行政管理提供有益的参考。

2. 广东

广东省为加强本省文物保护在 2009 年 3 月 1 日起就出台了《广东省实施〈中华人民共和国文物保护法〉办法》,并于 2014 年、2019 年历经两次修订。但这一地方性法规仅有两条对水下文化遗产单独作出了特殊规定,主要涉及两方面的内容:一是规定了 "水下文物保护区" 制度;④ 二是规定了水下文物的发现报

---

① 条例规定了任何单位和个人在水域作业、生产活动中,发现水下文物或者水下文物遗址,应当立即停止可能危及水下文物安全的作业、生产活动,保护现场,并报告所在地县级以上地方人民政府文物行政主管部门。县级以上地方人民政府文物行政主管部门接到报告后,除遇有特殊情况外,应当在三日内赶到现场,并在七日内提出处理意见。有关乡(镇)人民政府和村(居)民委员会应当协助做好水下文物保护工作,及时报告水下文物保护情况。参见《福建省文物保护管理条例》(2020 年修正)第 22 条。

② 该条例对公安机关关于水下文物保护的职责作了具体的规定:公安机关负责对本省行政区域毗邻海域开展巡查,防范和查处涉及海域内的水下文物的违法犯罪行为。公安机关发现涉及海域内的水下文物违法犯罪行为的,除依法采取必要措施外,应当及时通报所在地县级人民政府文物行政主管部门,所在地县级人民政府文物行政主管部门应当采取措施实施保护,并报告上一级人民政府文物行政主管部门。参见《福建省文物保护管理条例》(2020 年修正)第 25 条。

③ 条例规定:任何单位或者个人不得破坏水下文物保护单位或者水下文物遗址。严禁非法打捞、哄抢水下文物等违法行为。单位或个人发现前款违法行为的,应当向所在地县级以上地方人民政府文物行政主管部门或者公安机关举报。有关部门接到举报后,应当立即处理;对举报内容属实的,可以给予奖励。参见《福建省文物保护管理条例》(2020 年修正)第 24 条。

④ 该办法规定,对具有重要历史、艺术、科学价值的水下文物遗存由省人民政府确定为水下文物保护区并予以公布。在水下文物保护区内不得从事危及文物安全的捕捞、爆破等活动。参见《广东省实施〈中华人民共和国文物保护法〉办法》(2019 年修正)第 26 条。

告制度。①

3. 浙江

截至目前，浙江省尚未出台水下文化遗产保护地方性法规或规章，早已出台实施的《浙江省文物保护管理条例》也没有涉及水下文化遗产保护的规范。但是浙江省舟山市却有专门的水下文化遗产保护的规范。于 2014 年 2 月 1 日起正式实施的《舟山市水下文物保护管理实施办法》对全市范围内的水下文物保护管理作出了较为详细的规定。这一实施办法主要有以下五方面内容：

一是对本市水下文物的概念和该实施办法的适用范围进行了界定。舟山市的该水下文物实施办法规定水下文物是指具有历史、艺术、科学价值的，且在本市行政区域内的内水、领海、邻接区、专属经济海域或大陆礁层中遗存的文化资源。

二是对政府及其相关部门的水下文物保护责任作出了规定。该实施办法明确了舟山市各级文化（文物）主管部门应当充当水下文化遗产保护联络员的角色，定期组织开展水下文物调查并建立相关档案。该实施办法还设置了舟山市水下文物保护联席会议领导小组，并就其职权和责任进行了划分。

三是核定公布了与水下文物价值相对应级别的水下文物保护区和市水下文物疑点保护区。该舟山市实施办法规定根据水下文物的价值，由市人民政府按照《中华人民共和国文物保护法》的相关程序，确定舟山市水下文物保护区，予以公布，并树立保护标志，若有重大价值的，则按有关程序报请省政府、国务院确定相应级别水下文物保护区。若是未经水下探测探摸或考古试掘的沉船等水下古文化遗址、遗存、遗迹、遗物，但经调查研究具有重大价值的，经舟山市水下文物保护联席会议领导小组研究同意后，由市文化（文物）主管部门公布为舟山市水下文物疑点保护区。该疑点水下文物经水下探测探摸或考古试掘证实后，按程序经申报审核、批准后由市人民政府公布为舟山市水下文物保护区；经水下探测探摸证实不复存在的，则要撤销该舟山市水下文物疑点保护区。舟山市该实施办

---

① 该办法规定，任何单位和个人发现水下文物或者疑似水下文物时，应当维持现场完整，并立即报告所在地文物行政主管部门，文物行政主管部门接到报告后应当在七日内提出处理意见。参见《广东省实施〈中华人民共和国文物保护法〉办法》（2019 年修正）第 27条。

法在规定的最后又对保护区和疑点保护区的构成作了较为详细的阐述。表述了本办法所指的水下文物保护区和水下文物疑点保护区是由核心区和限制区构成的，保护范围的划定视沉船等水下古文化遗址、遗存、遗迹、遗物的文化内涵、埋藏环境和保存状况而定。水下文物保护的核心区指的是经认定的沉船等水下古文化遗址、遗存、遗迹、遗物所处的位置。水下文物保护的限制区指的是沉船等因海流冲刷、船体漂移、船板摊散、船货外泄、被水流搬运，向周边扩散形成的古文化遗物分布范围。

四是规范了水下文物保护区和水下文物疑点保护区内的相关行为准则。实施办法规定各级水下文物保护区和市水下文物疑点保护区应采取原址保护，视保护对象的不同属性确定相应水体、海床及底土的禁止和限制措施。

五是对法律责任作出了规范。舟山市该实施办法规定对破坏水下文物，私自勘探、发掘、打捞水下文物，或者隐匿、私分、贩运、非法出售、非法出口水下文物，具有《中华人民共和国文物保护法》和《中华人民共和国水下文物保护管理条例》规定情形的，应当依法给予行政处罚或者追究刑事责任。

舟山市制定的《舟山市水下文物保护管理实施办法》规定的将舟山市各级文化（文物）主管部门充当水下文化遗产保护联络员的角色调查水下文物并收集相关资料建立档案；未经水下探测探摸或考古试掘的沉船等水下古文化遗址、遗存、遗迹、遗物，但经调查研究有重大价值的设立水下文物疑点保护区；在水下文物保护区和水下文物疑点保护区内采取原址保护原则以及对水下文物进行日常监测、设立水下文物保护专项经费等措施，为水下遗址集中的省市制定地方性规范提供了有益借鉴。

第二节　越南水下文化遗产保护的政策和法律

截至目前，越南已成为实际控制南海岛礁最多的国家（29 个）。同南海其他国家相比，越南对南海权益的主张同我国存在的争议最多也最为复杂，[1] 因此越南国内对水下文化遗产实施的政策与法律直接影响着南海丝绸之路水下文化遗产

---

① Rames Amer, "China, Vietnam, and the South China Sea: Disputes and Dispute Management", 45 *Ocean Dev. & Int'l 20* (2014), p. 89.

合作保护的顺利实施。

一、越南水下文化遗产保护政策

越南的水下文化遗产保护政策经历了一个逐步放开的过程。越南在 20 世纪末的政策是禁止对水下文化遗产进行商业打捞，对水下文化遗产的开发只能通过政府或国有打捞公司进行。最为典型的案例为 1997 年越南金瓯省近海的沉船考古，此次打捞完全由越南的一家国有打捞公司实施，未依靠外国的援助。[1] 此次打捞共出水包括 60000 件清朝雍正年间的瓷器在内的 131639 件艺术品。越南文化部从中精挑了部分文物在国内进行了巡展，剩余的大部分文物被包装封存数年之久。由于此次打捞、储存费用高昂，且越南作为发展中国家财力有限，越南政府认为其长期承担高昂的文物保护费用是不现实的。在巨大的经济压力下，越南政府开始逐步改变原来的水下文化遗产的保护政策。[2] 最后，这批文物的绝大部分被交由苏富比拍卖行拍卖。在此之后，原先禁止商业打捞的越南开始推行对水下文化遗产有限的商业开发政策，即对打捞出水的文物进行甄别，有选择地将部分文物进行拍卖并将拍卖所得用于保护水下文化遗产。例如在 1997 年越南金瓯省沉船考古后不久，在金瓯省以北的平顺省再次发现一处沉船遗迹，出水了大批中国汕头的民窑瓷器。越南政府从该批瓷器中挑选出部分具有代表性的艺术品用于研究，其余的交由克里斯蒂娜拍卖行拍卖，所得收入大部分用于在平顺省建立博物馆存放文物并展出。

二、越南水下文化遗产保护法律

2001 年 6 月 29 日，越南颁布了《文化遗产法》，并于 2009 年 6 月修订。该法共计 7 章 74 条，涵盖物质文化遗产（包括陆上文物、水下文物等）和非物质文化遗产的保护、国家文化遗产管理职责等内容。为贯彻落实《文化遗产法》，越南政府于 2001 年 12 月颁布了《文化遗产法实施条例》，该条例旨在细化《文

---

[1] 范伊然：《南海考古资料整理与述评》，科学出版社 2013 年版，第 114 页。

[2] Ca Mau Loses Millions of Euros from Sale of Antiques, Intellasia News Online：http：//www. intellasia. net/news/articles/soriety/111248159. shtml, last visited Oct. 11, 2019.

化遗产法》并增强其可操作性。① 鉴于在南海区域内发现的沉船遗迹逐渐增多，越南政府又于 2005 年 7 月颁布了专门保护水下文化遗产的《水下文化遗产管理保护法令》。② 至此，越南形成了一套完整的保护水下文化遗产的法律制度，同时越南也是南海丝绸之路沿线除中国外唯一出台了专门保护水下文化遗产法律的国家。

越南的国内立法采用了"水下文化遗产"这一说法，《水下文化遗产管理保护法令》第 3 条第 1 款对此作了规定。

就水下文化遗产的所有权、管辖权制度而言，越南《文化遗产法》第 6 条、第 7 条规定，所有存在于越南内水、领海、毗连区、专属经济区和大陆架的水下文化遗产均归越南全民所有。《文化遗产法实施条例》第 21 条第 1 款对何谓"全民所有"进行了解释，"全民所有"即归国家所有。③《水下文化遗产管理保护法令》第 4 条第 1 款再次重申了《文化遗产法》所确立的水下文化遗产所有权之规定。④ 越南确立的水下文化遗产所有权、管辖权制度较为"简单粗暴"，仅依简单的属地原则，未考虑属人原则，同《海洋法公约》《水下文化遗产公约》及其他国际公约中的相关规定存在较多不一致的情形。第一，越南对遗留在其内水、领海、毗连区、专属经济区和大陆架的全部水下文化遗产主张所有权，而不问水下文化遗产的起源国或来源国。但根据国际法中国家主权豁免原则以及《水下文化遗产公约》第 2 条第 8 款的规定，对于一国领海起源于外国的国家船舶或飞行器享有主权豁免，任何有关该类型水下文化遗产的措施均应征得相关国家同意。再者，遗存于越南毗连区、专属经济区、大陆架等由越南管辖的海域内的起源国不明的文物也属于越南。这与《海洋法公约》《水下文化遗产公约》等多边条约对于"起源不明的"水下文化遗产的规定不同，其规定属于全人类共同财

---

① Intangible Cultural Heritage Safeguarding System in Vietnam, UNESCO official website：https：//ich. uncsco. org/doc/src/00174-EN. pdf, last visited Oct. 14, 2019.

② Decree no. 86/2005/ND-CP of 8th July 2005 on Management and Protection of Underwater Cultural Heritage：Vietnam Law & Legal Forum：http：//faolex. fao. org/docs/pdf/vie60607. pdf, last visited Feb. 14, 2020.

③ 邹勇、王秀卫：《南海周边国家水下文化遗产立法研究》，载《西部法学评论》2013年第 4 期，第 55 页。

④ Art 4 of Decree no. 86/2005/ND-CP of 8th July 2005 on Management and Protection of Underwater Cultural Heritage.

富，协调国和沿岸国有权实施保护措施，或因授权而保护之。

就水下文化遗产开发制度而言，《水下文化遗产管理保护法令》第9条禁止对水下文化遗产的非法勘探、发掘、买卖、运输、研究和打捞。① 该法令第12条同时规定，勘探和发掘水下文化遗产须经文化信息部批准，并规定了一系列的条件。外国的组织和个人如要在越南境内开发水下文化遗产，还需得到越南本国机构或组织的赞助。② 同时，越南奉行对水下文化遗产有限的商业开发原则，这一原则在《水下文化遗产管理保护法令》中也有所体现。该法令第16条还规定，发掘后的水下文化遗产根据价值大小，经文化和信息部古物专家委员会的评估后按照特定的原则进行分配管理和使用。③ 此外，《文化遗产法》中规定了文化遗产买卖的条件，当然地适用于水下文化遗产。越南对水下文化遗产有限的商业开发是不符合《水下文化遗产公约》"禁止商业性开发"原则的。

越南国内法律对水下文化遗产的发现报告制度的规定较为具体。《水下文化遗产管理保护法令》第11条规定，任何组织和个人发现水下文化遗产后应尽可能保持现状，并立即报告最近的地方政府。④ 该法令第24条第1款还规定，水下文化遗产被发现后应在3日内交存于有关部门（各级人民委员会、文化信息部的机构等）。⑤ 该法令确立的这一制度同《水下文化遗产公约》第9条和第11条规定的"报告和通知"条款一致。《水下文化遗产公约》对发现水下文化遗产报告的时限没有给出明确的指引，《水下文化遗产管理保护法令》使用了"立即"这一行文来表述，但是并未阐明"立即"的含义，是在发现水下文化遗产后的几个小时内还是几天内报告？这些问题都没有明确。值得欣慰的是，该法令规定了3日内向有关部门交存水下文化遗产的要求，似对这一问题进行了补救。

---

① Art 9 of Decree no. 86/2005/ND-CP of 8th July 2005 on Management and Protection of Underwater Cultural Heritage.

② Art 12 of Decree no. 86/2005/ND-CP of 8th July 2005 on Management and Protection of Underwater Cultural Heritage.

③ 具体的分配原则如下：（1）独特的展品归越南政府所有；（2）其余的展品按照已批准的水下文化遗产勘探发掘项目以公开、公平、客观的比例进行分配。Art 16 of Decree no. 86/2005/ND-CP of 8th July 2005 on Management and Protection of Underwater Cultural Heritage.

④ Art 11 of Decree no. 86/2005/ND-CP of 8th July 2005 on Management and Protection of Underwater Cultural Heritage.

⑤ Art 24 of Decree no. 86/2005/ND-CP of 8th July 2005 on Management and Protection of Underwater Cultural Heritage.

值得注意的是,《水下文化遗产管理保护法令》第 37 条和第 38 条中体现了保护水下文化遗产的国际合作原则,① 鼓励政府同相关国家、组织和个人开展合作,这同《水下文化遗产公约》所倡导的各国在保护和管理水下文化遗产过程中加强合作的精神相符。

第三节　菲律宾水下文化遗产保护的政策和法律

菲律宾对南海岛礁的态度和政策自 20 世纪 60 年代至今尤为积极和扩张,将占领重要岛礁、分享南海油气资源作为首要目标。② 菲律宾作为东南亚的群岛国,自西向东被南海、菲律宾海、太平洋、苏禄海包围,地理位置优越,是古代海上丝绸之路的必经之处。据中国史籍记载,在南海丝绸之路得到进一步扩展的唐宋尤其是宋代,中国的商船时常往返于棉兰老、巴拉望、巴布延等菲律宾群岛中的若干岛屿,开展贸易活动。③ 再结合菲律宾的历史及近些年菲律宾水下考古的实践,在菲律宾群岛水域会有大量的沉船遗迹。目前菲律宾已成为仅次于越南实际控制南海岛礁最多的国家（8 个）。同南海其他国家相比,菲律宾由于其独特的地理位置和南海的战略位置,其同中国的南海争端也较为复杂,因此菲律宾水下文化遗产保护的政策与法律对开展南海丝绸之路沿线水下文化遗产合作保护工作的影响同样不容小觑。

一、菲律宾水下文化遗产保护政策

菲律宾在历史上长期被西方列强（西班牙、美国）所殖民,独立后作为发展中国家长期被世界银行列为“中低等收入国家”。④ 菲律宾群岛水域内虽然有大量的水下文化遗产,但是由于菲律宾本国国内严峻的政治和经济局势,菲律宾政

---

① Art 37 & Art 38 of Decree no. 86/2005/ND-CP of 8th July 2005 on Management and Protection of Underwater Cultural Heritage.

② 吴士存:《南沙争端的起源与发展》,中国经济出版社 2009 年版,第 116~135 页。

③ 聂德宁:《近代中国与菲律宾的贸易往来》,载《海交史研究》1998 年第 2 期,第 92 页。

④ 毛振华、闫衍、郭敏:《“一带一路”沿线国家主权信用风险评估报告》,对外经济贸易大学出版社 2015 年版,第 98 页。

府在水下文化遗产保护上财政投入不足，执法不力，沉船盗捞事件屡屡发生，对于水下文化遗产的管理和保护较为落后，甚至至今仍缺乏科学的开展水下文化遗产勘探、打捞的能力。在水下文化遗产的打捞问题上，菲律宾长期依赖私人打捞公司，也正因为如此，菲律宾允许对水下文化遗产进行商业开发。私人打捞公司应向菲律宾有关部门申请打捞水下文化遗产的许可并缴纳申请费用。在打捞过程中如若获得疑似有价值的沉物，对此等文物历史、文化或考古价值的评估工作将由菲律宾国家博物馆承担。① 水下打捞作业结束后，对于出水的水下文化遗产，菲律宾政府与私人打捞公司各得 50%，菲律宾政府将所得水下文化遗产交由国家博物馆保护和收藏。此外，菲律宾也允许外国打捞公司在菲律宾水域参与打捞，但是出于保护本国利益的需要，外国打捞公司必须与菲律宾本国的打捞公司合作开展打捞工作。但需要注意的是，上述菲律宾商业开发水下文化遗产的情形随着 2009 年《国家文化遗产法》的出台而终结，菲律宾国家博物馆已停止同商业打捞公司的合作，转而加大与学术研究机构的交流。②

二、菲律宾水下文化遗产保护法律

早在 1966 年菲律宾就出台了保护文化遗产的《文化财产保存和保护法》，该法于 1974 年进行了一次修正。该法的出台表明菲律宾立法机关已意识到保护文化遗产的重要性，以及非法发掘和文化遗产商业化给文化遗产保护带来的威胁和损害。该法同时还确立了水下文化遗产的主管机关——国家博物馆，其职责包括执行有关文化遗产（包括水下文化遗产在内）的法律法规，同时负责审批同水下文化遗产的相关开发活动例如勘探、发掘等。1998 年，菲律宾颁布《国家博物馆法》，细化了国家博物馆的职权。在 2009 年菲律宾《国家文化遗产法》出台，该法由 15 节 54 条组成，主要涉及文化遗产管理保护的政策原则，定义条款，文化财产的登记注册、管理与保护，相关政府职能部门的权力与责任以及非法勘

---

① Wilfredo P. Ronqillo, "Philippine Underwater Archaeology: Present Research Projects and New Development", Maritime Archaeology: A Reader of Substantive and Theoretical Contributions 127 (L. E. Babits & H. V. Tilburg. , 1998) .

② 林蓁：《南海水下文化遗产保护合作机制的可行性研究——基于建设 21 世纪海上丝绸之路视角》，载《海南大学学报（人文社会科学版）》2016 年 3 月第 34 卷第 2 期，第 23 页。

探、发掘以及破坏水下文化遗产的法律责任等问题。① 菲律宾没有专门保护水下文化遗产的法律，上述三部法律共同构成了菲律宾水下文化遗产保护和管理的法律体系。

就水下文化遗产的定义而言，菲律宾在其国内立法中未使用"水下文化遗产"的概念，而是采用了"文化财产"一词来表述。

就水下文化遗产开发和管理制度而言，菲律宾在 2009 年之前允许对水下文化遗产进行商业打捞，国家博物馆负责对水下文化遗产的勘探、发掘进行审查。《文化财产保存和保护法》第 12 条进一步规定，对于文化或历史古迹进行勘探、发掘或挖掘需得到国家博物馆馆长的书面许可，未有考古学家的监督不得签发许可。② 2009 年《国家文化遗产法》出台后，菲律宾已禁止对于水下文化遗产的商业开发。该法第 2 条第 2 款（c）项规定，国家要以激励和造福今世后代的精神来管理文化遗产。③ 该法第 11 条规定，未经有关的文化机关的许可，任何文化财产不得出售、转售或带离出境，并且该出境的文化财产的目的仅限科学审查或展览需要。④ 此外，该法第 30 条还对文化财产的开发和发掘作出了细化的规定。⑤ 总的来说，菲律宾的水下文化遗产商业开发状况已经得到了较大的改观，但其允许经批准后的文化财产（包括水下文化遗产）的买卖同《水下文化遗产公约》"禁止商业性开发"原则仍有不符之处。

关于水下文化遗产的所有权问题，《国家文化遗产法》第 30 条第 a 款第（1）项规定，在菲律宾陆上或水下考古遗址中发现的全部文化财产均归国家所有。⑥ 该法对菲律宾不同海域的水下文化遗产的所有权未作细化规定。除此之

---

① Bobby C. Orillaneda & Wilfredo P. Ronqillo, "Protecting and Preserving the Underwater Cultural Heritage in the Philippines: A Background Paper", *The MUA Collection* (2013.01.10), p. 5.

② National Report on the Philippines, UNESCO Experts Meeting on the Protection of the Underwater Cultural Heritage: http://www.unescobkk.org/fileadmin/user_upload/culture/Underwater/SL_presentations/Country_Reports/Philippines.pdf, last visited Oct. 23, 2019.

③ Section 2 (2) (c) of the National Cultural Heritage of 2019.

④ Section 11 of the National Cultural Heritage of 2019.

⑤ Section 30 of the National Cultural Heritage of 2019.

⑥ Section 30 (a) (1) of the National Cultural Heritage of 2019；转引自林蓁：《领海内满足水下文化遗产定义的军舰的法律地位：中国和东盟国家立法研究》，载《中国海洋法学评论》2018 年卷第 1 期，第 9 页。

外，笔者未发现菲律宾国内其他法律对水下文化遗产的管辖权、所有权及水下文化遗产发现报告制度的规定。但值得关注的是，有消息指出菲律宾国会正在考虑制定一部专门保护所有在菲律宾水域内的水下文化遗产的法律，① 但截至目前菲律宾官方仍未出台这部法律。

第四节　马来西亚水下文化遗产保护的政策和法律

马来西亚同菲律宾类似，自 1968 年南海发现油气资源后开始意识到南沙群岛的战略意义，并采取了一系列勘探和军事行动，不仅获得了巨大的经济利益，还占领了数个南海岛礁（3 个）。② 马来西亚地处南海与印度洋的连接之处，被南海分为东西两个部分，其中马来西亚北与泰国接壤，西濒马六甲海峡，东临南海，地理位置十分独特，不仅是古代海上丝绸之路的必经之路，也是 21 世纪海上丝绸之路的战略要点。③ 据中国史料记载，早在西汉的汉武帝时期，中国的船队就途经马来西亚远航至印度半岛开展贸易活动。马来西亚在历史上还曾沦为葡萄牙、荷兰、英国等海上大国的殖民地，结合近年来的马来西亚的水下考古实践，在马来西亚水域内蕴藏着大量水下文化遗产。值得注意的是，在南海问题上马来西亚不仅同中国存在争议，而且同越南、菲律宾也存在不同程度的冲突，这客观上加剧了南海丝绸之路水下文化遗产合作保护的难度，因此马来西亚政府对水下文化遗产保护的政策和法律不容忽视。

一、马来西亚水下文化遗产保护政策

同菲律宾 2009 年之前的实践一样，马来西亚同样允许对水下文化遗产的商业性开发，对水下文化遗产的打捞向私人打捞公司开放，而且这一政策随着实践的发展也不断完善。马来西亚的首次水下考古实践为 1985 年对原荷兰东印度公

---

① An Act Providing for the Protection and Conservation of All Objects ［of］ Underwater Cultural Heritage in Philippine Waters, Senate of the Philippines：http：//www. senate. gov. ph/lisdata/2395220626！pdf, last visited Feb. 19, 2020.

② 吴士存：《南沙争端的起源与发展》，中国经济出版社 2009 年版，第 143~149 页。

③ 饶兆斌：《经济高于地缘政治：马来西亚对 21 世纪海上丝绸之路的观点》，载《南洋问题研究》2016 年第 4 期，第 54 页。

司沉船"莱斯顿"号的打捞，本次打捞是在西澳大利亚海洋博物馆的协助下完成的。马来西亚首次向私人打捞者发放官方打捞许可是在1991年对英国沉船"戴安娜"号的打捞中，一家名为"马来西亚历史打捞者（Malaysian Historical Salvors Sdn Bhd. MHS，以下简称"MHS公司"）"的私人打捞主体获得了独立承担打捞任务的许可但同时也要承担一切风险。本次打捞结束后，与马来西亚的历史和文化直接相关的文物将归马来西亚政府所有。其他文物的销售收入按照7：3的比例在私人打捞主体和政府间进行分配。① 本次打捞结束后，马来西亚政府发布了规定，将以这种方式获得的资金用于打捞直接与马来西亚历史与文化直接相关的遗址，不论是否具备商业价值，这一规定也很快得到了运用。在"戴安娜"号打捞中马来西亚获得的收益就被投入了1995年对"纳斯奥"号古沉船的发掘。在1995年的这次考古中，另外一家私人打捞主体——南海海洋考古公司（Nanhai Marine Archaeology）被政府聘请进行打捞作业，并由政府官员和考古学家进行监督。

上述打捞活动完成后，马来西亚的水下文化遗产保护政策基本被确立下来，即主要依靠数家规模较大、实力较强的打捞公司完成水下文化遗产的出水，并同时规定这些公司在商业打捞时必须遵守部分考古守则，出水文物中与马来西亚国家和民族历史和文化直接相关的将归马来西亚政府所有，其他文物可进行销售，销售收益由打捞公司与政府分成，政府分到的收益用于对水下文化遗产的打捞与保护，实现商业价值和考古价值的协调。

二、马来西亚水下文化遗产保护法律

马来西亚早在1976年就出台了《古迹法》来保护马来西亚境内的文化遗产，而且还出台了《埋藏物法》来规范埋藏物的发现。马来西亚第一部综合性的有关文化遗产保护的法律是2005年出台的《国家遗产法》。该法由17节124条组成，主要内容涉及总则、文化遗产的保存和保护、主管机关、文化遗产基金等。特别值得关注的是，这部法律第九章对水下文化遗产的保护和管理进行了专章规定，内容涉及水下文化遗产的定义、范围、报告、占有、保管、控制、申报，水下文

---

① 李锦辉：《南海周边主要国家海底文化遗产保护政策分析及启示》，载《太平洋学报》2011年6月第19卷第6期，第76页。

化遗产保护区，水下文化遗产的打捞、发掘许可等。①

就水下文化遗产的定义而言，马来西亚虽然未加入《水下文化遗产公约》，但是其在《国家遗产法》中对"水下文化遗产"的表述同《水下文化遗产公约》完全一致。

涉及水下文化遗产的管辖权，《国家遗产法》第 2 条规定该法的适用范围为马来西亚的领海。② 就水下文化遗产的所有权而言，《国家遗产法》第 61 条规定，在勘测、打捞或发掘作业中发现的任何水下文化遗产，对该水下文化遗产主张所有权的人应当支付打捞费用及其他费用；在 1 年内无人主张所有权的，该水下文化遗产归联邦政府所有。③ 马来西亚确立的水下文化遗产的管辖权制度同《水下文化遗产公约》相较，最大的缺陷是在管辖范围上仅涉及领海，缺失了对其他海域管辖的规定。关于所有权问题，马来西亚的水下文化遗产所有权制度中允许水下文化遗产的原始所有人主张所有权。具体来说，如果在马来西亚领海打捞的外国沉船能够识别出该沉船的国籍的，那么该国驻马领事对沉船有处置权。这体现了《水下文化遗产公约》尊重水下文化遗产来源国的精神。

就水下文化遗产的管理与开发制度而言，马来西亚允许对水下文化遗产进行商业开发，《国家遗产法》对水下文化遗产开发的程序进行了细化。《国家遗产法》第 6 条规定，由旅游和文化部部长任命的"遗产专员"负责包括水下文化遗产在内的全部文化遗产的保护与管理。④《国家遗产法》第 65 条第 1 款规定，在马来西亚领海范围内进行打捞和发掘水下文化遗产的应由遗产专员签发许可，未经许可不得擅自开发。⑤ 同越南一致，马来西亚允许对水下文化遗产进行商业开发同样是不符合《水下文化遗产公约》规定的"禁止商业性开发"原则的。

《国家遗产法》还规定了水下文化遗产的发现报告制度。该法第 61 条规定，任何人在马来西亚管辖水域发现水下文化遗产时应在最短时间内通知遗产专员或

---

① Ida Madieha Azmi, "Tragedy of the Commons: Commercialization of Cultural Heritage in Malaysia", Queen Mary Journal of Intellectual Property (Vol. 2, No. 1, 2012), p. 69.

② Section 2 of National Heritage Act 2005.

③ Section 61 of National Heritage Act 2005.

④ Section 6 of National Heritage Act 2005.

⑤ Section 65 (1) of National Heritage Act 2005.

港口工作人员。① 该法确立的这一制度同《水下文化遗产公约》规定的"报告和通知"条款一致。②《水下文化遗产公约》对水下文化遗产发现报告的问题未予以设置明确的时限，《国家遗产法》同样没有明确规定。但是最大的问题是，《国家遗产法》的适用范围仅限为马来西亚领海，如果在马来西亚的毗连区、专属经济区、大陆架海域发现水下文化遗产的话，相关人员是没有报告义务的。

第五节　印度尼西亚水下文化遗产保护的政策和法律

印度尼西亚在海洋划界问题上与中国存在争议，但未采取军事行动强占南海岛礁，与南海其他国家之间就南海问题也没有主权上的冲突。③ 印尼是全世界最大的群岛国家，享有"千岛之国"的美誉。印尼的疆域横跨亚洲和大洋洲，连接了印度洋与太平洋，地理位置险要，自公元 7 世纪起即为重要贸易地区，有众多商船途经于此。④ 结合近年来印尼发生的水下考古事件，印尼水域内的水下文化遗产也不在少数。印尼是古代海上丝绸之路的重要节点，更是"21 世纪海上丝绸之路"倡议的启航地，如何在搁置中印之间海洋划界争端的基础上开展同印尼的水下文化遗产合作保护是值得我们思考的问题，对此我们应首先关注印尼水下文化遗产保护的政策和法律。

一、印度尼西亚水下文化遗产保护政策

印度尼西亚的历史同菲律宾相似，长期受到西方列强（葡萄牙、西班牙、英国等）的侵略，更是被迫接受了荷兰长达 350 年的殖民统治。"二战"结束后印尼虽然实现了民族独立，但是作为世界上第四人口大国，印尼贫困人口比例始终

---

① Section 61 of National Heritage Act 2005.

② 李锦辉：《南海周边主要国家海底文化遗产保护政策分析及启示》，载《太平洋学报》2011 年 6 月第 19 卷第 6 期，第 74 页。

③ 冯梁：《亚太主要国家海洋安全战略研究》，世界知识出版社 2012 年版，第 197 页。

④ 熊灵、陈美金：《中国与印尼共建 21 世纪海上丝绸之路：成效、挑战与对策》，载《边界与海洋研究》2017 年第 6 期，第 24 页。

居高不下，长期被世界银行列为"中低等收入国家"。① 受国内经济长期困顿的影响，印尼虽为亚洲沉船遗迹最多的国家之一，但在水下文化遗产保护方面的投入明显不足，也是对水下文化遗产进行非法开发最严重的国家之一。② 印度尼西亚国家政府在对待水下文化遗产上倾向于将水下文化遗产视作是自然资源而根本不关心其历史与文化价值，并向私人打捞者开放其水域内的水下文化遗产打捞，这一处理方式受到了国际考古界的批评和质疑。③ 同南海丝绸之路沿线其他国家一样，印尼的水下文化遗产政策的形成也是经历了一个过程。印尼的水下文化遗产政策的形成和中国一样，是从同一次沉船盗捞事件（麦克·哈彻盗捞"海尔德马尔森号"沉船）开始起步。麦克·哈彻是在中国同印度尼西亚有争议的南海海域发现"海尔德马尔森号"沉船并开始打捞作业，这次打捞也未获得印尼的官方许可。该事件发生后，印尼成立了一个专门委员会来处理，但直到这次事件中出水的文物被拍卖，该委员会也未采取任何有效的行动来索回相关的文物，最终印尼政府分文未得。④

受这次事件的影响，印尼于 1989 年发布第 43 号总统令，正式宣布设立国家打捞和利用沉船委员会专司沉船商业开发的管理，并正式向沉船打捞公司开放其海域，许可国内外打捞公司进行打捞沉船作业。印尼政府规定，对沉船的勘探和打捞均需要取得许可。在勘探开始前，沉船打捞公司应向国家打捞和利用沉船委员会递交申请，符合条件的由该委员会颁发勘探许可；勘探开始时，印尼政府会派员进行现场监督。勘探结束后开始打捞前，沉船打捞公司还需要获得打捞许可，程序同获得勘探许可类似。⑤ 出于保证本国利益的需要，印尼政府规定外国

---

① 毛振华、闫衍、郭敏：《"一带一路"沿线国家主权信用风险评估报告》，对外经济贸易大学出版社 2015 年版，第 121 页。

② Human Resources Development in Indonesia's Underwater Archaeology：http：//www. themua. org/collections/files/original/3c68f6f321e72eec85a34155b0f69ec4. pdf, last visited Oct. 20, 2019.

③ Michael Flecker, "The Ethics, Politics, and Realities of Maritime Archealogy in Southeast Asia", *The International Journal of Nautical Archaeology* (Vol. 31, No. 1, 2002), pp. 12-24.

④ Abdul Khalik, "Bribery Ensures Spoils Go to the Treasure Hunters", The Jakarta Post 03 / 20 /2006.

⑤ 李锦辉：《南海周边主要国家海底文化遗产保护政策分析及启示》，载《太平洋学报》2011 年 6 月第 19 卷第 6 期，第 77 页。

公司如果想要在印尼境内开展打捞作业必须与本国的打捞公司合作，政府通过收取打捞公司申请许可的费用和获得出水文物销售分成获得收益。需要关注的是，印尼政府并不保存文物实物，而是仅要求获得文物销售 50% 的收益。印尼政府这种只要求获得金钱收益而基本不过问打捞所获的文物的历史或考古价值的做法受到了国际考古学界的大量诟病。更为遗憾的是，在这套政策的执行过程中，印尼政府试图通过与打捞者分成获得收益也因印尼政界广泛而普遍之腐败而落空。打捞者通过贿赂官员将大部分从打捞获得的文物及销售所获的收益收入私囊，印尼政府实际获得的收益却是九牛一毛。

鉴于上述政策收效甚微，且招致了国际考古学界的长期质疑，印尼政府在 2005 年对以往的水下文化遗产政策进行了调整。调整后的政策将水下文化遗产分为两类，并采取不同的开发原则。一类是具有突出的文化、考古和历史价值的水下文化遗产，对这类水下文化遗产要妥善保存和保护；另一类则被视为海洋资源，包括历史沉船及船上的物品在内，对这类水下文化遗产则允许商业开发。① 但是，印尼在水下文化遗产保护方面的投入依然不足，保护程度十分有限，尤其是缺乏专业的保护人员，这些问题都困扰着新政策的执行。②

二、印度尼西亚水下文化遗产保护法律

印度尼西亚在 1992 年就出台了一部有关文化遗产保护的《1992 年第 5 号关于文化财产的法令》③，印尼政府随即在 1993 年出台了第 10 号政府法规来细化这部法律的执行。2010 年，印尼颁布了新的《文化遗产法》（2010 年第 10 号法案），取代了 1992 年的有关文化遗产保护的法律。④ 该法共计 13 章 120 条，内

① 刘丽娜：《中国水下文化遗产法律保护》，知识产权出版社 2015 年版，第 49 页。

② Cultural Attitude and Values towards Underwater Cultural Heritage and Its Influence on the Management Actions in Indonesia, http：//themua. org/collections/files/original/5e505174e0a1acbe 5ecd71c0aa83b3ee. pdf, last visited Oct. 23, 2019.

③ Law of the Republic of Indonesia Number 5 of the Year 1992 Concerning Item of Cultural Property, UNESCO official website：http：//www. unesco. org/culture/natlaws/media/pdf/indonesie/ indonesia_compilation_of_law_2003_engl_orof. pdf, last visited Feb. 5, 2020.

④ Isnen Fitri and others, "Cultural Heritage and Its Legal Protection in Indonesia since the Dutch East Indies Government Period", 81 Advances in Social Science, Education and Humanities Research（ASSEHR）（Vol. 131, 2016）, p. 39.

容涉及文化遗产的定义、文化遗产的所有权、文化遗产的发现及相关的责任条款。印尼没有专门保护水下文化遗产的法律，这部《文化遗产法》构成了印尼水下文化遗产开发和保护的主要法律依据。

印度尼西亚同中国、菲律宾一样，也未在国内立法中采用"水下文化遗产"这一概念。《文化遗产法》第 1 条第 1 款及第 5 条规定了"文化遗产"的范畴。

就水下文化遗产的所有权、管辖权而言，《文化遗产法》第 12 条第 3 款规定，文化遗产的所有权可以通过继承、捐献、交换、赠与、购买或通过法院的判决或命令取得，但国家管控的文化遗产除外。① 《文化遗产法》第 15 条规定，无主文化遗产的保护由国家负责。② 除此之外，《文化遗产法》对印尼不同海域的水下文化遗产的所有权、管辖权未做细化规定，这一点同《水下文化遗产公约》相较是较大的缺陷。

在水下文化遗产的保护上，印尼允许对水下文化遗产进行商业开发。《文化遗产法》第 26 条规定，对文化遗产的勘探、发掘等工作必须得到政府部门或当地政府批准。③ 这部法律第 14 条第 1 款还规定任何外国个人或外国机构不得所有或占有印尼文化遗产，除非该外国人永久居留于印度尼西亚。④ 同越南、马来西亚一致，印尼允许对水下文化遗产进行商业开发也不符合《水下文化遗产公约》"禁止商业性开发"原则。

《文化遗产法》还规定了文化遗产的发现报告制度。该法第 23 条规定，任何人发现文化遗产后应在 30 日内向有关部门报告。⑤ 该法确立的这一制度同《水下文化遗产公约》规定的"报告和通知"条款一致。《水下文化遗产公约》对水下文化遗产发现报告的问题未予以设置明确的时限，而《文化遗产法》明确规定是在 30 日内。⑥ 但是一个比较突出的问题是，《文化遗产法》没有明确规定水下文化遗产发现报告的适用范围，是否只要在印尼的管辖海域内都要履行发现报告

---

① Article 12（3）of Act concerning Cultural Conservation.

② Article 15 of Act concerning Cultural Conservation.

③ Article 26 of Act concerning Cultural Conservation.

④ Article 14（1）of Act concerning Cultural Conservation.

⑤ Article 23 of Act concerning Cultural Conservation.

⑥ 邬勇、王秀卫：《南海周边国家水下文化遗产立法研究》，载《西部法学评论》2013年第 4 期，第 59 页。

义务不得而知。

第六节 文莱水下文化遗产保护的政策和法律

文莱在海洋划界和岛礁主权上与中国存在部分争议,但未实际采取行动强占岛礁,与南海其他国家之间就南海主权问题也不存在现实的冲突。文莱北濒中国南海,东南西三面与马来西亚接壤,是古代海上丝绸之路重要的货物集散地。①史籍中记载的中国与文莱国友好交往,最早可以追溯至中国南北朝时期。在中国提出"21世纪海上丝绸之路"倡议后,文莱政府积极响应,中方与文方在基础设施、能源、农渔业等诸多产业领域的协同发展欣欣向荣。开展同文莱的水下文化遗产合作保护也是进一步深化中文双方在南海丝绸之路倡议下合作的重要举措,因此关注文莱水下文化遗产保护的政策和法律十分必要。

一、文莱水下文化遗产保护政策

文莱同菲律宾、印尼等国类似,长期被西方列强(葡萄牙、西班牙、荷兰、英国等国)入侵和殖民,"二战"结束后直到1984年才完全实现了民族独立。同东南亚其他国家不同的是,独立后的文莱未选择民主制政体,而是实行了君主专制,成为世界上仅存的少数几个君主专制国家之一。根据文莱宪法及其修正案的规定,文莱国家元首为苏丹,拥有全部最高行政权力和颁布法律的权力,并享有无须经立法院同意而自行颁布紧急法令等法令的权力。国家元首苏丹可凌驾于法律之上,这使得文莱水下文化遗产保护政策会存在较大的不确定性和不透明性。根据文莱法律的规定,文莱允许商业开发水下文化遗产。对水下文化遗产的发掘需要获得许可,由主管机构——文莱博物馆委员会(人员共7名,设主席、常任秘书长各一人)常任秘书长签发。获得许可的私人打捞者应采取科学及博物馆委员会主席同意的方式进行发掘,并采取合理的措施妥善保存发掘出的文物。

---

① 《文莱,21世纪海上丝绸之路在这里焕发新生机》,载国务院新闻办公室网站:http://www.scio.gov.cn/31773/35507/35510/Document/1630357/1630357.htm,最后访问日期:2019年9月17日。

私人打捞者还应保存对发掘出的文物的记录，并按规定向博物馆委员会主席交存文物的照片、铸件、压模或其他复制品（件）。在博物馆委员会主席要求时，私人打捞者应向其提交发掘的计划及照片。此外，文莱允许个人在持有博物馆委员会常任秘书长许可的前提下买卖水下文化遗产。

二、文莱水下文化遗产保护法律

文莱虽是君主专制国家，但是在国家机构中设置了立法院，负责制定文莱国内的各项法律。文莱在 1967 年就出台了《古迹和宝藏法》，并于 1984 年、1991 年、2002 年历经三次修订。事实上，在这部法律出台前的 1965 年，文莱已经设立了保护水下文化遗产的专门机构——文莱博物馆局海事博物馆处，其职责包括采取有效的方式保护和保存国家遗产和文化遗产，并组织活动来提高公众保护国家和文化遗产的意识。《古迹和宝藏法》规定的适用范围包括在 1894 年 1 月 1 日前就已存在的古纪念碑、古迹、文物、历史遗迹以及宝藏，但该法未就此适用范围作出其他解释和说明。

就水下文化遗产的所有权而言，《古迹和宝藏法》第 3 条第 3 款规定，所有在海洋中发现的古迹均归政府所有。① 但该法并未明确"海洋"的定义，是仅指内水、领海或者还包括毗连区、专属经济区、大陆架不得而知。就单从法条所表述的文字意思来看，确定古迹的所有权是仅依简单的属地原则，这一点同《水下文化遗产公约》依属地兼属人原则来确立管辖权是不一致的。

文莱允许对水下文化遗产进行商业开发。《古迹和宝藏法》第 13 条和第 14 条规定了对古迹（包括水下文化遗产）进行发掘需要许可。② 此外，文莱允许在经过官方批准的前提下进行文物的买卖。

《古迹和宝藏法》还规定了古迹的发现报告制度。该法第 4 条第 1 款规定，任何人在发现古迹或古代雕像后应立刻报告他所在区域的村长，或者向古迹所在区域的政务专员报告。③ 该法确立的这一制度同《水下文化遗产公约》规定的

---

① Section 3 (3) of Antiquities and Treasure Trove Act 1967.
② Section 13 & 14 of Antiquities and Treasure Trove Act 1967.
③ Section 4 (1) of Antiquities and Treasure Trove Act 1967.

"报告和通知"条款一致。《水下文化遗产公约》对水下文化遗产发现报告的问题未予以设置明确的时限,《古迹和宝藏法》同样也没有明确规定。

第七节　南海周边国家水下文化遗产保护制度比较

通过对南海丝绸之路沿线六国水下文化遗产保护的政策和法律的考察,我们可以发现各个国家在这两方面存在诸多不一致之处。从大的方面来看,仅有中国和越南出台了专门保护水下文化遗产的法律规定,其他国家仅在保护文化遗产的一般法中将水下文化遗产纳入文化遗产的范畴中并加以保护。从具体保护水下文化遗产的条文上看,南海丝绸之路沿线各国对水下文化遗产保护的各项制度的差异更为明显,体现在关于水下文化遗产的定义及范畴、水下文化遗产的所有权及管辖权的归属、水下文化遗产的开发政策及水下文化遗产的发现报告和通知等方面。上述差异对开展南海丝绸之路水下文化遗产的合作保护造成了潜在性的冲突和障碍。

一、水下文化遗产的定义

南海丝绸之路沿线国家根据自身不同的立法传统、文化遗产法律体系及水下文化遗产的特点,确立了不同的水下文化遗产的定义。目前,仅有马来西亚对"水下文化遗产"的定义符合《水下文化遗产公约》的"三标准",而其他国家的定义同《水下文化遗产公约》对"水下文化遗产"所设置的时间标准、价值标准都或多或少地存在差异。此种差异就会造成各国在合作保护的过程认定水下文化遗产时产生冲突,势必会给各国合作保护南海丝绸之路水下文化遗产造成障碍。因此,各国就合作保护水下文化遗产的范畴达成一致是开展南海丝绸之路水下文化遗产合作保护的首要前提。

二、水下文化遗产的所有权

南海丝绸之路沿线各国在水下文化遗产所有权的规定上大相径庭(详见表2-1),会对合作保护沿线水下文化遗产产生较为不利的影响。

表 2-1　南海丝绸之路沿线各国在水下文化遗产所有权制度方面的差异

发现水下文化遗产的位置	中国	越南	菲律宾	马来西亚	印度尼西亚	文莱
本国（地区）内水及领海	归中国所有	归越南所有	所有菲律宾陆上或水下考古遗址中发现的文化财产均属国家所有	归原所有人所有，但无主水下文化遗产归马来西亚所有	无主水下文化遗产归印度尼西亚所有	所有在海洋中发现的古迹均归文莱所有（未明确规定"海洋"的定义）
本国（地区）毗连区	归中国所有	归越南所有	—	—	—	—
本国（地区）专属经济区	归中国所有	归越南所有	—	—	—	—
本国（地区）大陆架	归中国所有	归越南所有	—	—	—	—
外国管辖海域	中国享有遗存于外国领海以外的起源于中国的文物的辨认器物物主权		—	—	—	—
"区域"/公海	中国享有起源于中国的文物的辨认器物物主的权利		—	—	—	—

如表 2-1 所示，南海丝绸之路沿线各国确立的水下文化遗产所有权制度的差异众多，部分国家的水下文化遗产所有权制度尚存较大的完善空间。此种差异会造成各国在合作保护的过程中主张水下文化遗产所有权时产生冲突。例如在中国和越南各自的内水或领海内分别发现了起源于对方国家的水下文化遗产，那么根据中越各自的国内法，此种情况下中越均没有向对方国家返还水下文化遗产的义务，相关水下文化遗产归发现国所有。这种状况下不可避免地就会发生争议，不利于水下文化遗产的合作保护。此外，如果在南海争端海域，在中越均主张管辖的专属经济区范围内发现了起源于中国的水下文化遗产，那么依据中越各自的国内法，中越均有权主张该水下文化遗产的所有权，此种情况下势必会给合作保护南海丝绸之路水下文化遗产造成更为复杂的障碍。因此，处理好各国就水下文化遗产所有权方面的冲突对顺利开展南海丝绸之路水下文化遗产的合作保护尤为重要。

三、水下文化遗产的管辖权

南海丝绸之路沿线各国对水下文化遗产的管辖权是构建南海丝绸之路水下文化遗产合作保护机制的首要前提。同水下文化遗产的所有权问题类似，南海丝绸之路沿线国家在水下文化遗产的管辖权的规定上也存在冲突。南海丝绸之路沿线国家或地区中，只有中国、中国台湾和越南在其国内法中明确规定本国（地区）有权对遗留在本国（地区）内水、领海内的水下文化遗产实施管辖。鉴于菲律宾、马来西亚、印度尼西亚、文莱均是《海洋法公约》缔约国，而《海洋法公约》赋予一国对其内水、领海享有管辖权，因此我们可以合理推断上述各国也有权对其内水、领海范围内的水下文化遗产享有管辖权。而南海丝绸之路沿线各国对遗留在本国毗连区、专属经济区、大陆架范围内的水下文化遗产管辖权的规定却存在较大的差异（详见表 2-2）。

表 2-2　南海丝绸之路沿线各国在水下文化遗产管辖权制度方面的差异

位置	中国	越南	菲律宾	马来西亚	印度尼西亚	文莱
本国（地区）内水及领海	有管辖权	有管辖权	有管辖权	有管辖权	有管辖权	有管辖权

续表

位置	中国	越南	菲律宾	马来西亚	印度尼西亚	文莱
本国（地区）毗连区	有管辖权	有管辖权	—	—	—	—
本国（地区）专属经济区	有管辖权	有管辖权	—	—	—	—
本国（地区）大陆架	有管辖权	有管辖权	—	—	—	—
外国管辖海域	中国享有遗存于外国领海以外的起源于中国的文物的辨认器物物主权					
"区域"/公海	中国享有起源于中国的文物的辨认器物物主的权利					

如表 2-2 归纳，除中国和越南之外，南海丝绸之路沿线其他国家对其毗连区、专属经济区、大陆架等海域水下文化遗产的管辖权未做规定。"法无授权不可为"，在国内法层面，国家公权力的行使必须经过法律授权，因而越南、菲律宾、马来西亚、印度尼西亚、文莱五国似乎无权对其毗连区、专属经济区、大陆架等海域水下文化遗产行使管辖权。但是，在国际法层面，各个国家是平等的主体，且上述五国均为《海洋法公约》的缔约国，因而这些国家在毗连区、专属经济区等海域对水下文化遗产的管辖权同时也受这一公约调整。根据《海洋法公约》第 303 条第 2 款的规定，缔约国在毗连区对水下文化遗产享有部分管辖权。[①] 除领海与毗连区外，《海洋法公约》未就缔约国在其他海域对水下文化遗

[①]　根据《联合国海洋法公约》第 303 条第 2 款的规定，为控制文物的贩运，沿海国有权假设未经沿海国同意将在毗连区海床上的水下文化遗产移除会违反适用该国领土和领海内与海关、财政、移民和卫生有关事宜的法律法规。因此，第 303 条第 2 款赋予沿海国的管辖是有限的，目前仅在移出海床上的文物以及控制贩运时，沿海国才可以采取行动。参见 Sarah Dromgoole (ed.), *Underwater Cultural Heritage and International Law*, Cambridge University Press (2013), p. 251.

产的管辖权进行规制。"国际法不禁止即为允许"①，缔约国可在除领海与毗连区外的海域开展国际法不禁止的活动，包括勘探、打捞位于本国专属经济区、大陆架等海域的水下文化遗产。上述差异是目前构建南海丝绸之路水下文化遗产保护机制的主要障碍。一方面，由于大部分国家在国内法层面对遗留在其毗连区、专属经济区及大陆架海域的水下文化遗产的管辖权规定不明，透明度低，因此在南海非争端海域的水下文化遗产合作保护会因无法确定主管部门进而产生阻碍。另一方面，南海争端涉及我国同南海周边国家毗连区、专属经济区及大陆架的海域划界问题。在争端海域内，中国同南海五国不可避免地产生管辖权冲突，且争端海域有可能是未来南海丝绸之路水下文化遗产合作保护的重点区域。因此，在开展南海丝绸之路水下文化遗产的合作保护过程中，如何公平、合理地划分相关海域水下文化遗产的管辖权将会是重点和难点。

四、水下文化遗产的发现报告和通知

在南海丝绸之路沿线海域发现水下文化遗产的报告和通知是开展南海丝绸之路水下文化遗产合作保护中不可或缺的基础性工作，对于明确具体合作保护的对象发挥着重要作用。除菲律宾外，中国、越南、印度尼西亚、马来西亚的国内法均规定了个人负有在发现水下文化遗产后及时向有关部门或人员报告的义务，但是只有印尼将报告的时间明确为发现水下文化遗产后30日内。相较于水下文化遗产的所有权和管辖权制度的差异和空白，南海丝绸之路沿线国家对水下文化遗产的发现报告和通知制度的接纳程度较高，后续在开展合作保护水下文化遗产时似可明确发现水下文化遗产报告和通知的时限，从而增强该制度的操作性和可行性。

五、水下文化遗产的打捞政策

通过对南海丝绸之路沿线各国和地区的水下文化遗产保护政策的观察，就对

---

① "国际法不禁止即为允许"这一原则又被称为"荷花号"原则，源于国际常设法院在"荷花号"案中的判决。法院在该案中提出了国际法的一个基本论断，即对独立国家的限制是不能假定的。根据这一原则，国际法是由禁止性规范构成的法律体系，在国际法没有明文禁止的情况下，国家享有主权和自由。参见陈一峰：《"国际法不禁止即为允许"吗？——"荷花号"原则的当代国际法反思》，载《环球法律评论》2011年第3期，第133页。

水下文化遗产的"非商业性打捞"来看，仅有中国在其《水下文物保护管理条例》中肯定了这一原则但尚未明确规定，中国在《水下文物保护管理条例》中尚未明确规定但肯定了这一原则。除中国及菲律宾外，沿线其余国家均不同程度地允许对水下文化遗产进行商业打捞。越南、马来西亚及印度尼西亚允许私人打捞者对水下文化遗产进行打捞，并允许对打捞出水的文物进行拍卖，其区别在于政府和私人打捞者对拍卖所得的分成比例不同。文莱同样也允许私人打捞者对水下文化遗产进行打捞和买卖。上述沿线国家之所以采取对水下文化遗产进行商业化开发有其深刻的现实原因，其中最大的原因是水下文化遗产保护的投入巨大，而上述国家却均为发展中国家，无力承担如此巨大的开销，因此只能通过同私人打捞者的商业合作对水下文化遗产实施保护，这也是为何这些南海丝绸之路沿线国家未批准《水下文化遗产公约》的原因。南海丝绸之路沿线国家间在水下文化遗产开发政策的冲突也是制约南海丝绸之路水下文化遗产合作保护不容小觑的障碍之一。

综上所述，南海丝绸之路沿线国家在保护水下文化遗产政策和法律方面的差异对于开展沿线水下文化遗产合作保护会造成潜在性的冲突和障碍。具体来说，沿线各国在水下文化遗产开发政策、水下文化遗产的定义、水下文化遗产的所有权和管辖权、水下文化遗产的发现报告和通知制度上的不一致会造成如下几个问题：第一，对合作保护水下文化遗产的标准、范畴和方式难以统一；第二，在南海丝绸之路沿线海域特别是在南海争端海域对水下文化遗产的管辖权和所有权难以厘清，会导致部分海域出现管辖权真空，而在部分海域则会发生国家间争夺管辖权和所发现水下文化遗产所有权的激烈冲突；第三，南海丝绸之路尚有个别国家未确立水下文化遗产的发现报告和通知这一基本制度，已确立这一制度的国家也有大部分未明确报告和通知的时限，需要在后续开展水下文化遗产合作保护时予以明确，以增强操作性。

第三章 南海丝绸之路水下文化遗产合作保护的法律与政治基础

南海丝绸之路沿线海域水下文化遗产十分丰富，但由于打捞、保护沉船及沉货等水下文化遗产的成本巨大，且沿线部分海域存在争端，南海丝绸之路沿线水下文化遗产的保护呈现出各国各自为政、保护水平参差不齐的状态。此外，沿线海域水下文化遗产非法盗捞严重，甚至有蓄意破坏水下文化遗产的现象出现。①因此，迫切需要沿线各国开展南海丝绸之路水下文化遗产合作保护。而沿线各国对于水下文化遗产保护之政策与法律不尽相同，客观上为合作保护造成了一定障碍。但南海丝绸之路水下文化遗产合作保护绝不是无源之水、无本之木，而是有坚实的法律与政治基础。从多边层面来看，《联合国海洋法公约》《水下文化遗产公约》都有成员国合作保护水下文化遗产的相关规定。从区域层面来看，《东南亚国家联盟宪章》《中国—东盟文化合作谅解备忘录》《东盟社会文化共同体蓝图》《东盟文化遗产宣言》《加强东盟文化遗产合作的万象宣言》《中国—东盟文化合作行动计划》均有合作保护文化遗产的相关规定。明确上述文件的有关内容可为南海丝绸之路水下文化遗产的合作保护构建坚实的理论基础。

第一节 多边层面的相关规定

一、1982 年《联合国海洋法公约》

《联合国海洋法公约》（以下简称《海洋法公约》）没有能够对水下文化遗

---

① 《中国文物火爆全球的背后，谁在导演天价"古董局中局"》，载搜狐网：http://www.sohu.com/a/350738891_100157730，最后访问日期：2019 年 8 月 11 日。

产足够重视，只有在第 149 条和第 303 条对"海洋考古和历史文物"作出了一些笼统的规定，并未涉及具体的制度。[1] 这是由于公约制定的时间很早，国际社会对于水下文化遗产保护的认识程度有限所致。但应注意到，南海丝绸之路沿线国家（中国、越南、菲律宾、马来西亚、印度尼西亚、文莱）均为《海洋法公约》的成员国，因此不能忽视这一公约在开展沿线水下文化遗产合作保护中的作用。

《海洋法公约》第 149 条首先规定了来源国，或文化上的发源国，或历史和考古上的来源国在保存或处置"区域"内发现的考古和历史文物的优先权利应被特别顾及。[2] 这条规定极其模糊，因此种优先权利具体的内涵及其行使方式都无从得知，但该条明确了一条处理水下文化遗产争议的基本原则——在针对不能辨明物主的水下文化遗产时，要首先考虑到该文物的来源国、文化发源国、历史及考古的来源国。水下文化遗产大多是原所有国人民文化及劳动的成果，来源国或文化发源国或历史及考古上的来源国与水下文化遗产的历史价值有着千丝万缕的联系。毕竟这一类国家对于水下文化遗产的创造作出了较大贡献，对水下文化遗产的长久保护更有较为深刻的理解。秉承这一原则，在南海丝绸之路水下文化遗产开展合作保护时应当尊重来源国、文化上的发源国、历史和考古上的来源国的优先权利，同时需阐明这种优先权的内涵，细化优先权的行使方式。

《海洋法公约》第 303 条共 4 款，其中，第 1、3、4 款涉及成员国合作保护的问题。[3] 第 303 条第 1 款的规定因未对成员国施加具体的义务也显得极为宽泛，但同时为成员国开展水下文化遗产的合作保护奠定了法律基础。此外，从该款规定我们也可推知，成员国破坏水下文化遗产的行为是不正当的。而南海丝绸之路沿线各国均为《海洋法公约》的成员国，因此开展南海丝绸之路水下文化遗产的保护是沿线各国的义务，沿线部分国家破坏南海海域水下文化遗产的行为也是非法的。再者，第 303 条第 3 款的规定对保护"可辨认的物主"之权利的内涵并未明确，但已体现出《海洋法公约》保护私人权利的倾向，包括其他国家对其水下文化遗产应享有的权利。该款规定不影响打捞法或其他海事法规则的适用，同样体现出公约保护私人权利的意图。但我们应注意到，正是打捞法或其他海事

---

① Michail Risvas, "The Duty to Cooperate and the Protection of Underwater Cultural Heritage", *Cambridge Journal of International and Comparative Law* (Vol. 2, No. 3, 2013), p. 564.

② 参见《联合国海洋法公约》第 149 条。

③ 参见《联合国海洋法公约》第 303 条。

法规则的适用催生了私人打捞者盗捞水下文化遗产的热潮。本款的保护可辨认的物主之权的规定有利于我国主张在南海丝绸之路沿线发现的来源于我国水下文化遗产的相关权利，但允许打捞法或其他海事法规则的适用不利于在沿线合作保护水下文化遗产中规范私人打捞者打捞甚至盗捞水下文化遗产的行为。最后，第303条第4款的规定为在南海丝绸之路沿线各国缔结有关水下文化遗产合作保护的公约留下了充分余地。

二、2001 年《水下文化遗产公约》

《水下文化遗产公约》作为第一个专门保护、管理水下文化遗产的普遍性国际公约，该公约第 2 条、第 19 条和第 21 条所体现出的国际合作原则表达出国际社会对开展合作保护水下文化遗产共同的认知，而《水下文化遗产公约》的附件《规章》第 8 条也重申了这一原则。目前南海丝绸之路沿线国家虽然均未加入《水下文化遗产公约》，但不能就此忽视这一公约在开展沿线水下文化遗产合作保护中的影响和作用，《水下文化遗产公约》可为沿线开展合作保护提供有益的支持和借鉴。

《水下文化遗产公约》第 2 条的第 2 款明确了国际合作是水下文化遗产保护的重要原则之一，更是缔约国的强制性义务。[1]《规章》第 8 条规定，应鼓励在开展开发水下文化遗产的活动方面进行国际合作，以促进有效地交流或使用考古学家及其他相关专业人员。为了使第 2 条第 2 款具备可操作性，在第 19 条和第 21 条规定了国际合作的具体内容。公约第 19 条第 1 款[2]明确规定了缔约国之间合作的具体内容，主要包括三个方面：一是水下文化遗产的保护，既包括打捞阶段的保护，也包括打捞出水后的储藏保护；既包括对合法活动所触及的水下文化遗产保护，也包括非法活动，特别是劫掠所触及的水下文化遗产。[3]二是水下文化遗产的管理，保护的作用在于防止水下文化遗产受到自然因素或人为因素的损害，而管理则是在水下文化遗产已被打捞出水并得到保护的前提下充分发挥其功用的问题，例如信息的收集与统计、水下文化遗产的整体保存、稀有或脆弱物品

---

① 参见《保护水下文化遗产公约》第 2 条。
② 参见《保护水下文化遗产公约》第 19 条。
③ 傅崐成、宋玉祥：《水下文化遗产的国际法保护——2001 年联合国教科文组织〈保护水下文化遗产公约〉解析》，法律出版社 2006 年版，第 98 页。

的特殊管理以及为了水下文化遗产之保护的目的而进行的非商业性经营等。三是关于水下文化遗产的考古科研程序、方法以及展出以实现公众的审美价值，即第1款列举的"调查、发掘、记录、保存、研究和展出"等。对于第三方面的内容，该款规定在"可行情况下"才具有合作义务，而不是强制性义务，这使国际合作原则的功能大打折扣。① 此外，在开展国家层面上的国际合作的同时，各国民间机构，特别是学术机构（如大学、研究所等）和保护机构（如博物馆等）之间的交流与合作也是国际合作的有效途径。

第19条第2、3、4款规定了对有关信息的分享与公开义务；与合作义务不同，信息分享的主体不单单限于各缔约国，还包括教科文组织。需分享的这些信息是有关水下文化遗产的发现事宜、非法发掘与打捞事宜以及水下文化遗产本身的位置。至于发掘与打捞活动是否合法，第2款提供的判断标准为"本公约或国际法或违反与这种遗产有关的其他国际法、有关的科学方法和技术以及有关法律"②，这说明《水下文化遗产公约》对发掘或打捞水下文化遗产的活动要求是非常严格的，如果发掘与打捞活动没有采取严格的科学技术规程、拥有资金、技术能力并得到相关主管当局同意，就很容易被认定为非法。为了便于各缔约国判断某一发掘或打捞活动是否合法并就非法发掘或打捞的水下文化遗产提出信息分享要求，各缔约国亦应公开其与水下文化遗产有关的法律信息。

《水下文化遗产公约》第19条规定的信息分享与公开义务，但公开与水下文化遗产的有关信息，特别是其位置和文化、历史或考古特征与重要价值，会为非法活动提供目标，将水下文化遗产置于非法活动的危险之中，特别是《水下文化遗产公约》最关注的劫掠行为。③ 因此，第19条第3款规定，如果信息分享可能导致水下文化遗产面临这种危险，缔约国和教科文组织应对这些信息予以保密，只能为各缔约国主管当局知悉，而不向公众披露。④ 采取保密措施的前提是不违背各缔约国国内法，《水下文化遗产公约》之所以作出这样的规定，是因为

---

① 傅崐成、宋玉祥：《水下文化遗产的国际法保护——2001年联合国教科文组织〈保护水下文化遗产公约〉解析》，法律出版社2006年版，第99页。

② 参见《保护水下文化遗产公约》第19条第2款。

③ 傅崐成、宋玉祥：《水下文化遗产的国际法保护——2001年联合国教科文组织〈保护水下文化遗产公约〉解析》，法律出版社2006年版，第100页。

④ 参见《保护水下文化遗产公约》第19条第3款。

过度的保密措施可能侵害各国法律赋予其国民对政府行政行为的知情权，涉及敏感的国内政治问题。第19条第4款要求缔约国公开违反本公约或其他国际法发掘或打捞的水下文化遗产的信息，并为该信息的公开采取"一切可行措施"，特别列举了国际数据库的利用。① 在许多情况下，信息公开，如第4款列举的利用国际数据库对信息予以公布，也是信息分享的重要途径；缔约国还可以通过国内官方的或其指定的大学与研究机构等拥有的数据库予以公布。如果通过这种数据库所公开的信息能为各缔约国获取与查阅，也即履行了信息分享的义务。

《水下文化遗产公约》第21条规定了水下考古培训，这正是国际合作的重要内容，也是对第19条规定的国际合作的补充。② 第19条第1款抽象规定了缔约国开展合作的义务，而第21条正是这种合作的实质性内容，它主要有对人员的技术培训，包括水下考古技术培训、水下文化遗产保存技术培训和以上两种技术的转让两个方面，这种培训主要是指由发达国家，特别是水下考古发达的国家向发展中国家及其机构提供人员培训和技术转让。实际上，受经济、社会与技术发展水平的限制，国际社会水下考古的发展水平很不平衡，水下考古发达的国家主要位于欧美，这些发达国家的考古机构拥有发展中国家考古机构无法比拟的财政、技术能力和人员配备。③ 而发展中国家受经济发展水平的影响对水下考古和遗产保护与管理的财政预算十分有限，水下考古调查与发掘技术、深水打捞技术落后，水下考古和遗产保护与管理专业人员缺乏，上述不足使这部分发展中国家并不具备开展水下文化遗产保护的能力，因此也更反映出缔约国在水下考古培训和水下文化遗产保护与管理方面开展合作的重要性。水下考古技术培训主要包括水下考古调查、发掘、记录和摄影以及实验室研究等，保存技术的培训主要涉及水下文化遗产被打捞出水后的保护等。④

《水下文化遗产公约》第21条规定的技术转让也是国际合作的重要内容，这里的技术一般来说主要是指水下打捞技术与保存技术，因为这些技术容易涉及知

---

① 参见《保护水下文化遗产公约》第19条第4款。
② 参见《保护水下文化遗产公约》第21条。
③ 傅崐成、宋玉祥：《水下文化遗产的国际法保护——2001年联合国教科文组织〈保护水下文化遗产公约〉解析》，法律出版社2006年版，第103页。
④ 傅崐成、宋玉祥：《水下文化遗产的国际法保护——2001年联合国教科文组织〈保护水下文化遗产公约〉解析》，法律出版社2006年版，第104页。

识产权问题，而并非考古学理论与方法——这种纯学术的理论与方法是无国界的。为避免侵犯各缔约国私人的知识产权，第 21 条虽然规定缔约国有转让相关技术的义务，但允许缔约国商定转让技术的条件，并规定在商定转让条件之前缔约国并无转让的强制义务。① 在实际执行过程中，只要商定合理条件，例如公平的价格，水下考古与水下文化遗产保存技术的转让并不存在多大障碍，因为这些技术同国防军事技术和敏感民用技术不同，并无多大的保密价值，只要价格合理，满足知识产权拥有者的商业利润要求，各缔约国及其国民或法人并不会阻碍这种技术的转让。同时，如果发展中国家，特别是最不发达国家缺乏购买这种技术或使用权的能力和条件，《水下文化遗产公约》应鼓励属于发达国家向前者低价或免费转让相关技术，以实现对水下文化遗产的普遍性保护。②

第二节　区域层面的相关规定

东南亚国家联盟（ASEAN，以下简称"东盟"）于 1967 年 8 月 8 日在泰国曼谷宣告成立。截至目前，东盟的成员国已涵盖了南海丝绸之路东南亚沿线国家。③ 中国作为东盟重要的对话伙伴国，一直以来同东盟的关系都较为紧密。近年来东盟各成员国间、东盟和中国在保护文化遗产方面达成了众多共识，签署了一系列关于文化遗产保护的文件，这为在东盟框架下开展南海丝绸之路水下文化遗产的合作保护奠定了坚实的政治和法律基础。

一、2000 年《东南亚国家联盟文化遗产宣言》

意识到保护和培育东南亚文化遗产对东盟的团结和东盟人民对共同命运的认识至关重要，在 2000 年 7 月 24-25 日在泰国曼谷举行的东盟第 33 次部长级会议

---

① 傅崐成、宋玉祥：《水下文化遗产的国际法保护——2001 年联合国教科文组织〈保护水下文化遗产公约〉解析》，法律出版社 2006 年版，第 106 页。

② 傅崐成、宋玉祥：《水下文化遗产的国际法保护——2001 年联合国教科文组织〈保护水下文化遗产公约〉解析》，法律出版社 2006 年版，第 106 页。

③ 东盟目前的成员国分别为：马来西亚、印度尼西亚、泰国、菲律宾、新加坡、文莱、越南、老挝、缅甸和柬埔寨。Association of Southeast Asian Nations，https：//asean.org/asean/asean-member-states，last visited Nov. 10，2019.

上，在东盟各成员国共同磋商、深度凝聚共识的基础上，东盟各国外长共同签署了《东南亚国家联盟文化遗产宣言》（以下简称《东盟文化遗产宣言》）。① 这是东盟自成立以来首次就共同保护文化遗产发出的专门性文件，是东盟各成员国在保护文化遗产的合作中迈出的重要一步。在这一宣言的前言中，各成员国意识到东盟有着广阔和丰富的文化遗产，需要保护、保持及促进他们的活力性和完整性，并决心通过稳定和持续的合作在持续保护和促进东盟文化遗产和文化权利事业方面取得了实质性进展。在宣言正文第一章"东盟文化遗产的国家和区域保护"中，规定了每个东盟成员国都有义务在其境内促进文化遗产的保存和保护，并利用国际和区域的援助开展合作。在充分尊重每个东盟成员国的主权和国家所有权的基础上，东盟认识到各成员国的文化遗产共同构成了东南亚的遗产，保护东南亚遗产是东盟整体的责任。在该部分还明确了"文化""文化遗产"的定义。在宣言正文第二章"国家宝藏和文化财产的保护"中规定，东盟应合作保护具有历史意义的古物及工程、体现了国家历史、有重大的结构和建筑的重要性和具有杰出的考古学、人类学或科学价值，或同重大事件相关的可移动和不可移动的文化财产，及已经被视为或列为国家宝藏和受保护的建筑或受保护的艺术品。历史遗迹、文化景观、风景区名胜区和自然遗迹也应被识别、记录和保护。特别需要注意的是，在宣言第十一章"文化遗产和资源的商业利用"中阐明，部分科技进步，特别是在生物医学、生命科学和信息技术领域的发展可能会对东盟的文化遗产带来潜在性的负面影响。有鉴于此，各东盟成员国应加强区域合作以确保对文化遗产的商业利用不会对特定东盟社区的完整、尊严和权利造成冲击。这部分内容表明东盟内部已经开始关注对文化遗产的商业化开发，及由此造成的社会影响。《东盟文化遗产宣言》中的上述内容可为开展南海丝绸之路水下文化遗产保护提供了有益的借鉴。

二、2004 年《东盟社会—文化共同体行动纲领》

2003 年 10 月，在第 9 届东盟首脑峰会上，各加盟成员国国家元首或政府首

---

① Asean Declaration on Cultural Heritge, Association of Southeast Asian Nations：http：//cultureandinformation. asean. org/wp-content/uploads/2013/11/ASEAN-Declaration-on-Cultural-Heritage. pdf，last visited Nov. 12, 2019.

脑共同签署了《巴厘第二协约宣言》，正式宣布将建设由政治安全共同体（APSC）、经济共同体（AEC）、社会文化共同体（ASCC）三大支柱构成的东盟共同体。为进一步推进社会文化共同体建设，在 2004 年 11 月召开的第 10 届东盟首脑峰会上通过了《东盟社会—文化共同体行动纲领》，为建设社会文化共同体提供了法律保障。① 根据这一行动纲领，东盟社会文化共同体的特征主要包括：东盟公民通过历史联系和文化遗产的共同体意识进行互动，并通过共同的地区认同结合起来。为实现这一目标，东盟主张各成员国培养人才，促进东盟学者、作家、艺术家、媒体从业者之间的互动，保护和促进东盟多元文化遗产的推广，并加强地区认同感和东盟意识方面的合作。② 由上可见，正在建设中的东盟社会文化共同体是一个既注重人文交流、保护多元文化遗产同时还具有共同地区认同特色的文化共同体。而水下文化遗产正是多元文化遗产中不可或缺的有机组成部分。有鉴于此，东盟社会文化共同体的建设将会有力地促进南海丝绸之路水下文化遗产的合作保护。

三、2005 年《中国—东盟文化合作谅解备忘录》

为进一步促进东盟成员国和中国的文化合作，并共同面临全球化在经济和文化领域给发展中国家带来的诸多机遇和挑战，在 2005 年 8 月 3 日于泰国曼谷举行的第二届东盟"10+3"文化部长会议上中国同东盟签署了《中华人民共和国政府与东南亚国家联盟成员国文化合作谅解备忘录》。③ 这一备忘录是在中国与东盟在双方合作不断深化的背景下签署的，是中国与当前世界区域合作组织签署的首个文化领域的合作文件，为双方之间的文化合作确立了框架。这一备忘录的签署为中国与东盟全面合作增添了崭新的内容，标志着中国与东盟成员国之间文化交流与合作进入了新时代。该备忘录共 7 条，涵盖合作领域、文化活动、执行、分歧解决等内容。根据备忘录第 2 条第 2 款、第 3 款的规定，缔约方将鼓励

---

① The ASEAN Socio-Cultural Community Plan of Action, Association Of Southeast Asian Nations：http：//www. aseansec. org/16832. htm, last visited Nov. 13, 2019.

② 韦红：《东盟社会—文化共同体的建设及其对中国的意义》，载《当代亚太》2006 年第 5 期，第 52 页。

③ 《中国和东盟签署谅解备忘录 文化合作新发展时期》，载搜狐网：http：//news. sohu. com/20050805/n226572088. shtml，最后访问日期：2019 年 11 月 11 日。

和支持有形和非物质文化遗产的保存，保护和促进，并通过文化遗产管理计划以及文化遗产机构与部门间资源开发的网络加强联系和交流，同时鼓励和支持考古和文化遗产领域的人力资源开发。事实上，文化遗产保护问题也是本届东盟"10+3"文化部长会议的重要议题。在议题讨论过程中，东盟各国期望通过合作与交流得到中国在资金、技术和经验方面的支持，中方则介绍了中国保护文化遗产的经验，并建议东盟发出强烈呼吁，使各成员国人民意识到文化遗产保护的重要性，打击破坏和盗窃文化遗产的行为。此次签署的备忘录迈出了中国同东盟文化合作的重要一步，而水下文化遗产的合作保护也是文化合作的重要一部分，因此该备忘录的签署为南海丝绸之路水下文化遗产的合作保护奠定了法律实践基础。

四、2007 年《东南亚国家联盟宪章》

在东盟成立 40 周年之际，于 2007 年 11 月在新加坡举行的东盟第 13 次首脑峰会上，各成员国政府首脑共同签署了《东南亚国家联盟宪章》（以下简称《东盟宪章》）。① 这是东盟自成立 40 年以来第一份具有普遍法律意义的文件。《东盟宪章》的签署将是东盟在发展历程中迈出的关键一步，并将把东盟政治安全共同体、经济共同体、社会文化共同体一体化建设推向更高层次。宪章首次明确提出建立东盟共同体的战略目标，并明确了东盟发展的目标、原则、地位以及框架等。《东盟宪章》在第 1 条第 9 款就明确规定了东盟的宗旨包括促进可持续性发展，以确保本区域的环境、自然资源的可持续性、文化遗产的保留及人民生活素质的提高。② 该款虽然没有明确规定成员间开展水下文化遗产合作保护的义务，但反过来讲，成员间开展水下文化遗产合作保护有利于促进文化遗产的保留。因此，开展南海丝绸之路水下文化遗产合作保护符合《东盟宪章》的宗旨。

五、2009 年《东盟社会—文化共同体蓝图 2009—2015》

在 2007 年《东盟宪章》通过后，东盟在 2004 年通过的《东盟社会—文化共

---

① ASEAN Charter, Association Of Southeast Asian Nations：http：//www. eseansec. org/21069. pdf, last visited Nov. 15, 2019.

② 张锡镇：《〈东南亚国家联盟宪章〉解读》，载《亚非纵横》2008 年第 1 期，第 36 页。

同体行动纲领》的基础上逐步完成了社会文化共同体蓝图的起草工作。① 在此基础上，2009 年 3 月第 14 届东盟峰会如期举行。会上，各成员国政府首脑共同签署了《东盟社会—文化共同体蓝图 2009—2015》，并就如期在 2015 年实现东盟社会文化共同体提出了具体目标和行动计划。② 就促进东盟文化遗产保护工作而言，《东盟社会—文化共同体蓝图 2009—2015》在第 9 条 E. 2 阐明了文化遗产保护的战略目标，即促进对东盟文化遗产的保护，并以此加深东盟各成员国人民对该地区间独特的历史进程和文化相似性和差异性的理解，从整体上保护东盟独特的文化遗产。为实现这一战略目标，东盟成员国到 2015 年要通过国家立法和地区机制的作用去保护东盟的文化遗产和生活传统。从最初的《东盟—社会文化共同体行动纲领》再到《东盟社会—文化共同体蓝图 2009—2015》，东盟一直在为文化遗产的保护制定一系列措施和计划以求扎实推进。③而越南、菲律宾、马来西亚和印度尼西亚等东盟成员国内水下文化遗产较为丰富，这些水下文化遗产作为东盟文化遗产的重要组成部分，加强水下文化遗产的保护符合《东盟社会—文化共同体蓝图 2009—2015》的战略目标。因此，《东盟社会—文化共同体蓝图 2009—2015》也会为加强南海丝绸之路水下文化遗产的合作保护提供法律依据。

六、2014 年《中国—东盟文化合作行动计划（2014—2018）》

为进一步巩固和深化中国同东盟在文化领域的合作成果，在 2014 年 4 月 19 日于越南顺化举行的第二届中国—东盟文化部长会议上，与会十一国的文化部部长共同签署了《中国—东盟文化合作行动计划（2014—2018）》，以此作为双方开展文化对话与合作的指导文件，并将合作拓展至更为广泛的文化产业、文化遗产保护、公共文化服务等诸多新领域，标志着各方间的文化交流与合作已进入了

---

① 冯悦：《东盟社会文化共同体与中国—东盟社会文化合作》，载《东南亚纵横》2017 年第 6 期，第 21 页。

② Roadmap for an ASEAN Community 2009 ~ 2015, Association of Southeast Asian Nations: http://www.asean.org/wp-content/uploads/images/ASEAN_RTK_2014/2_Roadmap_for_ASEAN_Community_2009201.pdf, last visited Nov. 17, 2019.

③ 冯悦：《东盟社会文化共同体与中国—东盟社会文化合作》，载《东南亚纵横》2017 年第 6 期，第 22 页。

全面发展的新时代。此外，2014 年还被定为中国—东盟文化交流年，各类文化交流活动将陆续在中国和东盟各成员国内展开。①

七、2015 年《东盟社会文化共同体蓝图 2025》

在东盟各成员的共同努力下，《东盟社会—文化共同体蓝图 2009—2015》中的各项指标于 2015 年全部完成，成果丰硕，东盟社会文化共同体也在当年召开的东盟第 27 届峰会上宣告正式成立。② 为明确东盟社会文化共同体成立后的发展方向和具体内容，在 27 届峰会上各成员签署了《东盟社会文化共同体蓝图 2025》。③ 这一文件首先肯定了东盟社会文化共同体已取得的建树，即建立了从上至下的、较为完善的机制，以促进东盟社会文化发展诸项工作的开展。这些机制拥有非正式性的特征，使得东盟各成员能够更加轻松地、更好地开展决策商讨和执行。涉及文化遗产保护相关的机制主要有东盟社会文化共同体委员会、文化与信息委员会（COCI）、东盟文化和艺术部长会议（AMCA）等。此外，这一蓝图已修订并改进了东盟社会文化共同体的建设计划，东盟社会文化共同体在未来十年的建设目标中包括建设一个充满活力的、和谐的共同体，以其身份、文化和遗产为荣，并从中激发出创造力，为全球社会作出积极贡献。在未来，东盟将进一步重视对历史和文化遗产的保护，并以"东盟身份"参与亚洲甚至全球层面的建设与发展。东盟社会文化共同体文化遗产保护机制的完善及目标的明确将进一步推动南海丝绸之路水下文化遗产的合作保护。

八、2016 年《加强东盟文化遗产合作的万象宣言》

为实现《东盟社会文化共同体蓝图 2025》规划的目标，在 2016 年 9 月 6 日于老挝万象举行的第 28 届东盟峰会上，各成员国达成了《加强东盟文化遗产合

---

① 《各方签署〈中国—东盟文化合作行动计划〉》，载搜狐网：http：//roll. sohu. com/20140420/n398511672. shtml，最后访问日期：2019 年 11 月 14 日。

② 《第 27 届东盟领导人会议马来西亚开幕》，载搜狐网：http：//www. sohu. com/a/43461591_115848，最后访问日期：2019 年 11 月 14 日。

③ ASEAN Socio-Cultural Community Blueprint 2025, Association of Southeast Asian Nations：http：//www. asean. org/wp-content/uploads/2012/05/8. -March-2016-ASCC-Blueprint-2025. pdf，last visited Nov. 18, 2019.

作的万象宣言》。① 在该宣言的前言中，东盟各成员对非法贩运文化财产、自然灾害、气候变化、不可持续的旅游业、快速的城市化，包括来自贫困和边缘化等对有形文化遗产造成的日益严重的威胁表示关切。东盟各成员深信加强在保护、保存和促进有形文化遗产方面的区域合作是应对这种挑战的关键。有鉴于此，东盟各成员一致同意提升在保护有形文化遗产方面的合作。就文化遗产的保护上，各成员国应延续保护文化遗产免遭非法贸易和贩运的法律和政策的有效性；加强被盗或被贩卖的文物信息的沟通；加强被盗文物返还的合作；探讨与相关部门合作，建立合作框架，以减轻气候变化、快速城市化、环境退化和自然灾害对文化遗产造成的影响，例如与旅游业和城市发展合作，提出创造性的解决方案，保护文化遗产免受商业化和城市化的破坏；最后要加强执法，消除文物跨境贸易。就文化遗产的保存上，各成员国应继续研究文化遗产及与其保护等相关政策和项目的协同作用；深入探讨在文化遗产受到自然和人为灾害破坏或面临恶化的情况下，在区域范围内努力协助其他东盟成员国的可能性；探讨联合国教科文组织等文化机构与遗产网络间的合作，以培养遗产管理人员在保护文化遗产方面的专业能力，并使他们的技能适应不断变化的文化保护标准；提高公众对保护文物古迹及可移动和不可移动的文化财产的认识和参与。《加强东盟文化遗产合作的万象宣言》是东盟在文化遗产保护面临新挑战的情况下提出的应对方案。该宣言所关注的被盗文物的返还，文物的非法贸易和贩运及加强文物执法也是南海丝绸之路水下文化遗产保护关注的重点，因此这一宣言也为沿线各国开展合作保护提供了有针对性的指导。

第三节　现有机制的局限与不足

现有的多边机制和区域机制虽为南海丝绸之路水下文化遗产的合作保护奠定了坚实的法律与政治基础，但仍有不足。就多边机制来看，南海丝绸之路沿线国家虽均为《海洋法公约》的成员国，但该公约出台至今已逾30年，并且未对水

---

① Vientiane Declaration on Reinforcing Cultural Heritage Cooperation in ASEAN, Association of Southeast Asian Nations：https：//asean. org/storage/2016/09/Vientiane-Declaration-endorsed-by-7th-AMCA-24Aug2016. pdf，last visited Nov. 23, 2019.

下文化遗产足够重视；《水下文化遗产公约》虽为国际上第一个专门保护、管理水下文化遗产的普遍性国际公约，但由于南海丝绸之路沿线国家均未加入该公约，短时间内沿线国家加入该公约也并不现实，因此在《水下文化遗产公约》框架下开展南海丝绸之路水下文化遗产的合作保护障碍重重。

从区域机制来看，南海丝绸之路沿线的东南亚国家均为东盟成员国，东盟内部业已达成了一系列保护文化遗产的共识，且近年来中国与东盟不断深化在文化领域内的合作，因此似可在中国—东盟"10+1"框架下开展南海丝绸之路水下文化遗产合作保护。但通过对东盟内部达成的关于文化遗产保护的文件和东盟与中国达成的文化合作安排的综合观察，笔者认为存在以下几个问题：一是对文化遗产保护的文件多为软法性质，缺乏具体的有拘束力的措施，且在很多领域的合作均尚在"探讨"阶段（如2016年《加强东盟文化遗产合作的万象宣言》）；二是虽有关注文化遗产所面临的新挑战例如被盗文物问题、商业化开发问题、非传统安全问题等，但尚未对水下文化遗产面临的这些问题进行特别关注。南海丝绸之路沿线水下文化遗产十分丰富，且有很多是源于中国的水下文化遗产，但保护现状令人担忧。沿线水下文化遗产被盗捞、被破坏的现象十分普遍，且南海丝绸之路沿线东南亚国家允许对水下文化遗产的商业化开发的政策，加剧了沿线水下文化遗产保护的不利局势。再者，同陆上文化遗产的开发不同，水下文化遗产的开发对资金和技术的需求较多，而南海丝绸之路沿线国家均为发展中国家，除中国外的其他国家大部分经济较为落后，对水下文化遗产保护的投入十分有限，这也正是为何这些国家允许对水下文化遗产进行商业化开发的原因，因此十分有必要加强对沿线水下文化遗产的专项合作保护，在技术和资金上支持南海丝绸之路沿线东南亚国家。此外，南海丝绸之路沿线部分海域存在争端，沿线任何一个国家单独在这些海域进行水下文化遗产的开发和保护都十分敏感，而现有东盟的机制下却无法有效解决这一问题，因此在东盟与中国"10+1"框架下达成南海丝绸之路水下文化遗产专项合作保护机制势在必行。

第四章 南海丝绸之路水下文化遗产
合作保护的现实困境

　　南海丝绸之路水下文化遗产合作保护有其现实必要性和法律必要性，且开展合作保护具备相应的法律和政治基础。但南海丝绸之路水下文化遗产合作保护的建立并非一帆风顺，南海海域划界争端，南海地缘政治，《水下文化遗产公约》"就地保护"原则，海盗、海上恐怖主义及自然灾害等海上非传统安全威胁，以及南海丝绸之路沿线东南亚诸国对水下文化遗产的商业化打捞行为都对南海丝绸之路水下文化遗产合作保护提出了现实挑战，解决这些问题是建立合作保护的实践基础。

第一节 南海海域划界争端的影响

　　南海争端表现为南海岛礁主权争端、海域划界争端、油气资源开发争端及渔业资源开发争端等。南海争端的焦点虽然主要集中在南海岛礁的主权争端，但从南海争端的起源来看，周边各国对南海的垂涎和觊觎正是源于南海海域内蕴藏着极为丰富油气资源和渔业资源。因此南海诸多方面的争议背后的利益实质主要体现在南海海域划界争端之中。同陆上考古工作不同，水下考古工作涉及大量的水上作业，包括建设工作平台，派遣工作用船提供吊装、抽泥、电力、住宿、交通、补给等工作需要。此外，水下考古学者还要适时进行潜水探摸等水下作业，开展水下测绘、摄影、录像等工作。① 南海海域划界争端的存在将会对水下考古工作的顺利开展以及水下文化遗产的保护产生极为不利的影响。

---

　　① 林国聪、鄂杰：《我国水下考古技术的新探索》，载《文物考古周刊》2017年2月24日，第005版。

一、南海海域划界争端概述

南海周边主要国家同中国均存在海域划界争端。就这一问题，经学者归纳具体可以划分为如下几段：（1）南沙群岛西部与越南大陆之间的海域划界问题。（2）中国与越南在西沙群岛海域的划界问题。（3）中国台湾与菲律宾在巴士海峡海域的划界问题。台湾当局已与菲律宾方面进行了渔业问题的磋商，但未划界。（4）中国的东南大陆海岸、东沙群岛、中沙群岛的黄岩岛与菲律宾吕宋岛之间关于南海中部、东北部海域划界问题。（5）南沙群岛东部与菲律宾民都洛岛、巴拉望岛等岛屿之间关于南海东南部海域划界问题。（6）南沙群岛南部与马来西亚沙巴和沙捞越海岸间的海域划界问题。（7）南沙群岛南部与印度尼西亚纳土纳群岛之间的海域划界问题。（8）南沙群岛南部与文莱海域划界问题。① 上述海洋划界争端的存在会对南海丝绸之路水下文化遗产的合作保护带来不利影响。

（一）越南与我国的海域划界争端

越南于 1977 年就已公开发布了其领海、毗连区、专属经济区及大陆架声明②，是南海周边诸国里最早公布此类声明的国家。③ 但越南公布的声明较为简单，仅是依那时尚未生效的《海洋法公约》对上述问题进行了说明，并未进一步阐明其具体的领海基线系统和专属经济区的权利。1982 年，越南正式发布其领海基线系统，这一基线采直线的方式，自越南广治省东北沿海的昏果岛始向南延伸，之后向西偏折，最终止于越南与柬埔寨交界处的富国岛。④ 该基线中共计 9 个转折点、11 个基点、10 条基线线段，总计长 850 海里，基线内海域面积 2.7 万平方海里。⑤ 2013 年 1 月 1 日正式生效的《越南海洋法》确认了上述基线，并

① 郭渊：《地缘政治与南海争端》，中国社会科学出版社 2011 年版，第 61 页。

② 《越南曾承认中国南海主权：和周总理照会确认》，载搜狐网：https：//mil. sohu. com/20150217/n409073758. shtml，最后访问日期：2020 年 3 月 5 日。

③ 田辽：《南海争端的相关法律问题研究》，武汉大学 2013 年博士学位论文，第 21 页。

④ 何学武、李令华：《我国及周边海洋国家领海基点和基线的基本状况》，载《中国海洋大学学报（社会科学版）》2008 年第 3 期，第 8 页。

⑤ 何学武、李令华：《我国及周边海洋国家领海基点和基线的基本状况》，载《中国海洋大学学报（社会科学版）》2008 年第 3 期，第 8 页。

对属于越南管辖海域的范围及权利进行了规定。① 根据上述规定，越南的海域划界同原属于中国的南沙群岛海域及西沙群岛海域有重合，将"南海断续线"内约117 万平方公里的海域划归越南管辖。

（二）菲律宾与我国的海域划界争端

菲律宾作为一个群岛国家，其最早在 1961 年的《关于确定菲律宾领海基线的法案》中公布了其领海基线。② 同越南类似，菲律宾同样采取直线基线的方式，仅将其群岛最外缘作为基点的岛屿连接起来，总长逾 8000 海里。此外，菲律宾还在该法案中主张其独立前由其领主国美国同西班牙、英国所签订之双边条约中割让给美国的岛屿和水域的主权。③ 菲律宾此举使得自身的领土面积扩大了约 4 倍，招致了相关国家的抗议，也未得到国际法的承认。④ 随后，菲律宾于1968 年发布 5466 号法案对其北方领土的领海基线进行修正，以亚米岛向吕宋岛东西两突出角划定群岛基线。⑤ 1978 年，菲律宾发布 1599 号总统法令，以上述群岛基线划出 200 海里专属经济区，同我国南海海域产生重叠。⑥ 为争取国际社会支持，菲律宾在其 2009 年 2699 号领海基线法案中放弃了 1961 年法案中的部分主张，转而依据《海洋法公约》重新修订了领海基线，同时主张黄岩岛并重申了"卡拉延"群岛（由南沙群岛部分岛屿合并而成）及其附近海域的主权。⑦总的来说，菲律宾同我国南海北部海域、南海中部及东北部海域、南海东南部海域总计 42 万平方公里海域存在划界争议。

---

① 米良：《越南海洋法》，载《南洋资料译丛》2015 年第 2 期，第 1 页。

② 李令华：《关于领海基点和基线的确定问题》，载《中国海洋大学学报（社会科学版）》2007 年第 3 期，第 15 页。

③ 田辽：《南海争端的相关法律问题研究》，武汉大学 2013 年博士学位论文，第 23 页。

④ 何学武、李令华：《我国及周边海洋国家领海基点和基线的基本状况》，载《中国海洋大学学报（社会科学版）》2008 年第 3 期，第 9 页。

⑤ 刘丹：《菲占黄岩岛法理不足》，载《社会观察》2012 年 6 月 5 日，第 42 页。

⑥ 申钟秀：《我国邻国领海基线的实践及其对我国的启示》，载《河南财经政法大学学报》2018 年第 6 期，第 162 页。

⑦ 郜周伟：《菲律宾"领海基线法"之剖析》，载《温州大学学报（社会科学版）》2009 年第 6 期，第 98 页。

(三) 马来西亚与我国的海域划界争端

马来西亚在南海海域划界问题上采取了十分务实的态度，始终以现实利益为导向，意图通过这一问题来保障其国家利益的实现。① 有鉴于此，马来西亚主要关注其大陆架及专属经济区的界定，并以从中获取资源开发等现实利益为目的。就大陆架划界而言，马来西亚分别于 1966 年和 1969 年通过了其大陆架法案及关于领海基线的紧急状态法案，在形式上同国际公约相符，但二者均未明确具体的测量基线及领海基线。② 同时，马来西亚这一时期还积极同印度尼西亚、越南及泰国等周边国家达成大陆架划界协议或共同开发备忘录，对大陆架海域下的油气资源进行开发。1979 年，马来西亚公布了其大陆架外部界限的新海图，该图仍未标绘基线，却明显将南沙群岛的部分岛屿及海域包含在内，但截至目前马来西亚仍未公布其清晰的领海基线海图。③ 而就专属经济区划界来说，马来西亚仅分别于 1980 年和 1984 年颁布了其专属经济区公告及专属经济区法，在强化自身权利的同时也依旧未明确其专属经济区的边界，为其主张在南海的权利留下了充足的空间。④ 从目前来看，马来西亚沙巴和沙捞越海岸同我国南沙群岛南部间存在海域划界争议，入侵"南海断续线"海域约 27 万平方公里且同马来西亚与越南、菲律宾侵占的海域存在部分重叠。

(四) 印度尼西亚与我国的海域划界争端

作为"千岛之国"的印度尼西亚早在 1960 年就通过了其第 4 号法令，公布了其领海基线。⑤ 同越南及菲律宾相似，印尼同样采直线基线的方式，基线总长

---

① 李洁宇：《马来西亚解释和运用〈联合国海洋法公约〉的策略与效果》，载《战略决策研究》2006 年第 4 期，第 3 页。

② 李令华：《南海周边国家的海洋划界立法与实践》，载《中国海洋大学学报（社会科学版）》2008 年第 2 期，第 8 页。

③ 海洋国际问题研究会：《中国海洋邻国的海洋法规和协定选编》，海洋出版社 1984 年版，第 118 页。

④ 郜周伟：《菲律宾〈领海基线法〉之剖析》，载《温州大学学报（社会科学版）》2009 年第 6 期，第 98 页。

⑤ 常书：《印度尼西亚南海政策的演变》，载《国际资料信息》2011 年第 10 期，第 25 页。

逾 8000 海里，基点 200 余个，基线内海域面积约 67 万平方海里。① 以此为基础，印尼又分别于 1980 年和 1983 年颁布了其专属经济区声明及专属经济区法令，自领海基线起向外延伸 200 海里划定了其专属经济区边界。根据此种划界方案，在地图上可以显示出印尼纳土纳群岛附近海域同南沙群岛南部海域产生了重叠。② 由于印尼在纳土纳群岛东北部深入 "南海断续线" 以内海域发现了一块储量丰富、经济价值较高的天然气田，因此中印双方在此海域划界争议中十分敏感。③ 目前，印尼专属经济区界限入侵 "南海断续线" 海域约 2.7 万平方公里。

（五）文莱与我国的海域划界争端

截至目前，文莱虽未公布其领海基线，但其在 1984 年独立后便宣布建立 200 海里的专属经济区，④ 其划定的专属经济区界限同其 1983 年时就已公布的渔业界线法令规定的渔业区界限相吻合。以此为据，文莱在 1987 年和 1988 年出版的官方地图中对其管辖的水域范围进行了明示。⑤ 依此种划界方案，文莱北部海域同南沙群岛南部南通礁附近海域有重合，文莱同时也主张对南通礁的主权。由于文莱在重合海域中已开发出两个高产油气田，因此中国同文莱的海域划界争议同样不容忽视。⑥ 目前，文莱的专属经济区界限已入侵 "南海断续线" 约 5 万平方公里。

二、南海海域划界争端对合作保护的影响

南海诸岛海域均不同程度的存在海洋划界争端，其中以南沙群岛海域争议最多（共 5 段），中沙群岛、东沙群岛次之，而西沙群岛争议较少。南海海域划界争端的存在一定程度上侵蚀了沿线各国合作保护水下文化遗产的法律基础和现实

---

① 杨金森、高之国：《亚太地区的海洋政策》，海洋出版社 1990 年版，第 589 页。

② 吴士存：《纵论南沙争端》，海南出版社 2005 年版，第 175 页。

③ 田辽：《南海争端的相关法律问题研究》，武汉大学 2013 年博士学位论文，第 26 页。

④ Kent G&Valencia M J, *Marine Policy in Southeast Asia*, University of California Press (1985), p. 173.

⑤ 鞠海龙：《文莱海洋安全政策与实践》，载《世界经济与政治论坛》2011 年 9 月，第 59 页。

⑥ 吴士存：《纵论南沙争端》，海南出版社 2005 年版，第 184 页。

基础，由此产生的消极影响不容轻视。

（一）南海海域划界争端侵蚀了合作保护的法律基础

在南海海域划界争端中，各国对于相关海域的管辖权存在争议，那么遗存于这些海域的水下文化遗产的管辖权和所有权的归属问题也会不可避免地成为各国争议的焦点之一，这是因为对相关海域水下文化遗产的管辖和所有可一定程度彰显国家对海域的实际控制。简而言之，南海海域划界争端的存在使得这一海域水下文化遗产的管辖权和所有权的归属不明，进而在相当程度上侵蚀了各国开展合作保护的法律基础。在各国国内法层面，南海海域划界争端的存在会使得在争端海域的法律适用出现不一致的情形。在争端各方均主张管辖权的海域开展合作保护首先是对各当事国国内法的挑战，因为开展合作保护一定程度上侵蚀了各当事国对于遗存在争端海域水下文化遗产的管辖权和所有权。且鉴于一国法律的空间效力，在国内法层面解决各国在水下文化遗产管辖权和所有权的冲突几无可能。其一，从国际法层面来看，可适用于南海各当事国的《海洋法公约》虽规定有强制争端解决机制，但对于海域管辖权的界定是以海域划界为前提，且对水下文化遗产的管辖权并无规定，因此在海域划界争端未解决的情况下无法解决各当事国对于水下文化遗产管辖权的冲突。其二，根据中国在加入《海洋法公约》时所作出的保留，① 南海海域划界争端也无法通过强制争端解决机制来解决。其三，就目前的情形看，通过国际司法途径解决南海海域的争端尚未有成功实践，且南海周边大部分国家对西方国家主导的国际司法机构普遍存在不信任的态度。② 而对于各当事国面临的水下文化遗产所有权冲突而言，《海洋法公约》第 303 条第 3 款虽然对水下文化遗产的所有权问题有所关注，但是同样也无法通过强制争端解决机制来解决南海海域的水下文化遗产所有权冲突，这是因为第 303 条第 3 款的

---

① 中国政府在加入《联合国海洋法公约》时曾作出保留，不接受涉及海洋划界、领土争端及军事活动等争端的任何国际司法或仲裁管辖。Declaration and Reservations of UNLOSC, United Nations Treaty Collection, https：//treaties. un. org/pages/ViewDetailsIII. aspx? src = TREATY&mtdsg_no=XXI-6&chapter = 21&Temp = mtdsg3&clang = _en#EndDec, last visited Oct. 23, 2019.

② 洪农：《〈联合国海洋法公约〉：南海争端解决的助力和阻力》，载《亚太安全与海洋研究》2018 年第 6 期，第 10 页。

规定对保护"可辨认的物主"之权利的内涵并未明确，且该条其他条款所表现出的既保护原权利人权益又维护发现国利益的中间立场无法有效裁决各国间关于水下文化遗产所有权的冲突。同水下文化遗产管辖权冲突的解决类似，对于争端海域水下文化遗产所有权冲突的解决也要以相关岛屿主权、海域划界争端的解决为前提，但上文已提及，根据中国所作出的保留和目前的情形，南海周边国家在争端海域水下文化遗产所有权归属冲突也无法通过强制争端解决机制来解决。因此，在国际法层面解决这些冲突也遥遥无期。此外，目前的区域机制虽然为当事各方的合作提供了法律和政治基础，但其中关于合作的义务仍然较为笼统和模糊且多为倡议性质，对于在争端海域的合作更是空白。因此，各当事方如何处理合作保护与其国内法和现行国际法的关系是合作保护能否实质性开展的第一步。

（二）南海海域划界争端侵蚀了合作保护的现实基础

由于南海海域划界争端的存在，中沙群岛、东沙群岛和南沙群岛的系统性水下考古工作直至今日仍未展开，对上述海域的水下文化遗产的内涵、时代、类型与性质等重要历史文化信息尚未了解，对部分海域水下文化遗产的认识更是空白，致使对南海丝绸之路沿线海域水下文化遗产分布认识不全面，十分不利于沿线开展水下文化遗产的合作保护。同时，部分国家为了在海域划界争议中争得主动权，竟肆意破坏我国遗存在争端海域的水下文化遗产，意图毁灭中国有关南海权利的历史性证据。与此同时，仍值得关注的是，南海海域划界争端的诱因是相关海域油气资源的发现，事实上争端各方在抢占海域后也在加紧油气资源的开发。但争端海域的实际控制方对于相关海域水下文化遗产的保护不甚重视，投入较少，保护能力不足，客观上造成了水下文化遗产管辖权的真空，私人打捞者借此"良机"趁火打劫，肆无忌惮地盗捞、破坏这些海域的水下文化遗产。此外，南海域外国家"不失时机"地对南海争端的干预也无疑为各国在达成合作保护的合意时"釜底抽薪"。这些因海域划界引发的现况无疑加剧了合作保护水下文化遗产的难度。

第二节　南海地缘政治环境的影响

地缘政治，根据美国政治地理学家索尔·伯纳德·科恩（Saul Bernard

Cohen）的观点，是指在以地理环境与视角为一端和以政治进程为另一端的这两者之间的互动分析。环境由地理特征、模式和这两者共同形成的多层次区域组成。政治进程包括影响着国际行为的国际势力和国内势力。地理环境与政治过程都是动态的，二者相互影响，地缘政治就是要分析这种相互作用的结果。① 与此直接相关的地缘政治环境则是指一个国家在国际、地区边缘关系中所处的外部安全地位，是一国的"地理国际环境"，它主要研究与一国生存和发展密切相关的一些地理因素，这些因素是国家政治力量与作用力的基础，主要包括国家的地理位置、领土、资源等因素，以及在此基础上形成的国际政治力量的地理结构和相互关系。② 南海地缘政治环境则是指南海区域内外国家在该区域所形成的相互关系。笔者拟先从南海的地理位置入手，之后进一步分析南海的地缘政治环境及其对南海丝绸之路水下文化遗产保护所带来的影响。

一、南海地缘政治环境概述

南海，又称南中国海，位于中国大陆的南方（23°27′N～3°S，9°10′E～122°10′E），是太平洋西部海域，中国三大边缘海之一。南海南北纵跨约 2000 公里，东西横越约 1000 公里，北起广东省南澳岛与台湾岛南端鹅銮鼻一线，南至加里曼丹岛、苏门答腊岛，西至中国大陆、印度支那半岛、马来半岛，东抵菲律宾，通过海峡或水道东与太平洋相连，西与印度洋相通，是一个东北—西南走向的半封闭海。南海自然海域面积约 350 万平方公里，"南海断续线"以内海域总面积约 210 万平方公里。南海周边国家众多，分别为中国、越南、柬埔寨、泰国、马来西亚、新加坡、印度尼西亚、文莱和菲律宾九国，地缘战略位置极其重要，地缘政治环境也错综复杂，牵扯到多方地缘利益。③

首先，作为沟通太平洋、印度洋和联系亚欧非的海上枢纽和重要的国际贸易通道，南海的地位随着亚太地区海上贸易量的不断增大而日益突出。南海现已成为中、日、美、东盟的海上生命线。以中、日、美三国为例，中国 60% 的外贸运

---

① ［美］索尔·科恩：《地缘政治学——国际关系的地理学》，闫春松译，上海社会科学院出版社 2011 年版，第 14 页。
② 彭光谦等：《军事战略简论》，解放军出版社 1989 年版，第 14 页。
③ 郭渊：《地缘政治与南海争端》，中国社会科学出版社 2011 年版，第 59 页。

输要从南沙群岛海域经过，80%的进口原油要通过马六甲海峡。① 对于日本来说，其每年从中东进口的 18 亿桶原油中，就有 80%是经过南海。日本出口到欧洲的货物转运及其与东盟的贸易，也主要依赖于南海航道。② 而对于美国而言，在其各种原料的进口量中，亚太地区的天然橡胶占 88%、棕油占 99%、椰油占 95%，其中的大部分要通过南海航线运输。③ 综上所述，如果南海海上国际贸易通道遭到破坏，将会使南海周边国家乃至世界许多国家受到影响，进而影响到全球的经贸发展。

其次，南海海域复杂的争端使得这一海域敏感异常。到目前为止，南海争端已经不单单仅局限于南海岛礁主权争端、海域划界争端，还包括由此引发的油气资源开发争端、渔业资源开发争端等，错综复杂。就南海岛礁主权争端而言，目前在南沙群岛中共有 40 个岛礁被南海周边国家所侵占。就南海海域划界争端而言，中国与南海周边国家的海域划界争端共有 8 段，涉及"六国七方"。在南海海域，属于中国"南海断续线"以内的海域约 210 万平方公里，南海争端的其他当事国通过宣布领海、专属经济区和大陆架的方式，强占了原属于中国管辖的大部分海域。其中，越南入侵"南海断续线"海域约 117 万平方公里，马来西亚约 27 万平方公里，菲律宾约 42 万平方公里，文莱约 5 万平方公里，印度尼西亚约 3.5 万平方公里。④ 此外，马来西亚与越南、菲律宾侵占的海域还有部分重叠。综合来看，中国"南海断续线"以内海域共计有 154 万平方公里（扣除多国重叠部分）被南海周边国家所主张，且侵占海域有重叠部分的当事国间矛盾重重。⑤ 就南海的油气资源来看，有调查数据表明南海中国海域内有 22 个沉积盆地，其中南海北部 6 个盆地，面积为 3848（37×104）平方公里，南海南部 16 个

① 岳来群：《突破"马六甲困局"——马六甲海峡与我国原油通道安全分析》，载《中国石油企业》2006 年第 11 期，第 6 页。

② Aileen San Pable-Baviera（Ed.），"The South China Sea Disputes：Philippine Perspectives, Philippine China Development Resource Center and Philippine Association for Chinese Studies"，*New Manila*（1992），p. 6.

③ Bernara Fook Wang Loo，"Transforming the Strategic Landscape of Southeast Asia"，*Contemporary Southeast Asia*（Vol. 27，No. 3，2005），p. 404.

④ 胡启生：《海洋秩序与民族国家——海洋政治地理视角中的民族国家构建分析》，黑龙江人民出版社 2003 年版，第 277 页。

⑤ 郭渊：《地缘政治与南海争端》，中国社会科学出版社 2011 年版，第 60 页。

盆地，面积为 6552（63×104）平方公里，22 个盆地石油地质资源总量为 226.3×10^8 吨、天然气地质资源总量为 15.84×108 立方千米。南海南部全部或部分在我国"南海断续线"内的含油盆地有 8 个。① 受地理环境和地缘政治因素的限制，中国目前对南海的勘探开发活动主要集中在北部湾等南海北部地区。而南海周边国家却利用本土邻近的优势，疯狂掠夺南海南部盆地（大部分位于南沙海域）的油气资源。② 目前，南海周边国家在南沙海域的油井已超过 1300 口，每年开采石油超过 5000 万吨，按目前的消耗速度计算，南沙海域剩下的石油将会很快耗尽。③ 就南海的渔业资源而言，据统计，南海每年可承受的捕鱼量 260 余万吨，其中南海北部大陆架渔场约 121 万吨，北部湾渔场 60 万吨，西沙、中沙渔场 23 万吨，南沙渔场 42 万吨。④ 南海周边国家（越南、菲律宾、马来西亚等）为了将人与自然之间日趋紧张的冲突转移到海洋，竞相制定海洋渔业发展战略，有的国家采取政策（政府补贴及税收优惠等）以支持国内渔民到南沙海域捕鱼。⑤ 这些渔船除了采用电、炸等危险方式捕鱼外，还破坏、窃取我国海上国防设施，严重威胁着中国的海洋安全。⑥ 更为严重的是，这些国家为掠夺南沙海域渔业资源，甚至在"南海断续线"海域内多次无理抓扣我国渔民和渔船，仅在 1999 年至 2002 年这 3 年间就发生了 182 宗非法抓扣事件，涉及菲律宾（65 宗）、马来西亚（74 宗）、越南（31 宗）、印尼（5 宗）等国，另有不明国籍 7 宗。⑦ 近年

---

① 李隽琼：《中国强势巩固南海油气战略，第二波斯湾价值凸显》，载《北京晨报》2006 年 1 月 11 日，第 002 版。

② 《周边国家西方公司加紧南海探采油气 打千余口井》，载搜狐网：http：//news. sohu. com/20120322/n338579113. shtml，最后访问日期：2019 年 11 月 20 日。

③ 王勉等：《中国海洋资源维护的两大软肋》，载《国际先驱导报》2006 年 10 月 20 日，第 11 版。

④ 《南海渔业资源现状一瞥》，载南海研究院：http：//www. nanhai. org. cn/news/news_info. asp%20ArticleID=448，最后访问日期：2019 年 7 月 20 日。

⑤ 王英诚等：《越南侵渔活动变本加厉》，载《国际先驱导报》2006 年 10 月 20 日，第 11 版。

⑥ 《直面外国武装船挑衅 中国海上维权挑战敏感地带》，载搜狐网：http：//news. sohu. com/20100201/n269963558. shtml，最后访问日期：2019 年 12 月 20 日。

⑦ 郭文路、黄硕林：《南海争端与南海渔业区域合作管理研究》，海洋出版社 2007 年版，第 135 页。

来，此类事件仍时有发生。①

最后，以美日为代表的南海域外大国的介入不容忽视。美日等国出于遏制中国的战略目标和攫取经济利益的考虑，非常不愿意看到中国重新获得南海权利，并希望能够长期维持各国分割南海的局面。美国曾于 20 世纪 90 年代末发表声明强调其在南海有重大利益存在，坚决反对使用武力或武力威胁解决南海地区的领土争议，并帮助各方树立谈判解决问题的意愿。② 进入 21 世纪以来，美国介入南海争端的意图愈发明显。2004 年美军根据其制定的《区域海事安全计划》，以防止恐怖分子袭击的名义，决定派遣海军陆战队和特种部队驻守南海马六甲海峡。③ 2006 年 2 月，美国在其《四年防务评估报告》中决定将现有的 11 艘航母中的至少 6 艘及 60% 的作战潜艇部署在太平洋，强化对中国的威慑能力。④ 此外，美国还不断加强与南海周边国家之间的政治、军事联系，试图通过政治、军事方面的交流与合作，继续加强其在东南亚的军事存在和影响力。2008 年 1 月，美国总统国家安全事务副助理普莱斯访问菲律宾。同年，美越在河内首次就国防和安全议题展开对话，同时美国还对新加坡樟宜海军基地（从该基地向东可以直接进入南海海域）进行大规模改造扩建，以进一步满足美国航母的停靠及后勤保障支持，大大拓展了美海军第 7 舰队的控制范围。这些举动表明了美国将持续性关注和干预南海问题的意图。⑤ 与此同时，日本也积极介入南海争端。日本将台湾海峡、南海海域至马六甲海峡的航线当做维系其经济命脉的生命线，因此在 1995 年发表的新《防卫计划大纲》中将海上自卫队的活动范围由原来的 1000 海里扩大至 2000 海里，涵盖了南海和马六甲海峡。⑥ 同美国不同，日本虽未在南

① 《南海周边国家近年抓扣枪击中国民兵渔民上百人》，载搜狐网：http://history. sohu. com/20130516/n376157255. shtml，最后访问日期：2019 年 12 月 24 日。

② 郭渊：《地缘政治与南海争端》，中国社会科学出版社 2011 年版，第 66 页。

③ 江山：《透视美军〈地区海上安全计划〉》，载《当代海军》2004 年第 7 期，第 57 页。

④ 刘林山：《新〈四年一度防务评审〉折射美军战略调整动向》，载《现代军事》2006 年第 7 期，第 19~20 页。

⑤ 《美第七舰队与菲律宾在南沙群岛附近搞联合军演》，载新浪网：http://mil. news. sina. com. cn/p/2008-05-27/0928502566. html，最后访问日期：2019 年 12 月 29 日。

⑥ 傅秉忠、吕有生：《浅析日本新〈防卫计划大纲〉》，载《国际社会与经济》1996 年第 1 期，第 4 页。

海海域直接派驻军队，但其通过加强同南海周边国家的政治、军事合作暗地里也在加强在南海地区的军事存在，增加对中国的军事压力。2009年3月30日，日本与马来西亚签署合作文件，以援助打击海盗与走私之名，日方将向马方无偿提供14艘快艇及40台夜视监控设备等。① 日本同南海周边国家的此类合作表明了南海周边国家对日本涉入该地区的支持，日本要在南海争端中保持中立已是非常困难。② 此外，美日等国还可能在南海问题上采取共同行动。美日早于1951年就签署了《美日安全保障条约》，达成了美日军事同盟。1997年双方新达成的《美日防卫合作方针》更是进一步公然将台湾海峡、南海纳入其防卫合作范围。1999年美日修订《美日防务合作指导方针》，日本通过了《周边事态法》，将包括马六甲海峡在内的亚洲大部分地区划入所谓周边事态的范围，为日本自卫队干预南海问题提供了法律依据。2005年2月，美日安全磋商会议发表声明，将维护海上运输安全，促进一个和平、稳定和充满活力的东南亚等列为共同战略目标。同时，近年来美日为借南海问题围堵中国，还分别同印度建立了战略合作伙伴关系，并与澳大利亚重修同盟条约，进一步加快军事一体化进程。③ 因此，以美日为代表的南海区域外国家干预南海问题已不可避免。

二、南海地缘政治环境对合作保护的影响

南海由于其独特的地理位置，地缘政治环境错综复杂，不仅牵扯到南海周边国家在这一海域的岛礁主权、海域划界和资源开发，还牵连域外大国在这一海域的战略布局，呈现出多方地缘利益交织在一起的复杂局面。中国和其他南海周边国家在南海问题上的分歧甚大、矛盾较深，这使南海争端的解决困难重重，加之域外大国的干预，更使得在复杂的南海地缘政治环境下开展南海丝绸之路水下文化遗产的合作保护举步维艰。如果不能有效解决南海域内国家和域外国家在南海地缘政治上的分歧，不仅会阻碍各国海洋权益的实现，而且会严重制约南海丝绸

---

① 《日本将向马来西亚提供14艘快艇打击海盗与走私》，载搜狐网：http://news.sohu.com/20090331/n263114839.shtml，最后访问日期：2019年12月31日。

② Security Implication of Conflict in the South China Sea-Exploring Potential Triggers of Conflict, CSIC：http://www.csic.org/pacfor/opSChinaSea.pdf, last visited Sep. 17, 2019.

③ 任怀峰：《论区域外大国介入与南海地区安全格局变动》，载《世界经济与政治论坛》2009年第5期，第60页。

之路水下文化遗产合作保护的开展，特别是在争议海域的合作。

（一）南海周边国家诉求的复杂性加大了合作保护的难度

中国早于 1995 年就提出了解决南海争议的"搁置争议，共同开发"原则。2004 年 10 月，时任中国政府总理温家宝在访问越南期间，向越方提出了"从大局出发，加强南海合作，化冲突、争议之海为和平、稳定、合作之海"的积极倡议，得到了越方和南海其他周边各国的积极响应和认同。[1] 但是，自上述原则提出至今的二十多年间，相关国家在允诺共同开发的同时，仍在不遗余力地进一步强化对已占岛礁和海域的实际控制，并加紧对争端海域油气、渔业等资源的开发，强化本国所谓的"主权宣示"。[2] 目前，南海争端各方在岛礁主权问题上尚未取得各方都满意的结果，自然也很难达成海域划界，也不愿他国在有争议的海域开发油气、渔业资源，同他国在尚存争议的海域进行水下文化遗产的合作开发和保护的意愿同样并不强烈。当前，南海争端各方在其所实际控制的海域内进行水下文化遗产的开发，主要是与本国或外国私人打捞公司进行合作，利用其技术和资金对水下文化遗产进行商业性开发。而在相关海域发现了大量起源于中国的沉船，南海周边国家对此类水下文化遗产的商业性开发最终会使中国受害最大，故中国不会同意他国的这种开发；而进行水下文化遗产的合作保护最终会使中国受益最大，因此他国也不会轻易认同中国的主张。此外，中国和南海争端各方参加的有"东盟 10+1 会议""东盟 10+3 会议"等多种机制，但中国和东盟各方目前的关注点仍集中在经济领域。就文化遗产的保护而言，东盟内部虽然达成了一系列保护文化遗产的文件，例如《东南亚国家联盟文化遗产宣言》《加强东盟文化遗产合作的万象宣言》《东盟社会—文化共同体行动纲领》等，并筹划建立了一系列合作保护文化遗产的机制，但是此类文件多为"倡议"等软法性质的文件，对各成员国的拘束力较弱；东盟与中国也达成了一系列在文化领域开展合作的文件，但是合作领域尚未明确拓展至水下文化遗产。因此，综合来看，这一议题无论在东盟内部还是东盟与中国间仍处于从属地位且未来很有可能在一定时期

---

① 《温家宝访越期间中越将签署多个经贸合作文件》，载中国网：http://www.china.com.cn/chinese/EC-c/671874.htm，最后访问日期：2019 年 8 月 18 日。

② 范晓婷：《对南海"共同开发"问题的现实思考》，载《海洋开发与管理》2008 年第 4 期，第 48 页。

内仍将维持现状。综上所述，南海周边国家在地缘政治方面利益和诉求的复杂性加大了合作保护实质性开展的难度，但仍需要关注的是，南海争端的任何一方都不会同意他方在尚有争议的海域内任意开发水下文化遗产，因为此种无序开发会造成争夺、破坏水下文化遗产的现象发生，进而逐步演变成摩擦甚至冲突，必将会使南海的安全局势进一步恶化，这种结果是各国均不愿看到和接受的。因此，在南海周边国家在地缘政治上的分歧解决之前，在未来一定时期内南海丝绸之路沿线水下文化遗产的保护和开发维持现状的可能性依然很大。

（二）南海域外大国的干预阻碍了合作保护的实现

南海域外大国的干预不容小觑。在南海域外国家中，最有可能干预并介入南海丝绸之路水下文化遗产合作保护的国家就是美国和日本。上述两国尽管远离南海，但其在东南亚沿线具有重要的战略利益。首先，南海沿线海域属于国际航道，已占世界海运总量的一半以上，每天过往船只达上百艘，且南海航道早已成为美、日进口重要战略物资的海上生命线，但如若中国同南海周边国家在该海域开展进行水下考古工作和水下文化遗产的合作保护，将一定程度上影响南海航道的通行效率和国际公约赋予船舶享有的航行自由，进而可能影响到美、日等域外大国的战略安全，因而中国同南海周边国家开展的水下文化遗产合作保护会引起域外大国的强烈关注。其次，南海周边国家在争相开发争端海域内的油气资源时通常采取同外国公司合作的方式，特别是致力于吸引来自美国、日本等域外大国的大型能源公司，① 且在最终确定的合作方中也经常能够看到来自上述国家公司的身影，但是南海其他周边国家同中国却鲜有在争端海域共同开发资源的实质性进展。由此可见，域外大国在积极介入南海争端并从中攫取利益的同时，还不断阻碍中国在南海海洋利益的实现。最后，域外大国不断通过直接或间接的方式加强在南海的军事存在，同时不断强化与南海周边国家之间的政治、军事联系，加强同除中国外南海争端各方的政治、军事方面的交流与合作，持续增强其在南海区域的影响力。如若南海争端他方同中国因水下文化遗产合作保护问题关系更为

---

① 《南海油气储量究竟有多少？我国南海油气开发主要集中在这些区域》，载网易网：http：//dy.163.com/v2/article/detail/DV2RRCUO05371V2U.html，最后访问日期：2020 年 3 月 2 日。

紧密的话，势必严重影响以美、日为代表的域外大国在南海及整个东南亚的战略利益，这一状况如果持续下去的话，势必影响、冲击甚至摧毁他们的全球战略体系。因此，为维持对南海及东南亚局势的基本控制及其他战略目的，域外大国自然愿意积极牵涉其中。① 他国直接或间接的介入和干预很可能会为南海丝绸之路沿线国家达成水下文化遗产合作保护的合意时增加不确定因素甚至阻碍各方合作保护的实现。

第三节 《保护水下文化遗产公约》
"就地保护"原则的影响

《水下文化遗产公约》是国际社会多年来保护水下文化遗产之努力的结晶，它代表着水下文化遗产之国际法保护领域的最新进展。这种进展的表现之一就是该公约为水下文化遗产之保护所确立的诸项基本原则，而"就地保护"原则就是其中之一。目前为止，南海丝绸之路沿线国家尽管暂未加入《水下文化遗产公约》，但不能就此忽视这一公约中的"就地保护"原则在开展沿线水下文化遗产合作保护中的影响。

一、"就地保护"原则概述

《水下文化遗产公约》规定，在允许或进行任何开发水下文化遗产的活动之前，就地保护应作为首选。② 《水下文化遗产公约》的附件《有关开发水下文化遗产之活动的规章》第1条也重申了这一原则。目前，"就地保护"原则已成为学术界和实务界的共识。③ 海洋，特别是深海"虽然给水下考古工作带来很大的不便，但却使水下文物，尤其是有机物得到很好的保护。水下的泥沙等沉积物无疑可以起到遗迹、遗物的保护膜或防腐剂的作用。因而，水下文物通常会比地下

---

① Colin Mac Andrews & Chia Lin Sien，"Southeast Asian Seas: Frontiers for Development"，McGraw—Hill International Book Company（1981），p. 234.

② 参见《保护水下文化遗产公约》第2条第5款。

③ 傅崐成、宋玉祥：《水下文化遗产的国际法保护——2001年联合国教科文组织〈保护水下文化遗产公约〉解析》，法律出版社2006年版，第182页。

文物保存得更好"。① 在船舶沉入海床的初期，由于海底环境与船舶最初所在的空气空间环境的巨大反差，沉船及其载荷物会很快受到海水的腐蚀。但随着船舶及其载荷物逐渐在海水中适应海底环境，这种腐蚀会减缓甚至停止，从而达到一种较为稳定的化学平衡，因此沉船及其载荷物便可在这种相对稳定的环境状态下保存数百年甚至数千年，但同时也变得非常脆弱（特别是木制船舶及除瓷器、铜器、金银器等金属器物之外的载荷物）。这些器物一旦被发掘或打捞出水，其所处的环境发生剧烈变化，它们便会迅速腐烂，很难再次与新的次生环境达成新的平衡。而"就地保护"则可以防止这种环境的变化，使沉船及其载荷物保存于其原生环境，保持原来的平衡状态，从而得到更好的保护。实际上，在正常情况下，保护水下文化遗产的最佳方法便是"就地保护"，而且是不对其采取任何措施，使其自我保存于原生环境——水下文化遗产在海底自然平衡状态下所受到的保护比任何人工手段都有效得多，除非在水下文化遗产面临将遭破坏的现实危险的紧急状态或出于科研之必需而进行发掘或打捞。值得关注的是，《水下文化遗产公约》的附件《有关开发水下文化遗产之活动的规章》在一定程度上也认可了上述"抢救性开发"的做法，即在水下文化遗产面临紧急情况下可以采取特别的保护措施以维护遗址的稳定。②

二、"就地保护"原则对合作保护的影响

"就地保护"原则作为《水下文化遗产公约》所倡导的重要原则之一，也已成为业界保护水下文化遗产的共识，因此在南海丝绸之路水下文化遗产的合作保护中也应将此原则列为基本原则并在具体的合作保护行动中予以发扬。但实际上，在沿线推行这一原则面临着诸多困境和障碍，如不能妥善协调，势必会对合作保护产生消极影响。

---

① ［日］小江庆雄：《水下考古学入门》，王军译，文物出版社1996年版，第129页。转引自傅崐成、宋玉祥：《水下文化遗产的国际法保护——2001年联合国教科文组织〈保护水下文化遗产公约〉解析》，法律出版社2006年版，第183页。
② 参见《保护水下文化遗产公约》之附件《有关开发水下文化遗产之活动的规章》第13条。

（一）"就地保护"原则在南海丝绸之路沿线缺乏法律基础

截至目前，南海丝绸之路沿线各国均未加入《水下文化遗产公约》，因此"就地保护"原则在国际法层面对各国并无约束力。此外，如若在沿线合作保护水下文化遗产活动中借鉴这一原则，那么在沿线海域设置相关的水下文化遗产保护区实行"就地保护"势在必行，但《水下文化遗产公约》所规定的包括协调国在内的诸项制度仅为各国的合作提供了一个原则性的思路，并未从程序和实体角度就如何设置相关的保护区提供明确的指引。根据《海洋法公约》赋予成员国的相关权力，在一国管辖海域内设置水下文化遗产保护区要得到海域所属国的许可，在争端海域内设置水下文化遗产保护区则要涉及争端各方的协调，且后者更为复杂。因此，就目前的情形看，"就地保护"原则在国际法层面缺乏法律基础。

通过笔者的观察，"就地保护"原则在各国国内法层面同样缺乏法律基础。首先，沿线东南亚国家普遍允许对水下文化遗产的商业性开发，而私人打捞者所追求的水下文化遗产商业价值的最大化从根本上背离了"就地保护"原则所体现的保护水下文化遗产的历史、文化及考古价值优先的取向，因此很明显，这一原则在这些国家的国内法中没有得到实质上的体现。其次，在沿线禁止对水下文化遗产进行商业打捞的国家的国内法中对这一原则的贯彻也并不彻底。以中国为例，"就地保护"这一原则在专门保护水下文化遗产的《水下文物保护管理条例》中没有体现，而是体现在其上位法《文物保护法》中。在《文物保护法》中，"就地保护"被表述为"原址保护"或"不改变原状"，并体现在该法第二章"不可移动文物"中。① 从《文物保护法》的表述来看，"原址保护"原则带有明显的配合基建的色彩。再通过对该原则适用对象的观察，"原址保护"原则仅规定于"不可移动文物"章，并未规定于《文物保护法》的总则部分，但水下文化遗产不仅包括"不可移动文物"，还包括"可移动文物"，因此就水下文化遗产来说，"原址保护"原则适用的对象仅限于不可移动的水下文化遗产，不适用于可移动的水下文物或水下文化遗产。沿此逻辑，更进一步，在《文物保护法》中，"原址保护"原则的适用范围只限于开展工程建设时，而非进行一切针对水下文物的活动时有关保护水下文物的一般原则，因此无法将该原则适用于针

---

① 参见《中华人民共和国文物保护法》（2017 年修正）第 20 条、第 21 条、第 26 条。

对水下文化遗产的科研性活动和商业性开发。综上所述，"就地保护"原则在沿线各国的国内法层面也普遍缺乏牢固的法律基础。

（二）"就地保护"原则在南海丝绸之路沿线缺乏现实基础

南海丝绸之路沿线东南亚国家针对水下文化遗产的商业开发活动大多是同私人打捞者合作的商业性打捞，且带有寻宝性质。在此种合作中，私人打捞者一方面要向政府支付许可打捞的申请费用，另一方面还要将出水的水下文化遗产拍卖所得按比例同政府分成。因此，私人打捞者为追求自身商业利益的最大化，必将尽可能地将水下文化遗产打捞出水并拍卖，而不考虑或较少考虑"就地保护"水下文化遗产。此种商业打捞对水下文化遗产的破坏性很大，也不符合《水下文化遗产公约》的"就地保护"原则。在沿线的合作保护水下文化遗产过程中推行"就地保护"原则不可避免地会遭到私人打捞者的强烈抵制和反对。因此，如何平衡沿线私人打捞者对水下文化遗产的商业开发同"就地保护"原则的冲突是在开展合作保护中首要面临的现实问题。

其次，在合作保护中对水下文化遗产采取"就地保护"的方式事实上对沿线国家保护和管理水下文化遗产的能力提出了更高的要求。从资金角度来看，根据《水下文化遗产公约》附件《有关开发水下文化遗产之活动的规章》的要求，开展水下文化遗产保护项目时应确保在各个阶段有充足的资金基础。[1] 为"就地保护"水下文化遗产而进行的水下考古活动而非商业性开发是一项成本十分高昂的活动，其所需要的资金往往是陆上考古活动所费的 10 倍甚至数 10 倍。在保护项目执行的任何阶段缺乏资金支持都可能导致项目中断，从而导致相关的保护活动部分或完全地归于失败。[2] 再从技术层面观察，《水下文化遗产公约》附件《有关开发水下文化遗产之活动的规章》要求对水下文化遗产保护优先考虑使用非破坏性、非侵入性的技术和勘测方法，[3] 而且参加保护工作的所有技术人员均需要

---

[1]　参见《保护水下文化遗产公约》之附件《有关开发水下文化遗产之活动的规章》第17条、第18条。

[2]　傅崐成、宋玉祥：《水下文化遗产的国际法保护——2001年联合国教科文组织〈保护水下文化遗产公约〉解析》，法律出版社2006年版，第148页。

[3]　参见《保护水下文化遗产公约》之附件《有关开发水下文化遗产之活动的规章》，第3条、第16条。

具备较高的专业技能且必须有一名适格的水下考古专家参与并进行现场指导。①但是，目前沿线国家除中国外均不具备上述资金和技术条件，部分国家政府甚至至今仍不具备独立开展水下考古的基本条件。但是需要注意的是，"就地保护"原则并非是在所有情况下水下文化遗产保护的最佳方式，② 有时对水下文化遗产进行"就地保护"反而不利于水下文化遗产保护。有些沉船由于制作材料的缘故，并不适合保存于海水之中；水下环境也是在不断变化的，缓慢的、程序细微的变化并不会给水下文化遗产带来多少破坏，但水下环境的急剧变化却可能严重损害甚至毁灭水下文化遗产。对于此类不适合"就地保护"的水下文化遗产，经仔细甄别后打捞出水并交与具备保护条件的有关机构保存或许是最佳的选择。此外，南海丝绸之路沿线水下文化遗产被盗捞的情况也十分严重。在上述两种情况下，如果水下文化遗产已经被破坏，那么"就地保护"已不现实，放任水下文化遗产遗留在海底会使水下文化遗产置于被进一步破坏甚至灭失的境地，此时应进行抢救性水下发掘并交与具备保护条件的机构留存并进行修复。但同样遗憾的是，由于水下文化遗产出水后的修复、保管等所需的资金和技术要求也不低，沿线大部分国家目前也不具备此种能力。综上所述，在合作保护的过程中推行"就地保护"原则缺乏稳固的现实基础。

第四节　沿线东南亚国家商业化打捞行为的影响

商业化打捞是水下文化遗产最大的破坏性因素之一，也是《水下文化遗产公约》关注的焦点。南海丝绸之路沿线东南亚国家普遍允许对水下文化遗产进行商业打捞，这一方面会严重破坏沿线的水下文化遗产，另一方面也同中国禁止商业打捞水下文化遗产的政策冲突，为沿线国家合作保护水下文化遗产造成障碍。

---

① 参见《保护水下文化遗产公约》之附件《有关开发水下文化遗产之活动的规章》，第22条、第23条。

② ［英］马克尔瑞：《海洋考古学》，戴开元、邱克译，海洋出版社1992年版，第272~273页。转引自傅崐成、宋玉祥：《水下文化遗产的国际法保护——2001年联合国教科文组织〈保护水下文化遗产公约〉解析》，法律出版社2006年版，第184页。

一、沿线东南亚国家商业化打捞行为概述

《水下文化遗产公约》将禁止商业性开发确立为水下文化遗产保护的一项基本原则。① 但这一公约本身并没有对商业性开发给予明确的定义。作为《水下文化遗产公约》的附件和技术细则，公约项下的《有关开发水下文化遗产之活动的规章》也没有明确界定商业性开发。但根据《有关开发水下文化遗产之活动的规章》的解释，《水下文化遗产公约》并没有禁止"一切"商业性开发，而只是禁止了"以交易或投机为目的"对水下文化遗产进行的商业性开发。《有关开发水下文化遗产之活动的规章》进一步将这种商业性开发解释为将水下文化遗产"作为商品进行交易、买卖和以物换物"。② 因此，《水下文化遗产公约》所确立的对水下文化遗产的"非商业性开发"原则具体指的就是禁止将水下文化遗产作为商品进行交易、买卖和以物换物。③

反观南海丝绸之路沿线东南亚国家的水下文化遗产保护政策，越南、马来西亚及印度尼西亚均允许私人打捞者对水下文化遗产开展打捞，并允许对打捞出水的文物进行拍卖，区别在于政府和私人打捞者对拍卖所得的分成比例不同。文莱同样也允许私人打捞者对水下文化遗产进行打捞和买卖。上述国家的商业性打捞属于《水下文化遗产公约》及《有关开发水下文化遗产之活动的规章》规定中禁止对水下文化遗产商业性开发的行为，不符合《水下文化遗产公约》所确立的禁止商业性开发原则。

二、沿线东南亚国家商业化打捞行为对合作保护的影响

商业化打捞行为本身对水下文化遗产就具有极大的破坏性，且属于纯粹为私人谋利益的行为，不仅同《水下文化遗产公约》的原则和我国的立法政策相悖，也同样不符合沿线各国合作保护的宗旨。

---

① 参见《保护水下文化遗产公约》第 2 条第 7 款。

② 《保护水下文化遗产公约》之附件《有关开发水下文化遗产之活动的规章》第 2 条规定："以交易或投机为目的而对水下文化遗产进行的商业性开发或造成的无法挽救的失散与保护和妥善处理这一遗产的精神格格不入。"

③ 傅崐成、宋玉祥：《水下文化遗产的国际法保护——2001 年联合国教科文组织〈保护水下文化遗产公约〉解析》，法律出版社 2006 年版，第 186 页。

(一) 沿线商业化打捞行为不符合《水下文化遗产公约》的原则

根据《水下文化遗产公约》的界定，水下文化遗产不仅具有物的一般特征和财产属性，还包括历史文化属性。一方面，水下文化遗产通常具有较高的商业和经济价值；但更重要的是，水下文化遗产作为特殊的"文化遗产"，其所承载的国家和民族深刻的历史记忆对于本国家和民族的社会、历史以及当时国际交往和国际关系史的研究具有极为重要的价值，加强对水下文化遗产的保护有利于提高民族意识、增强民族凝聚力，实现公共利益。而商业化打捞水下文化遗产的目的是追求水下文化遗产的经济或商业价值，为了打捞具有较高商业价值的水下文化遗产，打捞者往往会丢弃甚至破坏商业性价值微小的水下文化遗产，而这些商业价值微小的水下文化遗产可能具有很高的考古学价值。[①] 甚至有商业打捞者为了突出部分水下文化遗产的商业价值，而对其他文物进行破坏。1999 年麦克·哈彻在盗捞"泰兴"号沉船时，出水瓷器达百万件，而麦克·哈彻仅挑选了其中的36.5 万件精品。为了让这些精品在拍卖会上拍得高价，麦克·哈彻竟命令将其余的 60 多万件全部砸碎，[②] 足可见商业化打捞行为对水下文化遗产的破坏程度之大。再者，商业化打捞行为的结果就是致使水下文化遗产以追求商业利润为目的而在公开或非公开的市场上流通，除了被具有保护条件的文物保护机构竞购外，最终都转移至私人收藏家手中。由于这些私人买卖者和收藏者大多不具备保护水下文化遗产的技术设施，因此在私人转让或收藏过程中水下文化遗产很容易遭到破坏甚至灭失。同时，由于水下文化遗产的私人买卖者或收藏者是出于追求商业利润的目的或私人爱好而处理和保存水下文化遗产，有关这些水下文化遗产的信息便被限制在这些私人买家或收藏家手中，但这些水下文化遗产的私人收藏者往往并非有关遗产的信息的最大需求者，也往往没有能力提取有关遗产的信息

---

① Patrick J. O' Keefe, Shipwrecked Heritage: A Commentary on the UNESCO Convention on Underwater Cultural Heritage, The Institute of Art and Law (2002), p. 158.

② 《他曾在中国南海盗捞出 200 万件瓷器，被称为"中国水下考古克星"》，载新浪网：http://k. sina. com. cn/article_6440666289_17fe4c4b1001005x8y. html，最后访问日期：2019 年 9 月 7 日。

并公布于众。① 所以这些重要信息难以为公众所知悉，其效用不能被社会充分利用，从长远看不利于水下文化遗产的保护。有鉴于上述原因，《水下文化遗产公约》禁止了商业性开发行为并呼吁要为全人类之利益保护水下文化遗产。② 虽然该公约对南海丝绸之路沿线各国不产生法律效力，但该公约所倡导的禁止商业性开发原则早已成为国际上保护水下文化遗产的共识，因此沿线海域普遍存在的商业性打捞行为不利于合作保护工作的开展。

（二）沿线商业化打捞行为同我国的立法相冲突

我国文物（包括水下文物在内）作为中华民族优秀的历史文化遗产，在提高中华民族意识和增强中华民族凝聚力，在建设社会主义精神文明和物质文明的过程中发挥了重要作用，因此我国在立法保护文物时更倾向于维护公共利益，并采取的是更具保护主义色彩的方式。③ 无论是现行有效的《水下文物保护管理条例》还是其上位法《文物保护法》，均体现了对文物的开发要以科学研究为目的的倾向，并同时规定国家和地方各级文物行政管理部门要承担文物考古发掘和保护的责任。④ 但反观沿线东南亚国家的文物保护的现状，大部分国家由于长期受到西方列强的殖民统治，经济较为落后，无法承担水下文化遗产保护高昂的费用支出，同时也不具备相关的技术条件；同时部分国家的文物立法受原宗主国的影响较大，因而较为重视私人权益的维护。此外，菲律宾、马来西亚和印度尼西亚均为群岛国家，且处于南海海运要道，其国民经济依赖于海洋资源的利用和开发，因此这些国家目前或曾经将水下文化遗产视为海洋资源并多适用打捞法进行商业开发也就不足为奇。⑤ 南海丝绸之路沿线东南亚国家允许对水下文化遗产的商业化打捞并从出水文物拍卖的收益中分得一杯羹的行为客观上鼓励了商业化打

---

① 傅崐成、宋玉祥：《水下文化遗产的国际法保护——2001 年联合国教科文组织〈保护水下文化遗产公约〉解析》，法律出版社 2006 年版，第 187 页。

② 参见《保护水下文化遗产公约》第 2 条第 3 款。

③ Sarah Dromgoole, *Underwater Culture Heritage and International Law*, Cambridge: Cambridge University Press, 2013, p. 96.

④ 参见《中华人民共和国文物保护法》（2017 年修正）第 8 条、《中华人民共和国水下文物保护管理条例》（2022 年修订）第 4 条。

⑤ 李锦辉：《南海周边主要国家海底文化遗产保护政策分析及启示》，载《太平洋学报》2011 年第 6 期，第 73 页。

捞，成为破坏水下文化遗产的帮凶。产生此种现象的深层次原因虽然同每个国家的历史及各具特色的立法传统密不可分，但是沿线东南亚国家在立法中允许商业化打捞行为的做法同中国禁止商业打捞的立法相左，且同时也不符合《水下文化遗产公约》的原则，此种冲突也可谓开展沿线水下文化遗产合作保护面临的最大障碍之一。

（三）沿线商业化打捞行为背离了合作保护的宗旨

水下文化遗产的开发行为，无论是商业开发，抑或是以科研为目的的考古发掘，均不同程度对水下文化遗产造成了破坏。而且，水下考古发掘对水下文化遗产的破坏，相较于陆地发掘对陆上文化遗产的破坏更大。因此为了最大限度地保存和保护水下文化遗产，《水下文化遗产公约》及其附件《有关开发水下文化遗产之活动的规章》一方面禁止对水下文化遗产的商业开发，另一方面也为水下文化遗产的考古发掘设置了诸多条件。就后者而言，《有关开发水下文化遗产之活动的规章》要求考古人员在开展水下文化遗产的发掘工作和提取相关科研、文化信息时，要优先采用非破坏性的技术和勘测方法，尽量保持水下文化遗产的原状；如不得不破坏水下文化遗产的现状时，则要采用对水下文化遗产造成最低限度损害的技术和方法，不得逾越实现保护目标的必要性。① 反观沿线的商业化打捞行为，其追求的是水下文化遗产经济价值和商业利益最大化，最终落脚于私人利益的维护；而南海丝绸之路沿线水下文化遗产的合作保护旨在最大限度地保护水下文化遗产的历史、文化及考古价值，最终的目的是实现公共利益，因此沿线商业化打捞行为的初衷就已与合作保护格格不入。其次，从手段上来分析，鉴于水下文化遗产开发的费用十分高昂，私人打捞者在进行商业打捞时为实现其利益的最大化必将尽最大可能限缩成本，而由此带来的后果则是商业打捞的手段和技术十分粗放，往往采取对水下文化遗产有较大破坏性的方式，罔顾对水下文化遗产的保护。而秉承合作保护的宗旨，沿线各国在合作开展水下文化遗产科考工作时将会借鉴上述《有关开发水下文化遗产之活动的规章》的要求，最低限度地降低对水下文化遗产的破坏。由此，商业化打捞的手段也同合作保护的目标不符。

---

① 参见《保护水下文化遗产公约》之附件《有关开发水下文化遗产之活动的规章》第3条、第4条。

综上所述，无论从目的还是手段来看，沿线东南亚国家普遍存在的商业化打捞背离了合作保护的宗旨，由此产生的消极影响应引起关注。

第五节　南海海上非传统安全威胁的影响

非传统安全威胁是近年来国际社会所面临的最棘手的世界性难题。非传统安全是相对于传统安全而提出来的。传统安全主要以国家的军事安全、政治安全为主要内容，包括国防问题、领土主权问题、军事问题等，主要关注外来的军事威胁。而非传统安全则是除传统安全威胁之外的可能危及国家安全的因素。它在安全主体和范围上扩大了传统安全的概念，是对传统安全的拓展。其目标是维护国家主权及全人类的生存与发展，主要涉及一个国家的政治、经济、文化、社会、环境、国防和军事安全等问题。[1] 截至目前，国际社会就非传统安全威胁论及的议题主要包括民族分裂主义、宗教极端主义、恐怖主义、跨国犯罪（集中于毒品、洗钱和贩卖人口）、流行疾病、海盗等。[2] 而落脚到具体的南海海上非传统安全威胁上，则主要涉及海盗、海上恐怖主义、海洋自然灾害、海洋环境污染和跨国犯罪等，其中海盗和海上恐怖主义造成的危害相对凸显。[3] 以海盗和海上恐怖主义为代表的南海海上非传统安全威胁一方面使南海丝绸之路沿线国家深受其害，另一方面也对开展南海丝绸之路水下文化遗产的合作保护造成了不良影响。

一、南海海上非传统安全威胁概述

截至目前，根据学者的划分，南海地区的海盗和海上恐怖主义等非传统安全威胁大体经历了如下两个阶段。第一阶段是从二十世纪六七十年代到 2001 年"9·11"事件前。这一时期，南海周边国家伴随着"二战"结束逐步实现了民族独立，加之南海作为全球重要的海上贸易通道，周边各国经济飞跃发展，对外贸易规模不断扩大。这一时期，以海盗为代表的南海海上非传统安全威胁最为凸

① 查道炯：《中国学者看世界——非传统安全卷》，新世界出版社 2007 年版，第 4 页。

② 郑远民、朱红梅：《非传统安全威胁下国际法律新秩序的构建》，法律出版社 2014 年版，第 25 页。

③ 葛红亮：《非传统安全与南海地区国家的策略性互动》，载《国际安全研究》2015 年第 2 期，第 140 页。

显。统计数据显示，仅在 1999 年第一季度，在南海海域发生的海盗事件就占全球范围内有记录的海盗事件的一半以上（全球为 66 起，其中发生在南海海域的 38 起）；仅在 2000 年，南海海域就发生了 262 起海盗事件，占当年海盗事件的 56%，[1] 其中以印尼海域（发生 119 起）和马六甲海域（发生 75 起）海上武装抢劫最为猖獗。[2]

第二阶段是 2001 年 "9·11" 事件发生后至今。该事件发生后的 21 世纪初，恐怖主义逐渐成为国际社会的焦点问题。[3] 南海海域内战略航道众多，以马六甲海峡为代表，龙目海峡和新加坡海峡等都是国际或区域重要的贸易、军事要道。这些海域往往成为恐怖组织发动恐怖袭击的理想之地，港口及过往的船只均有可能成为恐怖袭击的对象。[4] 在这一时期，海上恐怖主义同海盗共同构成了影响南海海上非传统安全的两大威胁。南海海域恐怖主义的蔓延和猖獗表现在两个方面，一是区域恐怖主义势力的扩散及由此引发的恐怖事件频发，例如在某些国家内部活动的极端宗教和民族分裂势力，如菲律宾的摩洛伊斯兰解放阵线等，以及组织网络和活动区域扩大至整个东南亚地区的恐怖主义组织，如伊斯兰祈祷团和阿布沙耶夫反政府武装。[5] 其中后者于 2004 年 2 月在菲律宾马尼拉对超级渡轮发动的恐袭导致大量人员伤亡和失踪，被视为最恶劣的南海海上恐怖主义事件之一。[6] 二是国际恐怖主义势力不断渗透。以 "基地" 组织为代表的国际恐怖组织

---

[1]　Hasjim Dkala, "Piracy and the Challenges of Cooperative Security Enforcement Policy", *The Indonesia Quarterly*（Vol. 30, No. 2, January 2002）, pp. 107-108. 转引自葛红亮：《非传统安全与南海地区国家的策略性互动》，载《国际安全研究》2015 年第 2 期，第 141 页。

[2]　Robert C. Beckman, "Combating Piracy and Armed Robbery against Ship in Southeast Asia: The Way Forward", *Ocean Development &International Law*（Vol. 33, No. 3/4, Oct. 2002）, pp. 317-318. 转引自葛红亮：《非传统安全与南海地区国家的策略性互动》，载《国际安全研究》2015 年第 2 期，第 141 页。

[3]　Yann-Huei Song, "The Overall Situation in the South China Sea in the New Millennium: Before and After the September 11 Terrorist Attacks", *Ocean Development &International Law*（Vol. 26, No. 1, Feb. 2004）, p. 248.

[4]　李金明：《 "9·11" 后美国在东南亚的反恐活动》，载《东南亚研究》2009 年第 2 期，第 66 页。

[5]　国防大学战略研究所：《国际战略形势分析（2002—2003）》，国防大学出版社 2003 年版，第 41 页。

[6]　Kwa Chong Guan & John K. Skogan（Ed.）, *Maritime Security in Southeast Asia*, London & New York: Routledge（2007）, pp. 79-80.

经过多年的运作，已在东南亚地区建立了大量的据点，而且还以资金支持的方式向东南亚区域恐怖主义组织中渗透，为在该地区制造恐怖袭击做准备。在"基地"组织 2002 年外泄的一份录像带中，马来西亚海警巡逻艇被监视的影像赫然出现。据政府情报人员分析，"基地"组织成员很有可能将马六甲海峡及南海其他海域作为袭击过往船只甚至军舰的最佳地点，而这一海域与东南亚地区许多恐怖分子或武装集团的活动区距离相当近。① 与此同时，海盗活动也极为猖獗。据国际海事组织的历年统计，从 2002 年到 2005 年，包括马六甲海峡在内的泛南海海域发生的海上武装抢劫犯罪案件数量仍居高不下。② 随着各方反恐合作的加强，截至 2008 年南海区域内的恐怖组织势力虽时有"抬头"但已被明显削弱，同时期发生的海盗事件也持续减少（2008 年仅发生 2 起）。③ 但这一趋势在好转之后又出现了反弹趋向，且日趋明显。④ 到 2013 年，南海海域共发生有记录的海盗事件 142 起，较 2012 年增加了 36.6%，占当年海盗事件的 47.65%。⑤ 2014 年南海海域共发生有记录海盗事件 93 起，较 2012 年有大幅度回落，其中菲律宾和印尼海域的海盗行为最为猖獗（该海域共发生 57 起海盗事件）。⑥ 自 2015 年

---

① Barrett Bingley, "Security Interests of the Influencing States: The Complexity of Malacca Straits", *The Indonesian Quarterly* (Vol. 32, No. 4, Feb. 2004), pp. 357-358.

② Reports on Acts of Piracy and Armed Robbery Against Ships (2000-2010), IMO: http://www.imo.org/OurWork/PiracyArmedRobbery/Pages/PirateReports.aspx, last visited Dec. 11, 2019.

③ Reports on Acts of Piracy and Armed Robbery against Ships Annual Report-2008, IMO: http://www.imo.org/en/OurWork/Security/PiracyArmedRobbery/Reports/Documents/208_Annual_2008.pdf, last visited Dec. 11, 2019.

④ 国际海事局（IMB）在其 2012 年报告中指出，与 2011 年的数据相比，2012 年东南亚——南海海域的海上武装抢劫事件数（共 90 起）已呈上升趋势。据英国海事情报咨询公司的数据，东南亚地区的海上犯罪数量在 2012 年增加了 8.5%，占全球海上犯罪事件总量的 44%。Countering Maritime Piracy and Robbery in Southeast Asia: the Role of ReCAAP Agreement, EIAS: http://www.eias.org/publication/briefing-paper/countering-maritime-piracy-and-robbery-southeast-asia-role-recaap, last visited Dec. 21, 2019.

⑤ Reports on Acts of Piracy and Armed Robbery against Ships Annual Report-2013, IMO: http://www.imo.org/en/OurWork/Security/PiracyArmedRobbery/Reports/Documents/208_Annual_2013.pdf, last visited Dec. 15, 2019.

⑥ Reports on Acts of Piracy and Armed Robbery against Ships Annual Report-2014, IMO: http://www.imo.org/en/OurWork/Security/PiracyArmedRobbery/Reports/Documents/219_Annual_2014.pdf, last visited Dec. 16, 2019.

起至 2018 年，南海海域发生的有记录海盗事件分别为 81 起①、68 起②、61 起③和 57 起④，虽然呈逐年下降趋势但绝对数量依旧不小。综上所述，南海海域面临的海盗、海上恐怖主义等非传统安全威胁仍不容小觑。

此外，南海海域的海洋自然灾害这一非传统安全问题也一直困扰着周边各国。从地质构造上讲，南海海域位于亚欧大陆板块、太平洋板块和印度洋板块的交界处，构造应力较为复杂；且各处交界地带分布着密集的火山、地震带。⑤ 因此，南海海域早已被列入中国三大地震海啸高风险区，且为风险等级最高的地区。⑥ 根据中国海洋局的统计，我国有资料可考的 29 次海啸发生在南海海域的就达 7 次，⑦ 其中仅 2006 年就有 2 次。同时，南海海域地震带强震活动也较为频繁，仅台湾南-菲律宾沿线的地震带上近一个世纪以来发生的 7 级以上强震就达 131 次，⑧ 7 级以下地震更是数不胜数。近年来，南海海域地震仍时有发生。例如 2016 年 9 月 23 日 0 时 29 分，在南海海域（19°3′N，119°34′E）发生 4.1 级地

① Reports on Acts of Piracy and Armed Robbery against Ships Annual Report-2015, IMO：http：//www. imo. org/en/OurWork/Security/PiracyArmedRobbery/Reports/Documents/232_Annual_2015. pdf, last visited Dec. 16, 2019.

② Reports on Acts of Piracy and Armed Robbery against Ships Annual Report-2016, IMO：http：//www. imo. org/en/OurWork/Security/PiracyArmedRobbery/Reports/Documents/245%20Annual %202016. pdf, last visited Dec. 16, 2019.

③ Reports on Acts of Piracy and Armed Robbery against Ships Annual Report-2017, IMO：http：//www. imo. org/en/OurWork/Security/PiracyArmedRobbery/Reports/Documents/258%20Annual %202017. pdf, last visited Dec. 16, 2019.

④ Reports on Acts of Piracy and Armed Robbery against Ships Annual Report-2018, IMO：http：//www. imo. org/en/OurWork/Security/PiracyArmedRobbery/Reports/Documents/271% 20MSC. 4-Circ. 263%20Annual %202018. pdf, last visited Dec. 16, 2019.

⑤ 潘文亮、王盛安、蔡树群：《南海潜在海啸灾害的模拟》，载《热带海洋学报》2009 年第 6 期，第 8 页。

⑥ ZHOU QINGHAI, "Tsunami Risk Analysis for China", *Natural Hazards* （Vol. 1, 1988），pp. 181-195. 转引自潘文亮、王盛安、蔡树群：《南海潜在海啸灾害的模拟》，载《热带海洋学报》2009 年第 3 期，第 11 页。

⑦ 杨马陵、魏柏林：《南海海域地震海啸潜在危险的探析》，载《灾害学》2005 年第 3 期，第 46 页。

⑧ 杨马陵、魏柏林：《南海海域地震海啸潜在危险的探析》，载《灾害学》2005 年第 3 期，第 44 页。

震,震源深度 5 千米;① 2017 年 8 月 11 日 13 时 28 分在南海海域 (14°38′N,120°68′E) 发生 6.3 级地震,震源深度 180 千米;② 2018 年 8 月 13 日 9 时 31 分在南海海域 (19°53′N,113°2′E) 发生 3.6 级地震,震源深度 10 千米;③ 2019 年 4 月 22 日 17 时 11 分在南海海域 (15°N,120°20′E) 发生 6.0 级地震,震源深度 20 千米;④ 2019 年 9 月 5 日 21 时 58 分在南海海域 (14°46′N,116°9′E) 发生 5.2 级地震,震源深度 20 千米。⑤ 就气候来说,南海海域位于南亚、东南亚的亚热带、热带区域,受季风影响,该海域热带海洋性气候明显。受东北季风影响,在冬季南海海域大部冷空气入侵频繁,气象灾害风险较高,海上多为雾天,能见度较差;夏季受西南季风影响,南海东北部海域气象灾害风险上升,多发雷暴和热带气旋。⑥ 综上所述,南海海域内自然灾害类型多样,分布广泛,对沿线各国的危害巨大。但南海周边多数国家抗灾减灾能力弱,频繁发生的自然灾害危及着各国国内民生的安全和经济的发展。⑦

二、南海海上非传统安全威胁对合作保护的影响

南海海域海盗、海上恐怖主义事件和自然灾害的频发使得南海海上安全局势不容乐观,既严重威胁到了周边各国的安定和发展,又十分不利于南海海域的航行安全和稳定。受此影响,开展南海丝绸之路沿线水下文化遗产的合作保护障碍

① 《南海海域发生 4.1 级地震 震源深度 5 千米》,载国家应急广播网:http://www.cneb.gov.cn/2016/09/23/ARTI1474565336603361.shtml,最后访问日期:2020 年 3 月 16 日。

② 《南海海域附近发生 6.5 级左右地震》,载新浪网:http://news.sina.com.cn/o/2017-08-11/doc-ifyixcaw4227975.shtml,最后访问日期:2020 年 3 月 17 日。

③ 《南海今早发生 3.6 级地震! 细数历史上影响海南的十次地震 》,载搜狐网:https://www.sohu.com/a/246908966_200317,最后访问日期:2020 年 3 月 17 日。

④ 《南海海域附近发生 5.9 级左右地震》,载搜狐网:https://www.sohu.com/a/309644029_118392,最后访问日期:2020 年 3 月 17 日。

⑤ 《2019 年 09 月 05 日 21 时 58 分在南海海域发生 5.2 级地震》,载海南省地震局网站:http://www.haindzj.gov.cn/dzml/zgjlqdz/201909/t20190908_3231365.html,最后访问日期:2020 年 3 月 17 日。

⑥ 黎鑫等:《南海-印度洋海域海洋安全灾害评估与风险区划》,载《热带海洋学报》2012 年第 6 期,第 127 页。

⑦ 孔锋、林霖、刘冬:《服务"一带一路"建设,建立南海地区自然灾害风险防范机制》,载《中国发展观察》2017 年第 Z2 期,第 47 页。

重重。

（一）海盗、海上恐怖活动的猖獗不利于合作保护活动的开展

南海作为全球重要的海上贸易通道，海盗和海上恐怖主义的肆虐阻碍了世界贸易和南海周边国家国内经济的稳定健康发展，造成了严重的经济和治安危害。随着现代科学技术的发展，海盗、海上恐怖分子的装备越来越先进，犯罪手段也愈发"成熟"，有的甚至还走上了分级化、组织化、国际化的道路。① 更为危险的是，海盗与恐怖分子相互勾结构成了对南海海域安全的重大威胁，有组织、有预谋、规模庞大、手段先进的恐怖主义袭击正在成为南海海域安全更为严重的威胁。传统海盗的目的只是抢劫财物，因此他们的目标主要针对的是油轮和商船。而恐怖分子的目的在于对抗政府、制造混乱，因此恐怖分子的目标不再局限于油轮和商船，军舰、码头、港口、海上工作平台都成为他们的袭击对象。沿线若要开展合作保护势必涉及大量的水上作业，包括建设工作平台，派遣工作用船提供吊装、抽泥、电力、住宿、交通、补给等工作需要，水下考古工作者还要适时进行潜水探摸，开展水下测绘、摄影、录像等工作，涉及大量的船舶和人员。鉴于南海海域海盗和海上恐怖主义屡禁不止，海盗为了抢劫、勒索财物，恐怖分子为了制造混乱或实现某种政治目的，开展水下文化遗产合作保护的船舶、人员及船舶停靠的港口和海上作业平台很有可能成为他们的目标而遭到袭击，从而对南海丝绸之路水下文化遗产的合作保护造成不利影响。

（二）自然灾害的频发严重制约合作保护的进程

首先，南海海域位于环太平洋火山地震带的中心位置，该海域地震、火山喷发等灾害性地质活动频发，因此水下环境时常发生急剧变化，破坏了水下文化遗产所依存之环境的稳定，非常有可能对水下文化遗产造成严重损害甚至灭失。同时，上述地质活动也会造成原本整体存在的水下文化遗产大规模的移位与失散，

---

① 许可：《东南亚的海盗问题与亚太地区安全》，载《当代亚太》2002年第3期，第46~51页。

以致流失了大量有关水下考古层位学与类型学的重要信息。① 上述信息的缺失将不利于水下考古学者对水下文化遗产年代和起源地的判断，也无法对其历史、文化或科学价值进行估量，以至于难以准确地施以相应的保护措施。其次，南海海域位于环太平洋台风带的中心，该海域气候不稳定，气象灾害也较为频繁，冬季海上大雾天气较多，能见度较差；夏季海上受台风影响，雷暴天气频发。而水下考古工作周期受技术和环境的影响较陆上考古更长，因此动辄需出海数月甚至更长时间，但上述复杂的气候条件十分不利于水上及水下保护作业的开展；如遭遇极端恶劣的天气引发的气象灾害，为保证考古人员及相关船舶、设施的安全，相关合作保护作业也不得不中断。最后，受经济发展水平和科技的制约，沿线大多数国家防灾减灾能力较弱，基础设施不完备，因而南海海域内频繁发生的各类自然灾害早已使这些国家疲于应对，灾害过后往往面临的是人员伤亡惨重、经济损失惨重的混乱局面，而水下文化遗产也往往不能幸免于难。但无论是水下文化遗产的日常维护抑或灾后的抢救性保护都需要高昂的资金和完备的技术，而上述国家通常将其有限的资金和技术用于抢救伤员和恢复被灾害破坏的原本就已十分脆弱的国民经济，因此水下文化遗产不得不成为灾后救援中被牺牲的对象，已经被破坏的水下文化遗产长期得不到修复，因灾害而中断的合作保护进程也难再启动。

---

① ［日］小江庆雄：《水下考古学入门》，王军译，文物出版社1996年版，第59~60页。转引自傅崐成、宋玉祥：《水下文化遗产的国际法保护——2001年联合国教科文组织〈保护水下文化遗产公约〉解析》，法律出版社2006年版，第13页。

第五章 我国在南海丝绸之路水下文化遗产合作保护中的策略

开展南海丝绸之路水下文化遗产合作保护面临着南海海域划界争端、南海地缘政治、"就地保护"原则、商业化打捞行为和海上非传统安全威胁等诸多现实困境。现有的多边机制和东盟框架下的区域机制虽为南海丝绸之路水下文化遗产的合作保护奠定了坚实的法律与政治基础，但由于诸多因素尚不足以解决上述困境。作为南海丝绸之路水下文化遗产大国，我国应当在南海丝绸之路水下文化遗产合作保护中发挥主导作用，在坚持"搁置争议，共同保护"原则的基础上，积极倡导建立合作保护机制，维护我国海洋权益，建立国家主导打捞为主、合作打捞为辅的打捞模式，同时不断完善国内的水下文化遗产保护立法，深化国际间战略互信，拓展睦邻友好，扩大互利共赢。

第一节 坚持"搁置争议，共同保护"原则

"搁置争议，共同开发"是由中国提出的解决南海争议的主要原则之一，内涵丰富。从实践来看，这一原则在解决中国与南海周边国家在争端海域的自然资源开发（主要是油气资源开发）中得到了充分的运用，也得到了南海周边国家的认可。可以说，这一原则是目前处理南海争议最现实可行的途径。受南海海域划界争端和南海地缘政治的影响，南海丝绸之路沿线国家在合作保护水下文化遗产时发生争议在所难免。作为解决南海争议的主要原则之一，"搁置争议，共同开发"原则也应适用于解决南海周边国家在水下文化遗产保护领域的争端。鉴于水下文化遗产同油气、渔业等自然资源的差别，"搁置争议，共同开发"原则在水下文化遗产保护领域可表述为"搁置争议，共同保护"，作为"搁置争议，共同

开发"之基本价值的继承和发展。

一、从"搁置争议，共同开发"看"搁置争议，共同保护"原则

"搁置争议，共同开发"最早是由邓小平同志在 1986 年正式向南海周边国家领导人提出。① 当年 6 月，邓小平同志在与来华访问的菲律宾副总统兼外交部部长劳雷尔会晤时提出，南沙问题可以先搁置一下，放一放，我们不会让这个问题妨碍与菲律宾和其他国家的友好关系，对"有争议的问题"，我们主张"用和平方式，而不用武力方式"来解决。② 1988 年 4 月，他在同菲律宾总统阿基诺会晤时再次阐述了这一主张。邓小平同志说，从两国友好关系出发，这个问题可先搁置一下，采取共同开发的办法，"中菲两国都应该抓紧利用和平的环境发展自己的经济"③。在先后两次会晤中，劳雷尔副总统和阿基诺总统都对邓小平的主张作出了积极的回应。1991 年中国国家主席杨尚昆访问东南亚时，同样表达了与东南亚各国进行磋商，共同开发南沙群岛。④ 1995 年中国国务院副总理钱其琛在文莱同东盟国家外长举行对话时再次重申了解决南海争议的"搁置争议，共同开发"原则。⑤ 此后，历届中国国家领导人在解决南海存在的主权争端问题时，均将"搁置争议，共同开发"原则当作基本的方针，积极地将其贯彻在解决与南海周边各国的双边或多边关系中。

"搁置争议，共同开发"原则的内涵概括起来包括维护主权、搁置争议，共同开发等三方面内容。具体来说：第一，主权属我。这是"搁置争议，共同开发"的前提。⑥ "搁置争议，共同开发"的目的就是要维护国家的主权，使领土

---

① 《邓小平文选》(第三卷)，人民出版社 1993 年版，第 87 页。

② 刘淑梅：《论邓小平"搁置争议，共同开发"思想的形成》，载《内蒙古师大学报(哲学社会科学版)》1999 年 10 月，第 18 页。

③ 《历史选择了邓小平 (116)》，载人民网：http：//cpc. people. com. cn/n1/2018/1121/c69113-30412441. html，最后访问日期：2019 年 11 月 7 日。

④ 罗观星：《国事回声——高端采访实录》，中国文化出版社 2009 年版，第 263 页。

⑤ 《东盟与中国关系大事记》，载人民网：http：//www. people. com. cn/item/zrjcfdm/zl02. html，最后访问日期：2019 年 10 月 11 日。

⑥ 搁置争议是搁置主权争议，但不是不要主权，更不是放弃主权，"国家的主权、国家的安全要始终放在第一位"，"主权问题是不能谈判的"。在谈到南沙群岛时，邓小平同志曾多次讲过，中国对南沙群岛最有发言权，历来世界地图是划到中国的，属中国。参见《邓小平文选》(第三卷)，人民出版社 1993 年版，第 348、85 页。

变得完整。第二，对有争议的领土，主张先进行共同开发。这样做的目的是从现实出发，以和平方式的新思路来解决争端，避免事态扩大，矛盾激化。① 第三，共同开发的目的是资源共享，共同得利。②

作为"搁置争议，共同保护"原则的继承和发扬，"搁置争议，共同保护"原则的内涵也包括三方面内容，概括起来为维护主权，搁置争议，共同保护等。具体来说，第一，毫不动摇地坚持南海主权属我，这是"搁置争议，共同保护"的前提。第二，对争议海域的水下文化遗产要避开关于水下文化遗产所有权和管辖权等方面的争端，主张先进行共同保护。第三，共同保护的目的是为共同利益保护水下文化遗产。南海周边国家间在水下文化遗产的归属和管辖权上产生争端，一方面是由于水下文化遗产具有文化、历史或考古及经济价值，另一方面对争端海域水下文化遗产的管辖和所有是国家主权的重要体现。加强水下文化遗产的合作保护，有利于最大限度地保存和保护水下文化遗产，防止水下文化遗产被破坏和盗捞。此外，各国通过合作保护水下文化遗产可以增进互信，为未来解决主权归属奠定基础。

二、坚持"搁置争议，共同保护"原则的可行性

植根于"搁置争议，共同开发"原则的"搁置争议，共同保护"原则不是无本之木、无源之水，而是有其深刻的理论可行性和现实可行性。就理论可行性而言，在多边层面和区域层面都有诸多条约和协定为"搁置争议，共同保护"原则提供了法律依据。中国在水下考古领域所取得的各项成果和同东盟达成的各项关于文化遗产保护的文件均为践行"搁置争议，共同保护"原则提供了现实可行性。

---

① 搁置争议，不是不解决争端，而是避开争端，使得双方以彼此尊重为出发点，求同存异找到双方都可以接受的方式来解决争端，我们主张按照和平共处五项原则、《联合国宪章》及有关国际法，通过政府间友好协商进行公正合理的解决，暂时解决不了的还可留待后人去解决。参见《邓小平文选》（第三卷），人民出版社 1993 年版，第 87 页。

② 《"搁置争议，共同开发"》，载中华人民共和国外交部：https://www.fmprc.gov.cn/web/ziLiao674904/wjs674919/2159674923/200011/t20001107_10250989.shtml，最后访问日期：2020 年 8 月 31 日。

（一）理论可行性

南海丝绸之路沿线国家均为《海洋法公约》的成员国，因此这一公约的相关内容均适用于沿线各国。《海洋法公约》第 74 条第 3 款和第 83 条第 4 款的规定为南海丝绸之路沿线国家在开展合作保护水下文化遗产时"搁置争议"提供了法律基础。① 沿线各国在南海争端海域就开展合作保护水下文化遗产所达成的文件和开展的实践应为《海洋法公约》中所规定的"临时性安排"，不危害或阻碍争端各方对南海的主张。同时，《海洋法公约》在第 149 条和第 303 条就南海丝绸之路沿线各国开展合作保护提供了法律依据。与此同时，南海丝绸之路沿线国家虽不是《水下文化遗产公约》的成员国，但作为第一个专门保护、管理水下文化遗产的普遍性国际公约，该公约也为"搁置争议，共同保护"原则构建了理论基础。《水下文化遗产公约》回避了水下文化遗产所有权这一敏感问题，各成员国基于该公约开展的各项水下文化遗产保护活动均不涉及所有权问题，客观上为"搁置争议"特别是对水下文化遗产所有权归属的争议提供了空间。此外，《水下文化遗产公约》第 2 条、第 19 条和第 21 条及附件《规章》第 8 条为各成员国开展水下文化遗产合作保护提供了依据。

再者，南海丝绸之路沿线国家均为东盟成员国，因此东盟内部以及中国同东盟达成的各项文化遗产保护的文件也为"搁置争议，共同保护"奠定了理论基础。近年来，东盟内部成员陆续达成了《东南亚国家联盟文化遗产宣言》《加强东盟文化遗产合作的万象宣言》等一系列同保护文化遗产相关的文件，东盟同中国也签署了《中国—东盟文化合作谅解备忘录》《中国—东盟文化合作行动计划》等文件，表达了中国同东盟各方合作共同保护文化遗产的愿望。

（二）现实可行性

截至目前，在国际上已有很多"搁置争议，共同开发"的实例，例如澳大利亚和东帝汶在帝汶海争议区域油气资源的共同开发、马来西亚与越南在争议海域建立的联合开发区等。在南海海域最有代表性的是泰国和马来西亚的合作开发协

---

① 参见《联合国海洋法公约》第 74 条、第 83 条。

议。泰国和马来西亚在泰国湾东部边界地区（该地区蕴藏有大量石油）存在争议，而后双方历经二十余年的谈判，终于实现了争议区域油气资源的共同开采。① 就中国而言，2005 年 3 月由中国、菲律宾、越南三国石油公司签署的《在南中国海协议区三方联合海洋地震工作协议》被认为是中国就"搁置争议，共同开发"原则开展的首次实践，三方约定在设立的 14.3 万平方公里的协议区共同研究评估石油资源状况。② 但在此之后的十余年间，"搁置争议，共同开发"原则在南海海域没有取得任何实质性进展，呈现出"我国搁置争议、他方竞相开发"的被动局面。③ 究其原因，一方面，大部分争端海域都处在南海周边国家的实际控制之下，对于这些周边国家来说，同中国进行合作开发没有必要。④ 另一方面，受南海地缘政治影响，以美国为代表的南海区域外发达国家积极鼓动本国企业介入这一区域，实际控制争端海域的国家普遍同拥有技术、资金和设备的区域外发达国家的企业分工合作开发争端海域的油气资源，没有利用中国的技术设备合作开发油气资源的动力和需要。⑤ 有鉴于此，国内学者杨泽伟、童伟华、许浩等认为"搁置争议，共同开发"原则在一定程度上陷入了困境。

直至中菲南海仲裁案后的 2017 年，"搁置争议，共同开发"原则才取得了实质性进展，具体表现为中菲两国之间就共同开发争端海域油气资源形成的一些历

---

① 事实上，泰国和马来西亚首先于 1979 年 2 月达成了一份历史性的谅解备忘录，并承诺建立一个共同委员会以便在争议区内进行海底资源的共同开发。但其后历经了 14 年的艰难历程，共同开发区终于在 1993 年正式建立，但在共同协议下的天然气生产直到 90 年代末才开始。参见冯云飞：《关于中国南海开发战略思想的探究——从"主权属我，搁置争议，共同开发"谈起》，载《产业与科技论坛》2008 年第 12 期，第 36 页。

② 《中国菲律宾和越南三国石油公司签署南海合作协议》，载广西新闻网：http://www.gxnews.com.cn/staticpages/20050318/newgx4239b2a6-339155.shtml，最后访问日期：2019 年 11 月 26 日。

③ 童伟华：《南海对策中"搁置争议"与"共同开发"之冲突及其调整》，载《中国海洋大学学报（社会科学版）》2011 年第 6 期，第 3 页。

④ 高之国、张海文等：《国际海洋法的理论与实践》，海洋出版社 2006 年版，第 203 页；转引自杨泽伟：《"搁置争议，共同开发"原则的困境与出路》，载《江苏大学学报（社会科学版）》2011 年第 3 期，第 75 页。

⑤ 许浩：《南海油气资源"共同开发"的现实困境与博弈破解》，载《东南亚研究》2014 年第 4 期，第 24~26 页。

史性突破。2017 年 11 月 16 日，中菲双方发布了《中华人民共和国政府和菲律宾共和国政府联合声明》及 14 项协议和合作谅解备忘录。① 同年，中菲双方建立了南海问题双边磋商机制，旨在就涉南海问题建立机制性对话平台。从 2017 年至今，中菲南海问题双边磋商机制已经顺利展开了四轮谈判。2018 年，双方签署了关于油气资源开发合作的谅解备忘录。2019 年 10 月底，中菲就油气资源开发展开第一轮磋商，并成立了政府间工作小组和企业间工作小组，正式进入油气资源的实质性合作开发阶段。②

同油气资源开发类似，在水下文化遗产领域的"搁置争议，共同保护"也尚未进入实质阶段。中国同东盟虽然达成了一系列文化遗产合作的文件例如《中国—东盟文化合作谅解备忘录》《中国—东盟文化合作行动计划》等，但合作领域尚未拓展至水下文化遗产领域。与油气资源开发不同的是，南海区域外发达国家在南海海域水下文化遗产保护领域无自身的重大经济利益，且在这一领域同实际控制争端海域的南海周边国家也无共同利益。因此较之于南海油气资源开发，开展南海水下文化遗产的合作保护所受南海地缘政治环境的影响较少。此外，近年来中国在水下考古特别是开展远洋考古的技术和设备日臻成熟，资金投入也不断增多，而南海周边国家由于经济限制在水下文化遗产保护方面的投入不足，部分国家甚至缺乏开展基本的水下考古勘探的能力，急需开展同国外考古机构的合作。中国同南海周边国家在水下文化遗产保护领域存在共同利益，加之东盟各成员国在同中国达成的一系列文化遗产合作保护的文件中已表达出通过合作与交流得到中国在资金、技术和经验方面的支持，因此在水下文化遗产领域坚持"搁置争议，共同保护"原则有其现实可行性。

---

① 《中菲联合声明》中提出"双方承诺在南海采取行动方面保持自我克制，以免使争议复杂化、扩大化和影响和平与稳定。双方愿探讨在包括海洋油气勘探和开发等其他可能的海上合作领域开展合作的方式"。参见《中华人民共和国政府和菲律宾共和国政府联合声明》，载中华人民共和国中央人民政府：http://www.gov.cn/xinwen/2017-11/16/content_5240177.htm，最后访问日期：2019 年 12 月 26 日。

② 《2019，中菲南海油气开发合作的"机遇年"》，载人民日报海外版：http://m.haiwainet.cn/middle/3542184/2019/0104/content_31473917_1.html，最后访问日期：2020 年 1 月 26 日。

第二节　积极倡导建立互信互利为基础的多边合作保护机制

目前南海丝绸之路水下文化遗产的保护现状不容乐观，各国在沿线海域水下文化遗产保护的问题上各自为政，保护水平各异，特别是南海丝绸之路沿线东南亚国家允许商业打捞的行为同《水下文化遗产公约》所倡导的"禁止商业性开发原则""就地保护原则"相悖，不利于水下文化遗产的保护。更为严重的是，南海丝绸之路沿线海域非法盗捞、打捞行为十分猖獗，沿线东南亚国家对此等违法行为执法不力。同时，沿线东南亚国家在其管辖范围内海域（包括争议海域在内）发现的水下文化遗产有相当一部分是起源于中国的，但由于中国同南海丝绸之路沿线东南亚国家在水下文化遗产的所有权和管辖权的冲突，对这部分水下文化遗产无法实施有效的保护。因此，南海丝绸之路沿线各国开展水下文化遗产合作保护有其现实必要性和法律必要性。此外，南海丝绸之路沿线东南亚国家对"就地保护"原则的违反、以海盗、海上恐怖主义为代表的南海海上非传统安全威胁也对开展南海丝绸之路水下文化遗产的合作保护造成了不利影响，而这一问题关系到沿线国家的共同利益。有鉴于此，建立一个以互信互利为基础的常态化、强有力的多边合作保护机制以加强对沿线水下文化遗产保护、打击水下文化遗产的非法盗捞和非法打捞、保证沿线水下考古工作的正常开展迫在眉睫。

一、建立互信互利为基础的多边合作保护机制的必要性

鉴于地理原因和南海争议，中国对南海大部分海域（中沙群岛、东沙群岛、南沙群岛）的水下考古工作无法顺利展开。而南海丝绸之路沿线东南亚国家在其实际管辖水域内都发现了大量起源于中国的沉船遗迹，由于上述国家大部分在古代海上丝绸之路的必经节点，因此在未来有较大可能发现更多来源于中国的沉船。但是由于中国同沿线东南亚国家在水下文化遗产的管辖权、所有权的冲突，特别是水下文化遗产保护政策的差异（即是否允许商业开发水下文化遗产），对该区域水下文化遗产的保护产生了不利影响。此外，沿线海域非法打捞、盗捞水下文化遗产的现象屡禁不止，以及以海盗、海上恐怖主义为代表的南海海上非传统安全威胁进一步加剧了水下文化遗产保护的严峻局势。

然而，南海丝绸之路沿线东南亚国家虽均为东盟成员国，东盟内部达成了一系列有关文化遗产保护的文件，中国同东盟也签署了一系列关于文化领域合作的文件，但东盟内部以及东盟同中国在该领域的合作尚未拓展至水下文化遗产保护，在水下文化遗产保护方面鲜有成功实践，没有实质性的进展。国际法的生命力在于实施，因此，形成一个以互信互利为基础的常态化、强有力的水下文化遗产保护的多边合作机制对解决南海丝绸之路沿线水下文化遗产保护的困境有其法律必要性。

二、建立互信互利为基础的多边合作保护机制的可行性

行动总是思想的表达。上文提及，中国同东盟订立有一系列文化领域合作的文件，表明双方在该领域的合作已达成共识。水下文化遗产作为一国文化权益的重要体现，理应纳入中国同东盟深化文化领域合作的范畴中，因此双方在文化领域合作的共识为建立以互信互利为基础的多边合作保护水下文化遗产机制奠定了理论可行性。

在上述合作文件讨论的过程中，东盟各国也明确表达出期望通过合作与交流得到中国在文化遗产保护方面资金、技术和经验的支持的意愿。事实上，近年来中国在保护水下文化遗产方面的成就举世瞩目。2014 年，旨在保护、研究我国水下文物的中央层面的专业机构"国家文物局水下文化遗产保护中心"（以下简称"水下文化遗产保护中心"）正式获批独立建制，标志着我国的水下文化遗产保护事业正式进入一个崭新的发展阶段，[①] 国家水下文化遗产保护宁波基地也在 2014 年正式投入使用。[②] 与此同时，水下文化遗产保护南海基地、西沙工作站、北海基地的建设也如火如荼地开展。[③] 首先，水下文化遗产保护中心的设立及各基地、工作站的建设为水下文化遗产保护提供了重要的平台保障。其次，水下文化遗产保护中心开展专业设备购置、管理、维护等工作，购入了海上定位系

---

① 《国家文物局水下文化遗产保护中心年报·2014 年》编委会：《国家文物局水下文化遗产保护中心年报 2014》，第 22 页。

② 《国家水下文化遗产保护宁波基地落成开放》，载国家文物局：http://www.gov.cn/xinwen/2014-10/16/content_2766231.htm，最后访问日期：2019 年 11 月 28 日。

③ 《国家文物局水下文化遗产保护中心年报·2014 年》编委会：《国家文物局水下文化遗产保护中心年报 2014》，第 15 页。

统、无人机、水下相机等专业设备，为水下考古及培训提供了设备保障。① 值得
一提的是，我国第一艘考古工作船"中国考古 01"号也于 2014 年正式投入使
用，实现了水下考古作业平台、潜水安全应急平台、出水文物现场保护平台、海
上作业人员修整平台和后勤保障平台五个平台的统一，结束了中国水下考古事业
没有专业工作船的历史，成为中国水下文化遗产保护事业发展的重要里程碑。②
再次，水下文化遗产保护中心组织开展了一系列专业技术培训，例如举办了"全
国水下考古专业人员潜水技能加强班"，为水下文化遗产的保护事业的发展提供
了人才保障。③ 在上述基础上，水下文化遗产保护中心组织、实施了一批水下文
化遗产保护重大项目，取得了一系列有影响力的成果。在广东阳江海域发现的
"南海 I 号"沉船通过整体打捞的方式移入广东海上丝绸之路博物馆内存放并开
展发掘、保护工作，出水了一批具有重大研究价值的金器、铁器、漆器、瓷器
等，也是世界水下考古史上少数以"公共考古"理念为指导，并采取整体打捞、
整体搬迁、异地清理模式的成功案例。④ 在丹东港海洋红港区发现的中日甲午海
战中的"丹东一号"沉船遗址调查工作稳步开展，初步摸清了船体结构，采集了
一批重要遗物，同时圆满完成了"中国考古 01"号建成后的首航任务。⑤ 在浙
江宁波象山石浦北渔山岛海域发现的"小白礁 I 号"清代沉船船体发掘工作创新
工作模式，采用多学科协作方式，积极引入多种先进技术手段，取得了一系列重
要成果并为水下考古工作的科技化、信息化提供了经验。⑥ 综上所述，中国水下
文化遗产保护工作总体上已达到国际较高水平，有能力抓住建设南海丝绸之路的
历史机遇，做好沿线海域的水下文化遗产保护和研究工作，为我国建立并主导南

---

① 《国家文物局水下文化遗产保护中心年报·2014 年》编委会：《国家文物局水下文化
遗产保护中心年报 2014》，第 15 页。

② 《国家文物局水下文化遗产保护中心年报·2014 年》编委会：《国家文物局水下文化
遗产保护中心年报 2014》，第 40 页。

③ 《国家文物局水下文化遗产保护中心年报·2014 年》编委会：《国家文物局水下文化
遗产保护中心年报 2014》，第 172 页。

④ 《国家文物局水下文化遗产保护中心年报·2014 年》编委会：《国家文物局水下文化
遗产保护中心年报 2014》，第 76 页。

⑤ 《国家文物局水下文化遗产保护中心年报·2014 年》编委会：《国家文物局水下文化
遗产保护中心年报 2014》，第 103 页。

⑥ 《国家文物局水下文化遗产保护中心年报·2014 年》编委会：《国家文物局水下文化
遗产保护中心年报 2014》，第 126 页。

海丝绸之路水下文化遗产多边合作保护机制奠定了坚实的实践基础。

第三节　建立国家主导发掘为主、商业合作打捞为辅的打捞模式

南海丝绸之路沿线东南亚国家普遍允许对水下文化遗产的商业打捞，此种行为一方面会严重破坏沿线的水下文化遗产，另一方面也同中国禁止商业打捞水下文化遗产的政策冲突，是开展南海丝绸之路水下文化遗产合作保护的主要障碍之一。沿线海域沉船众多，有大量的水下文化遗产尚待考古发掘，其中还有相当一部分起源于中国。商业化打捞模式这一问题能否解决关系到中国同南海丝绸之路沿线东南亚国家的水下文化遗产合作保护工作能否实质性地开展。但沿线东南亚国家形成的商业打捞水下文化遗产的模式有其特定的历史和现实因素，短时间内无法彻底改变。为此，我们似可探讨在南海丝绸之路水下文化遗产多边合作保护机制中建立国家主导发掘为主、商业合作打捞为辅的打捞模式，[①] 以便水下文化遗产实质性保护工作能够顺利开展。

一、国家主导发掘为主、商业合作打捞为辅的打捞模式概述

南海丝绸之路沿线东南亚国家对水下文化遗产的开发普遍采取的是商业打捞模式。在此种模式下，私人打捞者需要首先向政府申请打捞许可并缴纳相关费用后方可开展某一水域的沉船打捞，在打捞过程中需要受到政府的监督。在水下文化遗产打捞出水后，沿线大部分东南亚国家政府要首先对水下文化遗产进行甄别，对与本国历史文化直接相关的水下文化遗产归政府所有，其余水下文化遗产拍卖后由政府和私人打捞者按比例分成。此种商业打捞模式中最受到诟病的是将水下文化遗产作为商品进行交易和买卖，不符合《水下文化遗产公约》的精神，不应当被发扬，应予摒弃。此外，在沿线东南亚国家的商业打捞模式中，政府发挥的作用十分有限，仅负责审查私人打捞者的资质、授予打捞许可并监督打捞过

---

① 马明飞：《水下文化遗产打捞合同争议解决路径研究——以国际投资条约为视角》，载《政治与法律》2015 年第 4 期，第 148~149 页。

程，并不实际参与水下文化遗产的打捞。但是，水下文化遗产作为一国文化遗产的组成部分，体现了民族的生命力和创造力，是民族智慧的结晶，极具历史、社会、科技、经济和美学价值，直观地反映了人类社会在某一阶段发展的重要过程，是研究社会发展与变迁不可或缺的物证。因此，对于水下文化遗产的保护，政府应发挥主导作用，而不是仅依赖于私人打捞者的力量来完成。但是我们不应忽视，南海丝绸之路沿线东南亚国家采取的商业打捞水下文化遗产的模式有其特定的历史和现实因素。沿线东南亚国家均为发展中国家，还曾受过长期的殖民统治，部分国家实现民族独立以来国民经济处于长期困顿的状态。而同陆上文化遗产保护不同的是，水下文化遗产的保护对发掘、保存技术和考古人员的素质要求较高，因此需要大量的资金投入，但沿线东南亚国家基本无力承担。有鉴于此，在建立南海丝绸之路水下文化遗产多边合作保护机制时不能完全忽视私人打捞者的作用，应建立国家主导发掘为主、商业合作打捞为辅的打捞模式。

国家主导发掘为主、商业合作打捞为辅的打捞模式的内涵概括起来包括坚持政府主导、私人主体参与、互利共赢等三方面内容。具体来说：第一，政府应全方位主导水下文化遗产的打捞工作，坚持政府的主体地位。这是这一模式的核心。第二，对政府无法独立完成的较为困难的打捞任务，可适当引入具备相关技术资质的私人主体辅助参与，并由政府监督。这样做的目的是从实际出发，通过高效率的方式来保护水下文化遗产，同时避免其受到商业化打捞的破坏。第三，此种打捞模式的目的是实现互利共赢。私人主体参与水下文化遗产打捞应由政府支付报酬，但不得允许通过对打捞出水的水下文化遗产的交易和买卖以抵偿报酬。支付报酬的方式可灵活运用，可由政府先行支付部分报酬，其余部分可通过对出水水下文化遗产的合理使用来抵偿。例如政府可同私人主体达成合意，许可私人主体对水下文化遗产进行复制并销售其复制品，进行拍摄、录像并出售其照片、影片，允许公众进入水下文化遗产所在地参观并收取参观费用以及将出水的水下文化遗产在公开场合予以展出并收取展览费用等方式全额或部分抵偿报酬。① 此外，南海丝绸之路沿线国家还可探讨共同设立丝路水下文化遗产保护基金，私人主体的报酬可从基金中给付，实现公共利益和私人利益的平衡。

---

① 傅崐成、宋玉祥：《水下文化遗产的国际法保护——2001 年联合国教科文组织〈保护水下文化遗产公约〉解析》，法律出版社 2006 年版，第 149 页。

二、建立国家主导发掘为主、商业合作打捞为辅的打捞模式的可行性

《水下文化遗产公约》及其附件禁止的对水下文化遗产的"商业性开发"是指禁止"以交易或投机为目的"的对水下文化遗产进行的商业性开发，即禁止对水下文化遗产的交易和买卖。我们所希望在南海丝绸之路沿线确立的以国家主导发掘为主、商业合作打捞为辅的打捞模式禁止私人打捞者通过对水下文化遗产的交易和买卖获取报酬，符合《水下文化遗产公约》的精神。更确切地说，此种打捞模式同时符合南海丝绸之路沿线各国的国内法，更有利于解决中国同沿线其他国家在打捞模式上的冲突。南海丝绸之路沿线大部分东南亚国家国内立法均许可私人打捞者参与水下文化遗产的打捞自不必多言。就中国立法而言，《水下文化保护管理条例》的规定中同样允许这一做法。① 因此，在南海丝绸之路水下文化遗产多边合作保护机制中建立以国家主导发掘为主、商业合作打捞为辅的打捞模式具备法律可行性。

不容忽视的是，南海丝绸之路沿线东南亚国家采取的私人主体商业打捞水下文化遗产模式较为普遍，已有较多实践，例如1990—1992年由越南国家航海救护总局和Sverker Hallstrom公司合作打捞的"头顿号"沉船、1991—1994年菲律宾国家博物馆和"环球第一"探险队合作打捞发掘的"圣迭戈号"沉船、1997年由德国Seabed Explorations公司和印度尼西亚P. T. Sulung Segarajaya公司合作打捞的印旦沉船、2004年4月—2005年10月由印度尼西亚PT. Paradigma Putra Sejahtera公司打捞的井里汶沉船等。② 事实上，中国在水下考古领域也已有私人主体参与打捞的实践。最早在1987年8月，广州救捞局与英国海洋探测公司就在广东省台山市与阳江市交界的海域内合作打捞出一条满载宋元时期瓷器的沉船，出水文物总计247件，后该沉船被命名为"南海Ⅰ号"。③ 2014年8—10月，在水下文化遗产保护中心同辽宁省文物考古研究所共同开展的"丹东一号"水下考古项目中也聘请了杭州瑞声海洋仪器有限公司对海域内磁法物探调查工作提供

---

① 参见《中华人民共和国水下文物保护管理条例》（2022年修订）第11条。
② 范伊然：《南海考古资料整理与述评》，科学出版社2013年版，第115~121页。
③ 《水下考古基地阳江落成 将撩开南宋千年沉船面纱》，载广东新闻网：http：//news. southcn. com/gdnews/areapaper/200309190984. htm，最后访问日期：2019年12月21日。

技术支持。① 最为值得关注的是，在 2014 年由水下文化遗产保护中心和宁波市文物考古研究所合作开展的"小白礁 I 号"水下考古发掘项目中，通过公开招标、技术合作、委托服务等方式，汇集了大量私人主体共同参与该项目工作。相关合作内容包括：与美国劳雷工业公司合作开展水下三维声呐点云数据采集与三维测绘；与武汉海达数云技术有限公司合作开发"小白礁 I 号"出水文物数字化管理系统与水下考古现场三维展示系统，并由其提供航拍服务；由宁波镇海满洋船务有限公司提供 2000 吨级工程船"满洋 2004"作为考古发掘工作平台；委托北京国洋潜水公司提供潜水设备维护、保养、维修、零配件更换等服务。② 这一项目运作模式，突破了以往主要依靠国家文博系统自身力量开展水下考古的传统做法，获得了更多更好更全的学科支持和专业服务，保障了项目的质量与工作水平。综上，在南海丝绸之路水下文化遗产多边合作保护机制中建立以国家主导发掘为主、商业合作打捞为辅的打捞模式具备现实可行性。

第四节　完善国内水下文化遗产保护立法

前文已提及，《水下文化遗产公约》作为第一个专门保护、管理水下文化遗产的普遍性国际法文件，其中所规定的众多重要原则（诸如保护公共利益原则、禁止商业性开发原则、国际合作原则等）和制度（例如对水下文化遗产的定义、管辖权等）体现了国际社会在保护水下文化遗产方面共同的认知，值得各国借鉴。中国尽管目前尚未成为该公约的成员国，但却积极支持和参与了该公约的制定工作，坚持保护水下文化遗产的立场，积极促进对水下文化遗产的国际法保护，并强调公约应注重沿海国对水下文化遗产保护的责任。在最后表决时，中国代表团对《水下文化遗产公约》的最终草案投了赞成票，积极促成了条约的达成，这足以表明中国对水下文化遗产保护的关注与积极努力。③ 但是，包括中国

---

① 《国家文物局水下文化遗产保护中心年报·2014 年》编委会：《国家文物局水下文化遗产保护中心年报 2014》，第 102 页。

② 《国家文物局水下文化遗产保护中心年报·2014 年》编委会：《国家文物局水下文化遗产保护中心年报 2014》，第 127 页。

③ Garabello & Tullio Scovazzi （ed.）, *The Protection of the Underwater Cultural Heritage*: *Before and After the* 2001 *UNESCO Convention*, Brill Academic Publishers （2003）, p. 142.

在内的南海丝绸之路沿线国家的水下文化遗产的立法同《水下文化遗产公约》所确立的原则与制度虽有暗合但冲突更为明显，这也是为何这些国家均未加入公约的原因之一。中国作为南海丝绸之路水下文化遗产合作保护的倡导国和未来的主导国，应当积极吸收并借鉴《水下文化遗产公约》中先进的原则和制度，积极致力于国内保护水下文化遗产立法的完善，为南海丝绸之路沿线东南亚国家作出表率。事实上，中国目前已从中央和地方两个层面积极完善水下文化遗产的立法，最终成果我们拭目以待。

一、中国国内立法同《保护水下文化遗产公约》的不一致处及建议

就目前来看，中国国内立法（主要指中央立法）在一些原则和制度方面同《水下文化遗产公约》存在不一致之处，因此完善国内水下文化遗产保护立法应主要着眼于此。

（一）"就地保护"原则问题

前文已提及，《水下文化遗产公约》及其附件《有关开发水下文化遗产之活动的规章》在总则部分均规定"就地保护"是水下文化遗产保护方式的首选。根据条约解释的一般原理，这一原则适用于针对水下文化遗产的各种活动，但其表述过于抽象。由于该公约及附件禁止对水下文化遗产的商业性开发，那么"就地保护"原则的适用范围就限定在水下考古发掘等针对水下文化遗产的科研性活动中。[①] 就中国法律而言，"就地保护"这一原则在专门保护水下文化遗产的《水下文物保护管理条例》中没有体现，而是体现在其上位法《文物保护法》中。在《文物保护法》中，"就地保护"被表述为"原址保护"或"不改变原状"，并体现在该法第二章"不可移动文物"中。[②] 从《文物保护法》的规定来看，"原址保护"原则仅适用于"建设工程选址"时，带有十分明显的配合基础设施建设的色彩。首先从该原则的适用对象上来看，"就地保护"原则仅规定于

①　傅崐成、宋玉祥：《水下文化遗产的国际法保护——2001 年联合国教科文组织〈保护水下文化遗产公约〉解析》，法律出版社 2006 年版，第 224 页。

②　参见《中华人民共和国文物保护法》（2017 年修正）第 20 条、第 21 条、第 26 条。

"不可移动文物"章，并未规定于《文物保护法》的总则部分，但水下文化遗产不仅包括"不可移动文物"，还包括"可移动文物"，因此就水下文物或水下文化遗产来说，"就地保护"原则适用的对象仅限于不可移动的水下文物或水下文化遗产，不适用于可移动的水下文物或水下文化遗产。沿此逻辑，更进一步，在《文物保护法》中，"就地保护"原则的适用范围仅限于开展工程建设时，而非进行一切针对水下文化遗产的活动时有关水下文化遗产保护的一般原则，因此无法将该原则适用于针对水下文化遗产的科研性活动和商业性开发。有鉴于此，我国十分有必要借鉴《水下文化遗产公约》的先进做法，在《文物保护法》修订时在其总则部分将"就地保护"或"原状保护"规定为基本原则，或在《水下文物保护条例》中将这一原则设置为基本原则。① 此外，《文物保护法》第 20 条在为行为主体设定义务时采取的是"尽量""尽可能"等用语，因而在实际适用时很有可能被解释为任意性规范而减损其效力。因此《文物保护法》在修订时还应同步关注这一问题。

(二) 禁止商业性开发原则问题

《水下文化遗产公约》及其附件《有关开发水下文化遗产之活动的规章》所规定的"禁止商业性开发"原则是指禁止将水下文化遗产作为商品进行交易、买卖和以物换物。但现行《水下文物保护管理条例》仅规定在水下文化遗产的发掘和打捞阶段禁止商业性开发（但未明确禁止商业打捞行为），而对于已经打捞出水的水下文化遗产是否允许进行商业性利用，该条例并未作出规定。② 根据该条例的上位法《文物保护法》，水下文化遗产作为文物的一个类别，显然可以用来进行商业交易，只是为了保护文物，对交易、买卖等行为进行了一定限制。③ 此外，《文物保护法》还明文规定允许设立文物商店对文物进行购销经营活动，允许设立文物拍卖企业进行文物拍卖活动等。④ 上述规定的对文物，包括水下文物在内的交易活动，均属于商业性开发的范畴，显然不利于水下文物的保护。出于

---

① 傅崐成、宋玉祥：《水下文化遗产的国际法保护——2001 年联合国教科文组织〈保护水下文化遗产公约〉解析》，法律出版社 2006 年版，第 224 页。

② 参见《中华人民共和国水下文物保护管理条例》（2022 年修订）第 8 条。

③ 参见《中华人民共和国文物保护法》（2017 年修正）第 25 条、第 37 条、第 50 条。

④ 参见《中华人民共和国文物保护法》（2017 年修正）第 53 条、第 54 条。

保护水下文化遗产和为公众甚至全人类谋利益的需要，借鉴《水下文化遗产公约》及其《有关开发水下文化遗产之活动的规章》的做法，《文物保护法》应将水下文物列入禁止交易文物的范畴，同时其下位法《水下文物保护管理条例》应将"禁止商业性开发"原则贯穿水下文化遗产保护的整个阶段，禁止商业打捞水下文化遗产的同时禁止水下文化遗产的交易和买卖。①

（三）水下文化遗产的定义问题

关于中国立法在水下文化遗产的定义方面同《水下文化遗产公约》的差异，前文已进行了初步的文义分析，事实上此种差异也表现在二者对水下文化遗产外延的界定上。

其一，二者在水下文化遗产的类别上存在差异。前文已提及，公约已将水下管道和电缆以及国家船舶和航空器排除在外。而根据我国《水下文物保护管理条例》的规定②和《文物保护法》的规定，③几乎所有人类遗存都可能被解释为文物，所有位于水下的一切人类遗存都可能被解释为水下文化遗产，包括《水下文化遗产公约》所排除的国家船舶和航空器。综上所述，关于水下文化遗产的种类上，我国国内法比《水下文化遗产公约》更为完整。④

其二，二者在水下文化遗产的时间界定上存在冲突。根据公约的规定，沉船沉物和其他人类活动遗迹如果沉没时间短于100年，将无法得到该公约的保护。而根据《水下文物保护管理条例》第2条第2款的规定，对于1911年之前的所有水下人类遗存，《水下文物保护管理条例》将先于公约对之进行保护，但对于1911年之后的水下遗存，《水下文物保护管理条例》仅仅保护与重大历史事件、革命运动以及著名人物"有关"的水下遗存，而对于"与重大历史事件、革命运动以及著名人物无关的水下遗存"，即使其沉没时间满100年，甚至在更长的

---

① 傅崐成、宋玉祥：《水下文化遗产的国际法保护——2001年联合国教科文组织〈保护水下文化遗产公约〉解析》，法律出版社2006年版，第225页。

② 参见《中华人民共和国水下文物保护管理条例》（2022年修订）第2条。

③ 参见《中华人民共和国文物保护法（2017年修正）》第2条。

④ 傅崐成、宋玉祥：《水下文化遗产的国际法保护——2001年联合国教科文组织〈保护水下文化遗产公约〉解析》，法律出版社2006年版，第227页。

时间内，也无法得到该条例的保护。① 虽然该款规定的初衷在于突出对具有重大历史纪念意义的水下遗存的保护，但其却很可能把大量不具备重大历史纪念意义但具有艺术和科学价值的其他水下遗存排除于水下文物的定义之外，背离了保护的宗旨。对于水下文化遗产的保护范围的界定，实质上应以其历史、科研和艺术价值的重要程度为标准进行鉴定，而不是片面地以时间进行限制，因此似可考虑删除《水下文物保护管理条例》第 2 条第 2 款。但需要注意的是，对于《水下文物保护管理条例》时间界定的修改不必拘泥于《水下文化遗产公约》的时间限制。事实上，根据时间界限，《水下文物保护管理条例》的保护范围比《水下文化遗产公约》的更广，而根据该公约的规定，公约并不反对甚至鼓励缔约国采取更优的保护方式。② 换言之，《水下文化遗产公约》提供的只是最低保护标准，而不反对各国采用更高的保护标准，因为这更有利于水下文化遗产的保护，更符合该公约的"保护"宗旨。

二、中国国内水下文化遗产保护立法的新动态

（一）中央立法最新动态

原《水下文物保护管理条例》自 1989 年颁布后，历经 2011 年修订后，至今已实施 30 余年，基本与我国水下文物事业发展相始终，也是国际范围内较早的关于水下文物的法规。其确立的保护原则、保护方法等，在遏制非法盗捞水下文物、开展水下文物考古、加强水下文物保护等都发挥了重要作用，促进了我国水下文物事业的蓬勃发展。但是，近年来，随着经济社会的发展，我国水下文物保护管理工作面临着一些新情况、新问题：一是经济快速发展带来的涉水、涉海工程建设对水下文物造成了严重威胁。二是盗捞、走私水下文物的违法犯罪行为屡禁不止。三是水下文物具有区域性集中分布的特点，与其他涉海部门的功能区划亟待衔接。四是水下文物保护的统一规划没有完全确立，一些地方出现一哄而上之势。同时，原《水下文物保护管理条例》确立的一些很好的保护原则和保护手

---

① 傅崐成、宋玉祥：《水下文化遗产的国际法保护——2001 年联合国教科文组织〈保护水下文化遗产公约〉解析》，法律出版社 2006 年版，第 227 页。

② 参见《保护水下文化遗产公约》第 6 条第 1 款。

段因为规定过于简略，没有得到很好的实施。此外，现行《水下文物保护管理条例》颁布于 20 世纪 80 年代末，没有与 2002 年新修订的《文物保护法》进行衔接。而且，20 多年来，我国海洋、环境等领域也出台了不少与水下文物保护密切相关的法律法规，因此迫切需要对该条例进行修改、补充、完善。为此，国家文物局在 2018 年 2 月 11 日发布《〈中华人民共和国水下文物保护管理条例〉修订草案（征求意见稿）》，面向社会公开征求意见。① 经广泛征求意见及反复研究论证的基础上形成了《水下文物保护管理条例（修订草案送审稿）》（以下简称修订草案送审稿），并于 2019 年 3 月 19 日由司法部向社会公开发布并征求意见。②

本次修订草案送审稿借鉴了《水下文化遗产公约》，明确规定禁止商业性打捞，并增加了水下文物保护的禁止条款和文物保护单位保护范围内的限制措施。③ 需要指出的是，由于我国尚未加入《水下文化遗产公约》，故本次修订仅明确了在发掘阶段禁止商业性打捞，并未将《水下文化遗产公约》的"禁止商业性开发"原则贯穿至水下文化遗产保护的全过程，也并未就上文提及的"就地保护"原则和水下文物的定义作出补充和修改。此外，修订草案送审稿还明确了水下文物考古发掘、涉外水下文物考古调查发掘两项行政许可的主体、程序、办理期限等内容。④ 截至目前，该修订草案送审稿尚未提交立法机关审议。

2022 年 1 月 23 日，国务院总理李克强签署国务院令，公布修订后的《水下文物保护管理条例》，自 2022 年 4 月 1 日起施行，标志着我国水下文物法治建设又向前迈进了一大步。首先，本次修订根据党和国家机构改革要求，以及水下文物保护工作实际情况，进一步明确了水下文物保护管理体制和执法机制：一是明确国务院文物主管部门、地方人民政府文物主管部门、县级以上人民政府其他有关部门在水下文物保护工作中的职责权限，特别强化了属地管理，水下文物保护

---

① 《国家文物局关于公开征求〈中华人民共和国水下文物保护管理条例〉修订草案（征求意见稿）意见的通知》，载国家文物局：http：//www. sach. gov. cn/art/2018/2/11/art_1966_146987. html，最后访问日期：2019 年 12 月 27 日。

② 《司法部关于〈水下文物保护管理条例（修订草案送审稿）〉公开征求意见的通知》，载司法部网站：http：//www. gov. cn/xinwen/2019-03/19/content_5375083. htm，最后访问日期：2019 年 12 月 29 日。

③ 参见《中华人民共和国水下文物保护管理条例》修订草案（送审稿）第 7 条。

④ 参见《中华人民共和国水下文物保护管理条例》修订草案（送审稿）第 9 条。

责任直接落实到县一级人民政府有关部门，使保护工作更具有适用性。① 第二，突出了文物主管部门在水下文物保护中的关键性作用，健全了相关工作程序，明确了工作时限，为文物主管部门开展工作提供了明确的指引。② 第三，明确了海上执法机关在水下文物保护工作中的执法职责，赋予其行政执法、治安管理和打击犯罪等权限。③ 第四，要求各有关部门加强沟通协调和执法协作，共享水下文物执法信息。④

其次，新修订的《水下文物保护管理条例》根据形势发展和实际需要，确立了水下文物保护区制度，并对划定公布水下文物保护区的情形、程序、保护措施等做了具体规定，为今后各地划定公布水下文物保护区提供了明确的依据，增强了条例的科学性和可操作性。具体来说，一是明确了水下文物分布较为集中、需要整体保护的水域可以划定水下文物保护区；二是明确划定调整水下文物保护区应当征求有关方面意见；三是明确水下文物保护区应当制定保护规划，明确标示范围和界线，制定并公布具体保护措施；四是规定水下文物保护区内的禁止行为。⑤

再者，新修订的《水下文物保护管理条例》在规范水下文物考古调查、勘探、发掘程序方面做了进一步完善。第一，明确了国内考古机构在中国管辖水域进行考古调查、勘探、发掘的要求和许可程序。⑥ 第二，吸收了《中华人民共和国考古涉外工作管理办法》的有关规定和实践，明确了外国组织、国际组织在中国管辖水域进行考古调查、勘探、发掘的要求和许可程序。⑦ 而后，规定了在中国管辖水域进行大型基本建设工程应当事先进行考古调查、勘探或者发掘的要求。⑧ 第三，确认了水下文物考古调查、勘探、发掘活动的性质以及登记、实物

---

① 参见《中华人民共和国水下文物保护管理条例》（2022年修订）第4条。
② 参见《中华人民共和国水下文物保护管理条例》（2022年修订）第9条、第11条。
③ 参见《中华人民共和国水下文物保护管理条例》（2022年修订）第9条第3款、第17条第1款、第22条。
④ 参见《中华人民共和国水下文物保护管理条例》（2022年修订）第17条第2款。
⑤ 参见《中华人民共和国水下文物保护管理条例》（2022年修订）第7条。
⑥ 参见《中华人民共和国水下文物保护管理条例》（2022年修订）第11条。
⑦ 参见《中华人民共和国水下文物保护管理条例》（2022年修订）第12条。
⑧ 参见《中华人民共和国水下文物保护管理条例》（2022年修订）第13条。

和资料移交等要求。① 第四，设置了水下文物考古调查、勘探、发掘的禁止性条款。②

最后，新修订的《水下文物保护管理条例》还专门增加有关内容，以更好调动社会各方力量形成水下文物保护合力。具体来说，一是明确任何单位和个人都有依法保护水下文物的义务；③ 二是规定各级人民政府应当重视水下文物保护，正确处理经济社会发展与水下文物保护的关系，确保水下文物安全；④ 三是规定任何单位或者个人以任何方式发现疑似水下文物的，应当及时报告有关文物主管部门，并有权向文物主管部门举报违反本条例规定、危及水下文物安全的行为；⑤ 四是要求有关单位充分发挥水下文物作用，提高全社会水下文物保护意识和参与水下文物保护的积极性。⑥

总体来讲，新修订通过的《水下文物保护管理条例》在贯彻党中央、国务院有关文物保护工作的精神和要求，落实党和国家机构改革方案有关具体部署的前提下，从实际出发，坚持问题导向，充分考虑了水下文物保护工作的特殊性，有针对性地完善了相关制度措施，增强了适用性和可操作性。较之修订前，新《水下文物保护管理条例》规定的制度更加完善，内容更加明确，要求更加具体，针对性和操作性更强，必将为水下文物保护管理工作提供坚强的法律保障，也会为南海丝绸之路水下文化遗产保护起到更加积极的促进作用。

但与此同时，新修订的《水下文物保护管理条例》同《水下文化遗产公约》仍然存在衔接上的问题。在2019年司法部公布的《水下文物保护管理条例（修订草案送审稿）》第7条规定了严禁对水下文物进行商业性打捞，但新的《水下文物保护管理条例》将这一表述删去，并在第14条第1款代之以"以文物保护和科学研究为目的进行水下文物的考古调查、勘探、发掘活动"。"非商业性开发"原则是《水下文化遗产公约》明确规定的重要原则之一，也是国际水下文化遗产保护的共识。鉴于目前已有诸多学者建议我国加入《水下文化遗产公约》，

① 参见《中华人民共和国水下文物保护管理条例》（2022年修订）第14条。
② 参见《中华人民共和国水下文物保护管理条例》（2022年修订）第15条。
③ 参见《中华人民共和国水下文物保护管理条例》（2022年修订）第5条第1款。
④ 参见《中华人民共和国水下文物保护管理条例》（2022年修订）第5条第2款。
⑤ 参见《中华人民共和国水下文物保护管理条例》（2022年修订）第10条。
⑥ 参见《中华人民共和国水下文物保护管理条例》（2022年修订）第16条。

我国也应当在国内法层面就同该公约的衔接做好准备。

仍值得关注的是，新修订的《水下文物保护管理条例》明确了海上执法机关在水下文物保护工作中的执法职责，为开展水下文物执法活动提供了有力保障。在《海警法》已出台、各级海上执法力量得到加强的背景下，国家及地方各级文物主管部门应同海上执法机关紧密合作，建立健全海上联合执法机制，适时开展南海海域的水下文物执法专项行动，打击盗捞、走私水下文物等犯罪活动。在这一过程中，《水下文物保护管理条例》应同《海警法》协调一致，为联合执法提供坚实的法律依据。

（二）地方立法最新动态

前文已归纳，自 2009 年以来我国水下文化遗产集中的省份如福建、广东已陆续出台法规来明确地方政府保护水下文物的责任。值得关注的是，海南省作为我国的水下文化遗产大省，目前共发现水下文化遗存 136 处，位居全国之首。同时，海南省也是南海丝绸之路的重要节点，因此海南省的水下文化遗产保护实际上也多是海南省管辖的南海丝绸之路沿线海域的水下文化遗产的保护。在南海丝绸之路倡议和中国海洋强国战略的推进下，为加强水下文化遗产保护工作的管理和维护国家在南海的海洋权益，海南省积极开展相关法律法规的修订工作。①2017 年，笔者接受中国（海南）南海博物馆的委托，会同项目组成员共同起草了《海南省水下文化遗产保护管理规定（试行）（征求意见稿）》。该征求意见稿在遵守上位法的基础上，结合海南省水下文物保护的现状，综合了其他省份地方性立法文件的有益经验，吸收借鉴了部分《水下文化遗产保护公约》所确立的基本原则和制度。具体来看，该征求意见稿在第 1 条明确了制定本规定的立法目的是加强水下文化遗产保护的管理，以及确定本规定的立法依据（分别为《文物保护法》《水下文物保护管理条例》《海南省文物保护管理办法》）；第 2 条明确规定了海南省水下文化遗产的界定和海南省管辖权即本规定的适用范围；第 3 条确定海南省水下文化遗产保护的原则，吸纳了《水下文化遗产保护公约》的禁止商业性开发原则；第 4 条明确规定了海南省水下文化遗产保护的主管机关；第

---

① 《政协委员建议海南省加大水下文物保护力度》，载央广网：http://news.cnr.cn/native/city/20170221/t20170221_523612690.shtml，最后访问日期：2019 年 12 月 31 日。

5～12 条规定了海南省在水下文化遗产保护单位和保护区内的水下文化遗产保护的具体措施，包括：水下文化遗产保护单位和保护区的设立、临时保护区的设立、发现报告制度、科考审批制度、保护单位和保护区内的禁止行为、发掘出水制度、标识名录制度；第 12 条规定了海南省水下文化遗产保护的执法主体；第 13～16 条规定了海南省水下文化遗产保护的经费保障、公众参与、区域合作以及奖励等措施；第 17 条和第 18 条是对法律责任作出的规定；第 19 条和第 20 条为本规定的附则。

本次征求意见稿借鉴了《水下文化遗产公约》，例如第 3 条明确禁止商业性打捞，第 8 条重申了水下文化遗产的考古勘探和发掘活动应当以文物保护和科学研究为目的。需要指出的是，由于我国尚未加入《水下文化遗产公约》，且《海南省水下文化遗产保护管理规定（试行）（征求意见稿）》的上位法也尚未修订，故本次征求意见稿仍仅明确了禁止在发掘阶段禁止商业性打捞，并未将《水下文化遗产公约》的"禁止商业性开发"原则贯穿至水下文化遗产保护的全过程，也并未就上文提及的"就地保护"原则和水下文物的定义作出更新。截至目前，该征求意见稿仍在进一步论证阶段。

第六章　南海丝绸之路水下文化遗产
合作保护的具体路径

为应对南海丝绸之路水下文化遗产合作保护面临的诸多困境，中国宜以"搁置争议，共同保护"为原则，积极倡导建立互信互利为基础的多边合作保护机制，并适时完善国内水下文化遗产保护立法。其中，多边合作保护水下文化遗产的机制是南海丝绸之路水下文化遗产合作保护的集中体现，但这项机制的建立并不是空谈和一蹴而就的，而是要落脚于各项具体保护措施的设计与落地。为推动合作保护水下文化遗产的早日实现，南海丝绸之路沿线各国可借鉴荷兰、澳大利亚、美国、法国、英国、加拿大等国的经验，并结合南海丝绸之路的具体情形，尽快达成专项合作保护文件，并建立区域联合执法制度、水下文化遗产上报制度和数字化信息平台、自然保护区制度和以谈判协商为主的争端解决机制。

第一节　达成专项水下文化遗产合作保护文件

南海丝绸之路沿线国家达成专项水下文化遗产合作保护文件是建立多边合作保护机制的第一步，此举可以为沿线各国开展水下文化遗产保护合作提供充足的法律依据。实际上，各国之间就此达成的双边、多边协议早已成为水下文化遗产国际保护的重要途径，《水下文化遗产保护公约》第 6 条也鼓励缔约国采取签订双边、地区或多边协定来保护水下文化遗产，但唯一要求是签订的新协议对其的保护不得低于该公约的保护水平。[1] 因此，南海丝绸之路沿线各国可借鉴他国业已达成的双边或多边协议（例如荷兰与澳大利亚、美、法、英、加四国等）尽快达成专项水下文化遗产合作保护文件。

---

[1]　参见《保护水下文化遗产公约》第 6 条。

一、他国合作保护水下文化遗产的实践及启示

梳理其他国家在开展水下文化遗产合作保护的实践可以从中获得启示，从而为达成南海丝绸之路专项水下文化遗产合作保护文件提供重要的借鉴。

（一）他国合作保护水下文化遗产实践概述

国家间达成双边、多边协议合作保护水下文化遗产已不是新鲜事物，荷兰与澳大利亚，美国与法国，美国、法国、英国、加拿大等四国都曾就某一特定的沉船达成过协议。

1. 1972 年《荷兰与澳大利亚关于荷兰古代沉船的协议》

巴达维亚号（Batavia）是荷兰东印度公司（VOC）造于 1628 年的一艘船舶。1629 年 6 月，该船在澳大利亚西海岸的阿伯罗侯斯岛屿（Houtman Abrolhos）的灯塔岛触礁沉没。在此后的半个多世纪里，陆续有 3 艘隶属于荷兰东印度公司的船舶沉没于西澳大利亚海域。1972 年，荷澳两国政府达成一项协议，以保护 17 世纪沉没在西澳大利亚海域原归属于荷兰东印度公司的四艘沉船。[1] 在协议中，荷兰政府将上述 4 艘沉船及其附属物品的所有权等一切权利、利益转移给了澳大利亚政府[2]，而澳大利亚政府基于沉船文物的历史和文化的目的承认了荷兰政府对上述沉船中发现的沉物拥有连续的权益[3]。此外，两国在该协议中还达成了相关的保护制度和技术性原则。[4] 荷澳间达成的此项协议化解了对水下文化遗产所有权的争议，且从水下文化遗产有效保护的角度出发，被认为是有关水下文化遗

---

[1]　傅崐成、宋玉祥：《水下文化遗产的国际法保护——2001 年联合国教科文组织〈保护水下文化遗产公约〉解析》，法律出版社 2006 年版，第 289 页。

[2]　*Agreement Between the Netherlands and Australia Concerning Old Dutch Shipwrecks* Article 1 The Netherlands, as successor to the property and assets of the V. O. C. , transfer all its right, title and interest in and to wrecked vessels of the V. O. C. lying on or off the coast of the State of Western Australia and in and to any articles thereof to Australia which shall accept such right, title and interest.

[3]　*Agreement Between the Netherlands and Australia Concerning Old Dutch Shipwrecks* Article 3 Australia shall make no claim on the Netherlands for reimbursement of any costs incurred in searching for any of the vessels referred to in article 1 of this Agreement or in recovering any articles from those vessels.

[4]　刘丽娜：《中国水下文化遗产法律保护》，知识产权出版社 2015 年版，第 50 页。

产保护双边协议的典范，也为日后类似争议的解决提供了借鉴。①

2. 1989 年《美国与法国关于 CSS Alabama 号沉船的协定》

阿拉巴马号（CSS Alabama）原隶属于美国海军，该船在 1864 年于法国西北部港口瑟堡（Cherbourg）离岸 7 海里处被击沉，并于 20 世纪 80 年代被勘探发现。1989 年，美国与法国签署了《关于阿拉巴马号沉船的协定》。② 在该协定的前言中表明，在充分考虑到阿拉巴马号沉船对美国的特殊价值的基础上，美法约定由双方共同保护和研究。③ 鉴于该船沉没于法国的领海，法国承诺设立"水下保护区"来妥善保护该沉船。此外，双方还约定建立科学委员会共商该船的考古发掘和保护事宜，并就相关费用的承担达成了合意。但该协议并未对阿拉巴马号沉船的所有权作出确认。

3. 2003 年《美国与法国关于 La Belle 号沉船的协定》

La Belle 号是 17 世纪的一艘法国军舰，1686 年在美国得克萨斯州的马塔哥达湾（Matagorda）沉没，并于 1995 年由得克萨斯州历史委员会勘探发现。2003 年，美国与法国就上述沉船签署了协定。④ 鉴于 La Belle 号军舰的特殊地位，美国在协定中承认法国对该舰的所有权；⑤ 基于美国得克萨斯州政府对该沉船的实际监管，法国政府不计划运回沉船遗骸，⑥ 而是由美法双方共同保护，还约定了

---

① 刘丽娜：《中国水下文化遗产法律保护》，知识产权出版社 2015 年版，第 50 页。

② 傅崐成、宋玉祥：《水下文化遗产的国际法保护——2001 年联合国教科文组织〈保护水下文化遗产公约〉解析》，法律出版社 2006 年版，第 295 页。

③ *Agreement between the Government of the United States of America and the Government of the French Republic concerning the Wreck of the CSS ALABAMA* The Government of the United States of America and the Government of the French Republic, Recognizing the historical and archeological importance of the CSS ALABAMA, ⋯Wishing to co-operate to ensure the protection and study of the wreck, situated in French territorial waters, ⋯

④ 傅崐成、宋玉祥：《水下文化遗产的国际法保护——2001 年联合国教科文组织〈保护水下文化遗产公约〉解析》，法律出版社 2006 年版，第 297 页。

⑤ *Agreement Between the Government of the United States of America and the Government of the French Republic Regarding the Wreck of La Belle* Article 1 The French Republic has not abandoned or transferred title of the wreck of La Belle and continues to retain title to the wreck of La Belle.

⑥ *Agreement Between the Government of the United States of America and the Government of the French Republic Regarding the Wreck of la Belle* Article 2 The French Republic does not desire the return of the wreck of La Belle to its territory.

该沉船遗物的公众展示细节。①

4. 2004 年《关于"RMS 泰坦尼克"号沉船的协议》

举世闻名的泰坦尼克号邮轮不仅在其首航时受到了广泛关注，而且在其沉没后的发掘、打捞和保护也备受世人瞩目。1912 年，作为当时最大的邮轮，泰坦尼克号在其处女航时在北大西洋同冰山相撞沉没。1985 年，泰坦尼克号的沉没位置被确定。为防止其被商业性开发或破坏，美国国会于次年出台了《泰坦尼克号海事纪念法案》（R. M. S. *Titanic Maritime Memorial Act of 1986*）来专门规范针对该沉船进行的研究、发掘及打捞活动。② 与此同时，美国政府还将该船的专有打捞权授予了美国的"泰坦尼克打捞公司"。美国上述举动的另外一个重要目的是防止其他有利害关系的国家对泰坦尼克号进行打捞，但却由此引发了一系列诉讼纠纷。③ 从 1993 年至 2006 年，关于泰坦尼克号沉船的诉讼一直未间断。直至2004 年，为共同解决各国间对泰坦尼克号沉船的争端，同时防止无序打捞对该沉船遗址造成的现实或潜在的威胁，美、法、英、加四国达成了《关于泰坦尼克号沉船的协议》。④ 协议中，四国协商对泰坦尼克号沉船采取"就地保护"原则，⑤ 并同意对于沉船物的打捞要优先考虑水下文化遗产保护，只有符合教育、科学和文化利益且不能破坏沉船整体性的打捞行为才能获得授权。同时，任何一缔约国均不得批准、授予针对泰坦尼克号及其沉物的专属打捞权。⑥ 该协议附件的内容包括水下项目期限时间表、专业资历、项目的目标和使用的方法及技术、

① 刘丽娜：《中国水下文化遗产法律保护》，知识产权出版社 2015 年版，第 51 页。

② 刘丽娜：《中国水下文化遗产法律保护》，知识产权出版社 2015 年版，第 51 页。

③ R. M. S. Titanic v. Wrecked & Abandoned Vessel, 435 F. 3d521; U. S. App（2006）. 转引自刘丽娜：《中国水下文化遗产法律保护》，知识产权出版社 2015 年版，第 52 页。

④ 傅崐成、宋玉祥：《水下文化遗产的国际法保护——2001 年联合国教科文组织〈保护水下文化遗产公约〉解析》，法律出版社 2006 年版，第 299 页。

⑤ *Agreement Concerning the Shipwrecked Vessel RMS Titanic* The States Parties to this Agreement, … Recognizing that *in situ* preservation is the most effective way to ensure such protection…

⑥ *Agreement Concerning the Shipwrecked Vessel RMS Titanic* Article 4

…3. No party shall authorize, award or grant exclusive salvage rights to RMS Titanic and the artifacts in its vicinity that would preclude non-intrusive public access consistent with this Agreement.

4. Each Party shall take appropriate actions with respect to its nationals and vessels flying to enforce the measures it has taken pursuant to this Agreement…

报告、保管等条款。值得关注的是，协议附件的内容同《水下文化遗产公约》之附件《有关开发水下文化遗产之活动的规章》的内容几乎如出一辙，仅将水下文化遗产具体明确为泰坦尼克号沉船。①

（二）相关启示

上述国家间有关水下文化遗产合作保护的协议的达成不仅为南海丝绸之路沿线各国间达成水下文化遗产合作保护文件提供了借鉴，而且协议的具体内容对开展南海丝绸之路水下文化遗产合作保护也有很好的启示作用。荷兰、澳大利亚、美国、英国、加拿大虽均非《水下文化遗产公约》成员国，但是上述国家在达成双边、多边保护水下文遗产合作协议时仍然吸纳了《水下文化遗产公约》确立的诸多基本原则。例如美法之间达成的《美国与法国关于 La Belle 号沉船的协定》中充分遵守了《水下文化遗产公约》中关于维持国家船舶与飞行器原本享有的豁免权以及"就地保护"原则。② 美、法、英、加四国达成的《关于泰坦尼克号沉船的协议》中不仅吸纳了"就地保护"原则，还采纳了"保护公共利益"原则，更是将公约的附件《有关开发水下文化遗产之活动的规章》直接予以移植，作为保护泰坦尼克号沉船的技术规章。荷澳之间达成的《荷兰与澳大利亚关于荷兰古代沉船的协议》和美法之间达成的《美国与法国关于 CSS Alabama 号沉船的协定》虽是在《水下文化遗产公约》出台前，但是其中所纳入的保护制度和技术性原则、水下保护区制度等也体现在《水下文化遗产公约》之中，有着极强的前瞻性。

同上述国家类似，南海丝绸之路沿线国家也均未加入《水下文化遗产公约》，但是这并不妨碍沿线各国在达成专项水下文化遗产合作保护文件时吸纳该公约的精华，例如"就地保护"原则和"保护公共利益"原则。此外，荷澳间达成的合作保护水下文化遗产的协定中尊重了沉船原所有权人的权利。而前文已提及，南海丝绸之路沿线海域中有相当一部分包括沉船在内的水下文化遗产起源于中国。因此，我国在同南海丝绸之路沿线东南亚各国在达成专项水下文化遗产保护文件时似可纳入这一原则，以保护我国的合法权益。

---

① 刘丽娜：《中国水下文化遗产法律保护》，知识产权出版社 2015 年版，第 52 页。
② 参见《保护水下文化遗产公约》第 2 条第 8 款。

二、达成专项水下文化遗产合作保护文件中的重点关注

南海丝绸之路沿线各国在达成专项水下文化遗产合作保护文件时，一方面要借鉴他国合作保护水下文化遗产的经验和《水下文化遗产公约》中确立的重要原则和制度，另一方面也要结合南海丝绸之路的具体情形进行考量。南海丝绸之路沿线水下文化遗产保护的现状不容乐观，加之沿线各国国内法的不一致，特别是沿线部分海域存在争端，水下文化遗产被破坏和盗捞的现象十分普遍。有鉴于此，我国在同南海丝绸之路沿线东南亚国家开展水下文化遗产保护合作时，应坚持"搁置争议，共同开发"原则，并加强未勘探海域和争端海域水下文化遗产的合作保护。同时，南海丝绸之路沿线东南亚国家均为东盟成员国，且中国同东盟业已达成了诸多文化领域的合作文件并开展了一系列务实合作，① 因此无须"另起炉灶"，中国可同东盟在现有机制下达成专项水下文化遗产合作保护文件，节约谈判成本。在结合南海丝绸之路具体情形的基础上，在专项水下文化遗产合作保护文件中应借鉴他国的经验和《水下文化遗产公约》充实合作内容。

（一）坚持"搁置争议，共同保护"原则并特别关注重点海域的水下文化遗产保护

作为"搁置争议，共同开发"原则之基本价值的继承和发展，在南海丝绸之路沿线海域特别是存在争端的海域坚持"搁置争议，共同保护"原则合作保护水下文化遗产有其理论可行性和现实可行性。作为开展南海丝绸之路水下文化遗产合作保护的法律依据，沿线各国达成的专项水下文化遗产合作保护文件也应充分体现"搁置争议，共同保护"这一原则。在最终达成的专项水下文化遗产合作保护文件中，应首先坚持中国在南海的立场，我国对南海诸岛及相关海域拥有无可争辩的权利，并对相关海域下的水下文化遗产享有所有权和管辖权，这是南海丝绸之路水下文化遗产合作保护的前提，开展合作保护水下文化遗产不影响我国的上述主张。其次，对争议海域的水下文化遗产要先行搁置关于水下文化遗产所有权和管辖权等方面的争端，主张先进行共同保护。最后，合作保护的目的是为了

---

① 黄耀东：《中国-东盟文化交流与合作可行性研究》，载《学术论坛》2014 年第 11 期，第 137~139 页。

沿线国家的共同利益，最大限度地保存和保护水下文化遗产，防止水下文化遗产被肆意破坏和盗捞。

就目前我国在南海海域的水下考古工作而言，南沙群岛仅在部分岛屿进行了初步工作，中沙群岛的工作尚未开展。究其原因，一方面与地理条件有关，两处群岛离我国海岸较远，调查难度大，而南海丝绸之路沿线部分国家海岸却距上述二群岛较近，调查难度相对较小；另一方面则与南海海域争议有关，南沙群岛海域和中沙群岛海域是南海争端最为集中的海域，任何一国单独在上述海域的水下考古调查和发掘都会被认为是主权宣示，从而遭到其他相关国家的强烈关注甚至抵制、干扰。此外，根据现有的证据推断，在上述海域内可能存在大量起源于中国的沉船，而这些水下文化遗产缺乏有效的保护，存在被盗捞和破坏的风险。因此，在上述未勘探海域和争端海域的水下文化遗产合作保护应作为南海丝绸之路水下文化遗产合作保护的重点，并应在专项水下文化遗产合作保护文件中予以特别关注。

（二）充分依托现有合作平台以节约谈判成本

南海丝绸之路水下文化遗产合作保护有着坚实的法律与政治基础。仅就区域层面而言，东盟的成员国已涵盖了南海丝绸之路东南亚沿线国家。而中国作为东盟重要的对话伙伴国，一直以来同东盟的关系都较为紧密。近年来东盟和中国在保护文化遗产方面也达成了众多共识，签署了一系列关于文化遗产保护的文件。例如在 2005 年举行的第二届东盟 "10+3" 文化部长会议上，中国同东盟签署了《中华人民共和国政府与东南亚国家联盟成员国文化合作谅解备忘录》，双方将通过文化遗产管理计划以及文化遗产机构和部门之间的网络联系和交流，鼓励和支持对有形和无形文化遗产的保存、保护和推广，并鼓励和支持在考古和文化遗产领域的人力资源开发；在 2014 年举行的第二届中国—东盟文化部长会议上，双方签署了《中国—东盟文化合作行动计划（2014—2018）》，将合作拓展至文化产业、文化遗迹保护、公共文化服务等更广领域。水下文化遗产作为文化遗产的重要组成部分，在该领域的合作应纳入上述两份文件的合作范围并进行重点关注。遗憾的是，上述两份文件没有对水下文化遗产合作保护达成特别的安排。但中国同东盟在文化领域合作的平台和模式值得充分运用于南海丝绸之路水下文化遗产合作保护中。目前来看，中国同东盟的文化合作主要依托东盟"10+3"文化部长会议、中国—东盟文化部长会议等此类平台；达成的合作文件为谅解备忘录和文化合作行动计划，相较于宣言一类的文件有较强的执行性。结合中国开展"一带一路"倡议的实际情况，中国同有合作意愿加入"一带一路"的国家是按照签署谅解备忘录、制定合作规划、开展具体合作的步骤来稳步推进各项合作。截至目前，中国同南海丝绸之路沿线各国均已签署政府间谅解备忘录。有鉴于此，为推动南海丝绸之路水下文化遗产合作保护尽快实质性地开展，中国同南海丝绸之路沿线东南亚国家可依托中国—东盟文化部长会议这一平台，尽快就水下文化遗产的合作保护达成专项合作谅解备忘录和专项合作行动计划。

但需要注意的是，同陆上考古不同的是，开展水下考古涉及部门众多，仅就中国而言，开展远海考古时文物部门要与外交部、国家海洋局甚至海警、海军等部门密切协调配合。对于南海丝绸之路沿线其他东南亚国家，以印度尼西亚为例，对水下文化遗产的勘探要涉及国防部、海洋与渔业事务部和文化部等三个部门，而正式开展水下文化遗产的打捞则要涉及13个部门。因此，南海丝绸之路沿线各国在依托中国—东盟文化部长会议这一平台就达成专项水下文化遗产合作保护谅解备忘录和行动计划进行谈判时，参与谈判的部门不应仅局限于各国的文化主管机关，必要时应吸纳其他相关部门成员共同商议。

（三）借鉴他国合作保护实践和国际公约充实合作内容

在南海丝绸之路沿线开展水下文化遗产合作保护，达成专项水下文化遗产合作保护文件，建立起以互信互利为基础的多边合作保护机制，是当前保护沿线海域水下文化遗产最为妥善的方法，有利于稳定南海局势，维护沿线各国的共同利益。国家间达成双边、多边协议合作保护水下文化遗产早已不是新鲜事物，《水下文化遗产公约》也为国家间合作保护水下文化遗产提供了依据和标杆，因此南海丝绸之路沿线各国在达成专项水下文化遗产合作保护文件时可借鉴他国合作保护水下文化遗产的实践和《水下文化遗产公约》来充实合作内容。

1. 以"一事一议"的双边合作促成多边合作保护机制的落地

鉴于南海丝绸之路沿线各国的国内法对水下文化遗产的保护存在诸多差异，以及南海海域划界争端及南海地缘政治格局等的复杂性，多边合作保护机制的建立势必不会一帆风顺，且绝不能一蹴而就。与此同时，中国"南海断续线"以内海域共计有约 194.5 万平方公里争议海域，多国重叠部分约占 40.5 万平方公里,① 大部分争议海域仅涉及包括中国在内的两方国家，且未来在此等争议海域发现沉船等水下文化遗产的可能性较大。此外，如前文所述，他国间合作保护水下文化遗产的实践也主要集中于沿海国和沉船原所有国之间订立的双边保护协议。诚然，同多边合作保护协议相较，双边保护协议因当事方仅为两国进而更易达成建设性的共识，在谈判效率提高的同时大大降低了谈判成本，且更有利于实现水下文化遗产保护的功效。双边合作协议的订立同多边合作保护机制的构建之间的关系并非冲突和矛盾的，而是相辅相成，相互促进的。我国同南海丝绸之路沿线国家就水下文化遗产保护达成的双边协议将会有力地促成多边合作保护机制的落地。因此，在南海丝绸之路水下文化遗产多边合作保护机制的建立过程中，我国宜采取"分步走"的策略，同南海周边国家在双边层面率先开展合作保护实践，实现这一海域水下文化遗产合作保护"零"的突破，同时为多边合作凝聚共识，积累宝贵经验，构建起坚实的法律基础，最终全面建成南海丝绸之路水下文化遗产多边合作保护机制，提升沿线水下文化遗产的保护水平。

2. 我国应作为沿线水下文化遗产保护的主导国和协调国

南海丝绸之路沿线各国海域作为海上丝绸南海段的必经之路，自海上丝绸之路形成以来便有众多来自中国的船舶途经，结合中国和沿线国家在南海丝绸之路沿线海域的水下考古发掘和商业开发的情况推断，沿线海域还会有更多起源于中国的沉船等水下文化遗产。此外，中国政府近年来致力于建立系和科学的机制加强对水下文化遗产的全面保护，取得的成就举世瞩目。无论是在机制层面还是在技术层面，中国水下文化遗产保护工作总体上已达到国际较高水平，中国有能力抓住建设南海丝绸之路的历史机遇，做好沿线海域的水下文化遗产保护和研究工作。反观南海丝绸之路沿线东南亚国家，这些国家中的大部分在"二战"结束前曾被西方列强长期殖民统治，"二战"后虽实现民族独立，但长期以来经济发展水平较低，部分国家还曾长期被世界银行列入"中低等收入国家"，因此在水下文化遗产保护上财政投入不足，对于水下文化遗产的管理和保护较为落后，许多国家甚至至今仍缺乏科学的独立开展水下文化遗产勘探、发掘的能力而不得不

---

① 郭渊:《地缘政治与南海争端》，中国社会科学出版社 2011 年版，第 60 页。

依靠私人打捞者对水下文化遗产进行商业打捞。此外，在第二届东盟"10+3"文化部长会议上，东盟各国已表达出通过合作与交流得到中国在资金、技术和经验方面的支持的意愿。综上所述，在中国有能力、东盟各国也有意愿的情形下，中国在同沿线东南亚各国谈判专项水下文化遗产合作保护文件时应发挥主导作用，在文件最终达成后也应作为沿线水下文化遗产保护的主导国，领导和统筹沿线水下文化遗产保护工作。

还需要关注的是，《水下文化遗产公约》规定有协调国制度。① 从该公约的表述来理解，协调国是指有意愿在某一特定区域统一协调管理各国水遗保护行动的国家。鉴于南海丝绸之路水下文化遗产保护的严峻局势和沿线国家在保护水下文化遗产政策和法律上的冲突，有必要在开展南海丝绸之路水下文化遗产合作保护时确定协调国。南海丝绸之路沿线海域起源于中国的水下文化遗产众多，且在沿线国家中唯有中国具备较强的水下文化遗产保护能力，因此在南海丝绸之路水下文化遗产合作保护时，可借鉴《水下文化遗产公约》的制度，在沿线国家最终达成的专项合作保护水下文化遗产文件的文本中，确立中国为协调国，约定协调国的权利，履行协调国的义务。②

3. 建立切实可行的制度助力水下文化遗产合作保护的实质性开展

俗语有云：兵马未动，粮草先行。前文已总结，水下考古特别是远海考古所需的技术、人员、物资要求多，资金投入大，没有坚实的物质保障，南海丝绸之路水下文化遗产的合作保护就是一句空话。有鉴于此，沿线国家在进入谈判合作保护文件实质阶段时应首先致力于这一问题的解决。沿线国家似可筹划成立由沿线国家共同出资设立并管理的南海丝绸之路水下文化遗产保护专项基金，出资比

---

① 参见《保护水下文化遗产公约》第 10 条。

② 中国作为协调国：（1）应实施包括协调国在内的协商国一致同意的保护措施；（2）必要时，应为实施保护措施而进行必要的授权，即同意由另一个缔约国来实施相关保护措施；（3）对沿线水下文化遗产进行必要的初步研究，并与其他缔约国协商保护措施，保护结果应及时向相关缔约国报告；（4）在沿线海域，协调国有权对水域内的国家船舶和飞行器采取保护措施，未经协调国协作和船旗国的同意，其他缔约国不得对国家船舶和飞行器采取任何行动；（5）在紧急危险情况下，协调国可采取一切可行的措施，或授权其他缔约国采取这些措施，以防止人类活动或包括抢劫在内的其他原因对水下文化遗产构成的紧急危险。参见《保护水下文化遗产公约》第 10 条第 5 款、第 12 条。转引自刘丽娜：《中国水下文化遗产法律保护》，知识产权出版社 2015 年版，第 118 页。

例由各国协商确定。该专项基金应用于支付由各国协商一致同意的对水下文化遗产开展的水下考古发掘、保护的支出，为沿线水下文化遗产保护奠定坚实的物质基础。2014年年底正式成立的丝路基金已为"一带一路"沿线国家资源开发、产业合作和金融合作等与互联互通有关的项目提供了大量的投融资支持，此类成功实践可为南海丝绸之路水下文化遗产专项保护基金的建立和运行提供有益的借鉴。①

经济基础和上层建筑的理论是由马克思和恩格斯创立的。这一理论的核心为两句话：经济基础决定上层建筑，上层建筑反作用于经济基础。就后者而言，主要表现在上层建筑积极地为自己的经济基础服务。上层建筑一经产生，便成为一种积极的能动的力量，促进自己经济基础的形成、巩固和发展，同时向阻碍、威胁自己经济基础发展的其他经济关系、政治势力和意识形态进行斗争。南海丝绸之路水下文化遗产保护专项基金这一保护沿线水下文化遗产的经济基础确立后，相对应的保护机制也应同步建立起来。有关于此，南海丝绸之路水下文化遗产合作保护可借鉴美法达成的《美国与法国关于 CSS Alabama 号沉船的协定》中建立科学委员会的做法，由沿线国家协商共同建立南海丝绸之路水下文化遗产保护联合委员会，负责管理水下文化遗产保护专项基金，并全权负责沿线水下文化遗产的合作保护事宜，共商沿线水下文化遗产的考古发掘、保护和执法事宜。就联合委员会人员的组成上，应由缔约国选派代表参加。委员会应设秘书处作为领导机关，负责管理水下文化遗产保护专项基金和委员会的日常运作，设秘书长1人，原则上由主调国选派代表担任；设副秘书长若干人，由其他缔约国选派代表担任。就联合委员会的机构设置上，除秘书处作为领导机关外，还应至少下设三个机构。首先应设置联络处，成员主要为各国选派的外交、外事人员，主要负责缔约国之间就开展水下文化遗产发掘和保护工作的沟通和协调；其次设置南海丝绸之路水下联合考古机构，成员主要为各国选派的水下考古学家和潜水、技术人员等，职责主要为开展沿线水下文化遗产的勘探、发掘和保护工作；再次为南海丝绸之路水下文化遗产保护联合执法机构，成员为各国派遣的文物执法人员、法律工作者、海警、海岸警卫队等，职责为打击沿线非法打捞、盗捞水下文化遗产行

---

① 巫晓发：《南海水下文化遗产保护合作协议草案编制研究》，载《中国海洋法学评论》2018年卷第1期，第48页。

为，并为沿线水下文化遗产的合法勘探、发掘等提供保护，以防海盗、海上恐怖主义等非传统安全因素的威胁。

与此同时，专项水下文化遗产合作保护文件还应对影响沿线水下文化遗产保护的其他障碍予以回应。例如针对沿线东南亚国家普遍采取的商业打捞模式对水下文化遗产的破坏问题，沿线各国可采取国家主导发掘为主、商业合作打捞为辅的打捞模式，以解决沿线各国国内法之间的冲突及由此造成合作保护水下文化遗产的障碍。此外，对于《水下文化遗产公约》中其他科学的保护原则和制度，专项合作保护文件也应予以采纳，例如"禁止商业开发"原则、"就地保护"原则、水下文化遗产发现报告制度、争端解决制度等。为贯彻执行《水下文化遗产公约》的"就地保护"原则，专项合作保护文件中可借鉴美法间达成的《美国与法国关于 CSS Alabama 号沉船的协定》中设立"水下保护区"的做法，参照设置南海丝绸之路水下文化遗产自然保护区。

第二节　设立南海丝绸之路水下文化遗产保护联合执法机制

南海丝绸之路沿线海域非法打捞、盗捞行为十分猖獗，其中的一个重要原因是非法占领了南海岛礁的部分国家对于水下文化遗产的保护不甚重视，造成了部分海域管辖权的重叠和真空，加之投入不足，致使这些海域出现执法不力的情况。与此同时，以海盗、海上恐怖主义及自然灾害为代表的南海海上非传统安全威胁对南海丝绸之路水下文化遗产的保护也造成了十分不利的影响。为应对上述挑战，设立南海丝绸之路水下文化遗产保护联合执法制度打击沿线海域非法打捞、盗捞行为，并防止南海海上非传统安全因素给水下文化遗产保护所带来的威胁迫在眉睫。近年来，中国同东盟在非传统安全领域的合作已达成多项共识，设立南海丝绸之路水下文化遗产保护联合执法制度也会为中国同东盟在非传统安全领域的合作开启新的篇章。

一、设立水下文化遗产保护联合执法制度的必要性和可行性

前文已总结，由于非法占领了本属我国的南海岛礁的部分国家仅重视相关海域的自然资源开发而不甚重视水下文化遗产的保护，造成了争端海域水下文化遗

产管辖权的重叠和真空，加之这些国家本身对于本国水下文化遗产的投入就很少，执法不力，造成沿线海域非法打捞、盗捞行为屡禁不止。同时，近年来南海海域海盗事件虽呈下降趋势但绝对数量依旧不小，而地区恐怖主义势力和国际恐怖主义势力在这一区域的扩散和渗透使得南海海域的安全局势不容乐观。海盗、海上恐怖分子的装备越来越先进，犯罪手段也越发"成熟"，有的甚至还走上了分级化、组织化、国际化的道路。更为危险的是，海盗与恐怖分子相互勾结构成了对南海海域安全的重大威胁，有组织、有预谋、规模庞大、手段先进的恐怖主义袭击正在成为南海海域安全更为严重的威胁。海盗为了抢劫、勒索财物，恐怖分子为了制造混乱或实现某种政治目的，开展水下文化遗产合作保护的船舶及船舶停靠的港口、人员及海上作业平台很有可能成为他们的目标而遭到袭击，从而对南海丝绸之路水下文化遗产的合作保护造成不利影响。加之沿线部分海域存在管辖权的重叠和真空，因此单靠一国的执法力量很难对海盗和海上恐怖主义实施有效的打击，很难为在这些海域开展水下文化遗产合作保护的人员和船舶提供安全的海上环境。综上所述，设立南海丝绸之路水下文化遗产保护联合执法机制有其必要性。

值得关注的是，近二十年来，中国同东盟在非传统安全领域的合作不断深化，在制度建设方面取得了一系列成绩。自 2000 年双方在禁毒领域达成《东盟和中国禁毒合作行动计划》以来，非传统安全合作的领域不断拓展。[1] 2002 年11 月双方签署《南中国海行为宣言》和《中国与东盟关于非传统安全领域合作联合宣言》，标志着双方已将非传统安全合作拓宽至整个非传统安全领域。[2] 双方于 2004 年达成《非传统安全领域合作谅解备忘录》，标志着中国与东盟在非传统安全领域的合作已从结构性阶段进入实质开展阶段。此后，双方在 2005 年签署了《建立地震海啸预警系统技术平台的行动计划》，2007 年缔结《非传统安全领域的军事合作协议》等。此外，2006 年中国加入了主要由东盟成员国参与的旨在加强亚洲地区预防和打击海盗及武装劫船方面区域合作的《亚洲地区反海盗及武装劫船合作协定》，2014 年中国和东盟共同推动东盟地区论坛通过《加强海

---

[1]　查道炯：《中国学者看世界——非传统安全卷》，新世界出版社 2007 年版，第 275 页。

[2]　葛红亮：《非传统安全与南海地区国家的策略性互动》，载《国际安全研究》2015 年第 2 期，第 152 页。

空搜救协调与合作声明》及签署《灾害管理合作安排谅解备忘录》，使中国—东盟关于南海非传统安全合作的制度性安排得以进一步发展。中国海警，作为中国打击海上非传统安全威胁的重要力量，积极开展与东盟国家海上执法机构的交流合作，伙伴关系得到进一步拓展，海上执法务实合作成效显著。仅 2017 年，中国海警重点推进与重要邻国的海上执法合作，稳步推进与越南、菲律宾、马来西亚、印尼等东盟成员国海上执法机构的务实合作（例如中越北部湾共同渔区海上联合检查的开展、中国与菲律宾海警海上合作联合委员会的成立），积极参与东盟地区论坛海上航道安全会议、北太平洋地区海岸警备执法机构论坛、亚洲地区海岸警备机构高官会、亚洲地区反海盗及武装劫船合作协定等机制的会晤研讨和执法演练，为共同应对海盗及武装劫船等非传统海上安全威胁表达了中国立场、提供了中国方案、贡献了中国力量。① 有鉴于此，设立南海丝绸之路水下文化遗产保护联合执法机制有其可行性。

二、南海丝绸之路水下文化遗产保护联合执法机制的具体内容

南海丝绸之路水下文化遗产保护联合执法机制作为开展沿线水下文化遗产合作保护的重要保障，其重要性不言而喻，因此这一制度的建立并非一朝一夕之事，需要沿线国家进行深度磋商和谈判。前文已提及，就机构设置来说，南海丝绸之路水下文化遗产保护联合执法机构应内设于南海丝绸之路水下文化遗产保护联合委员会，并受该委员会和各成员国相关执法机构的双重领导，执法经费由专项合作保护基金列支。南海丝绸之路水下文化遗产保护联合执法机构的职责应主要为打击沿线非法打捞、盗捞水下文化遗产的行为，保障沿线水下文物的合法勘探、发掘和保护工作的顺利开展，以防海盗、海上恐怖主义等非传统安全因素的威胁。基于上述保护水下文化遗产和打击非传统安全威胁的双重职责，联合执法机构的人员组成不应局限于各国的海警、海岸警卫队等，还应包括各国选派的文物执法人员等，此外各国还应负责为各自选派的人员提供海上执法必要的装备和物资。该联合执法机构负责人可由各缔约国提名，联合委员会任命。缔约国还应就联合执法机构执法的区域和方式进行深入探讨，似可建立"就近响应"制度

---

① 《中国海警开展国际交流合作成效显著》，载搜狐网：http://m.sohu.com/a/222729395_162758，最后访问日期：2020 年 1 月 3 日。

（即不论执法队伍所属国别，均由距离事发海域最近的执法队伍最先响应和处理，事后再基于属人、属地等原则移交给相应的当事国，或不移交）。① 以上仅为笔者对联合执法机制的初步构想，这一机制的落地有赖于南海丝绸之路沿线各国的深度合作，因此沿线国家应努力凝聚共识，提高互信。

应注意到，作为南海丝绸之路水下文化遗产多边合作保护机制的重要组成部分，南海丝绸之路水下文化遗产保护联合执法机制在短期内恐难有效建立，而原因则是多方面的。其一，受南海海域复杂局势的影响，中国的此等主张易受到南海周边国家及域外国家的过度反应；其二，虽然目前南海周边国家同中国在非传统安全领域的合作不断深化，但在水下文化遗产领域开展联合执法的意愿仍不明显。有鉴于此，联合执法机制的建立也应参照多边合作保护机制构建的安排，采取"分步走"的策略，即我国应首先从现有同南海周边国家非传统安全领域的合作入手，将打击沿线水下文化遗产盗捞犯罪纳入反海盗及武装劫船的子议题参与磋商，降低域外国家的关注度，在现有的框架下积极致力于各方打击南海非法打捞、盗捞水下文化遗产联合执法行动的实质开展，在此基础上再进一步探讨构建常态化的联合执法机制。

第三节　建立水下文化遗产信息上报制度和数字化平台

《水下文化遗产公约》对缔约国有水下文化遗产报告的义务（第9条、第11条）和水下文化遗产信息共享（第19条）的要求，后者实际上也是公约所确立的国际合作原则的重要体现。南海丝绸之路沿线国家虽均未加入《水下文化遗产公约》，但这一公约中所体现出的上述义务和要求可为沿线开展合作保护提供有益的支持。借鉴公约的上述内容，沿线国家通过建立起南海丝绸之路水下文化遗产信息上报制度和数字化平台来共享信息，有利于摸清沿线水下文化遗产的概况并及时采取有针对性的保护措施，这是南海丝绸之路水下文化遗产合作保护工作实质性开展的基础，也符合沿线国家的共同利益。

---

① 洪农：《论南海地区海上非传统安全合作机制的建设——基于海盗与海上恐怖主义问题的分析》，载《亚太安全与海洋研究》2018年第1期，第52页。

一、建立水下文化遗产信息上报制度和数字化平台的必要性和可行性

信息，系指音信、消息、通信系统传输和处理的对象，通常是指人类社会传播的一切内容。[1] 通过获取、识别自然界和社会的不同信息以区分不同事物，得以认识和改造世界。因此，信息是人认识和改造世界的基础。南海丝绸之路沿线海域水下文化遗产分布十分丰富，但由于地理因素和政治因素仍有大面积海域（例如中沙群岛海域、南沙群岛海域）的水下文化遗产的信息我们不得而知。而获取南海丝绸之路沿线海域水下文化遗产的有关信息是沿线国家开展合作保护的基础，不掌握相关的信息也就无法采取相对应的保护措施。有鉴于此，建立水下文化遗产信息上报制度和数字化平台有其必要性。

值得关注的是，《水下文化遗产公约》自 2009 年年初正式生效后不久各成员国即依该公约第 23 条第 4 款的规定设立了科学与技术委员会。[2] 该委员会协助建立了"世界水下文化遗产管理数据库"（MACHU 数据库），该数据库通过 GIS 系统储存了世界各地诸多类别的水下文化遗产资料，包括水下文化遗产及其环境的考古和历史信息，同时评估由人类活动引起威胁的可能性。[3] 该数据库的覆盖范围已从最初的欧洲扩展至了世界各地，同时其信息也不断被更新。此外，该委员会还积极鼓励建立区域性水下文化遗产数据库，事实上区域层面的数据库也已经逐步建立起来，例如由欧洲委员会主持建立的主要收集古代水下海军的"欧盟古代海军考古数据库的 NAVIS 一期工程与二期工程数据库"等。[4] 上述多边和区域层面构建水下文化遗产数据库的探索为在南海丝绸之路水下文化遗产合作保护建立水下文化遗产数字化平台奠定了实践基础。

---

[1] 陆书平、万森、张秋霞编：《现代汉语词典》（彩色插图本），商务印书馆 2017 年版，第 926 页。

[2] The Scientific and Technical Advisory Body, UNESCO official website: http://www.unesco.org/new/zh/culture/themes/underwater-cultural-heritage/2001-convention/advisory-body, last visited Mar. 19, 2020.

[3] Dutch Archaeological Institute, MACHU Research Program, Deutsches Arch Ologisches Institute Rom (2010), p. 23. 转引自刘丽娜：《中国水下文化遗产法律保护》，知识产权出版社 2015 年版，第 88 页。

[4] 刘丽娜：《中国水下文化遗产法律保护》，知识产权出版社 2015 年版，第 89 页。

此外，从沿线国家的国内法来看，大部分国家对水下文化遗产上报制度接纳程度较高，有鉴于此，沿线国家在谈判时就这一议题相对容易达成共识。水下文化遗产信息上报制度同水下文化遗产信息数字化平台二者是相辅相成、密不可分的，后者是前者的载体，而前者是后者的具体内容。但就建立水下文化遗产信息数字化平台这一议题涉及沿线国家国内的信息通信技术应用水平。据世界经济论坛发布的《2018 年全球竞争力报告》中统计的 140 个国家的数据来看，仅信息通信技术应用水平这一项指标，南海丝绸之路沿线部分国家的排名相对靠后，例如越南排名第 95，菲律宾排名第 67，印度尼西亚排名第 50。[1] 而沿线其他国家的排名还是较为靠前的，例如文莱排名第 17，中国排名第 26，马来西亚排名第 32。而根据世界经济论坛最新发布的《2019 年全球竞争力报告》，中国的信息通信技术应用水平已跃居第 18 位，有较大的提高，而沿线其余国家在这一指标的排名较 2018 年相比差别不大。[2] 有鉴于此，在南海丝绸之路水下文化遗产合作保护机制下建立水下文化遗产信息数字化平台这一议题有赖于信息技术应用水平较高的沿线国家的推动。

二、水下文化遗产信息上报制度和数字化平台的具体内容

水下文化遗产信息上报制度和数字化平台二者是相辅相成、密不可分的，因此沿线国家应对该制度和数字化平台进行一体化建设。在设立水下文化遗产信息上报制度时，应首先声明中国为南海海域水下文化遗产合作保护的协调国。其次，参照《水下文化遗产公约》的规定，各缔约国应当要求其国民或船主在南海海域发现水下文化遗产时立即向其主管机关报告，并说明水下文化遗产所处的位置和现况，再由各缔约国在规定的时间内通知协调国和其他缔约国。就通知的途径而言，缔约国应通过协商建立的水下文化遗产信息数字化平台上传相关信息来完成通知义务，并保证上传时采取适当手段防止泄密，其他缔约国可通过该信息数字化平台实时接收相关水下文化遗产的信息。

除了在上报制度中的运用外，从内容上看，水下文化遗产信息数字化平台还

---

① Global Competitiveness Report 2018, World Economic Forum：https：//www. weforum. org/reports/the-global-competitveness-report-2018, last visited Dec. 23, 2019.

② Global Competitiveness Report 2019, World Economic Forum：https：//www. weforum. org/reports/global-competitiveness-report-2019, last visited Dec. 23, 2019.

应收录南海海域现有的已发现的全部水下文化遗产的信息。参考《水下文化遗产公约》有关信息共享的内容，沿线各国在达成专项合作保护文件时应作出相应安排，即所有沿线国家应自信息数字化平台正式运营起一定期限内上传南海海域已发现的所有水下文化遗产的信息，包括水下文化遗产（遗址）的类型、分布、位置、特点、发现状况、起源国（地）、价值（经济、考古及文化价值）、所面临的危险（如适用）和主管机构等，① 为实现沿线水下文化遗产的精准保护奠定基础。同时，仅单纯就该数字化平台的构建来看，似可吸纳目前先进的区块链技术。区块链是指通过透明和且受信任的规则，在一种对等网络环境下构建不可伪造、不可篡改和可追溯的块链式数据结构，实现和管理事务处理的模式。② 基于区块链系统，可以对数据进行有效的确认，且数据必须经过多方验证，并且同时不可篡改，从而基本上可以较为有效地保障数据的真实性。此项技术如能运用于建设南海丝绸之路水下文化遗产数字化信息平台，将为开展沿线的合作保护工作提供大量可靠的基础信息，极大地降低水下文化遗产信息被篡改和外泄的风险，维护沿线各国的共同利益。

第四节　设置南海丝绸之路水下文化遗产自然保护区

《水下文化遗产公约》所倡导的"就地保护"原则一方面有利于减少沿线东南亚国家的商业化打捞行为给水下文化遗产所带来的损害，但另一方面也对不适合"就地保护"的水下文化遗产和已经被人为破坏的水下文化遗产的保护造成了一定困扰。事实上，"就地保护"原则并不是消极地将水下文化遗产留在原地，③相反，必须首先对所发现的水下文化遗产及其周围环境采取必要的测量、调查、筛选和评估。在了解水下文化遗产及其周围环境的前提下，通过诸多措施以防止周围环境对水下文化遗产造成破坏。对于不适宜继续留存在水底的水下文化遗产应及时采取抢救性发掘的措施出水并交由相应的文物保护部门保存和保护；而对于适宜继续留存在水底的水下文化遗产，可通过设置水下保护区的

---

① 刘丽娜：《中国水下文化遗产法律保护》，知识产权出版社 2015 年版，第 119 页。
② 柴振国：《区块链下智能合约的合同法思考》，载《广东社会科学》2019 年第 4 期，第 237 页。
③ 刘丽娜：《中国水下文化遗产法律保护》，知识产权出版社 2015 年版，第 78 页。

模式加以保护。

一、设置南海丝绸之路水下文化遗产自然保护区的必要性和可行性

南海丝绸之路沿线海域仍有大面积海域尚未开展最基本的官方水下考古调查，但根据目前已发现的水下文化遗产推断，沿线海底尚沉睡着大量已发现和未发现的包括沉船及其船货在内的水下文化遗产。而对于这些水下文化遗产采取何种保护措施，应实现成本、保护措施的效果和水下文化遗产自身的重要性三者间的平衡，同时不能忽视水下文化遗产数量增长和研究、保护能力不足间的矛盾。前文已提及，同陆上考古相比，水下考古则涉及更为复杂的工作，需要更多人员、设备的支持，对技术和资金的要求也更高。同时，水下文物出水后还面临着比陆上文物出土后更为复杂的保护措施，例如脱盐、脱水、真空包装、控制温湿度等。沿线国家如果盲目地将上述水下文化遗产打捞出水，倘若没有适当的出水后的保护措施，水下文化遗产的发掘很容易就发展成对其的破坏，不仅会耗费大量的成本，也不符合《水下文化遗产公约》所倡导的"就地保护"原则，从可持续发展的角度看更是不利于沿线水下文化遗产的保护。因此，对于沿线大部分在水底已稳定存续的水下文化遗产，应采取设置水下文化遗产自然保护区的方式进行"就地保护"，避免肆意打捞和不恰当打捞。

实际上，设置水下文化遗产保护区在国际上已有诸多实践。法国在本国领海区为美国阿拉巴马号沉船设立了"水下保护区"，并由双方共同设立的科学委员会协商保护区内的沉船考古发掘和保护事宜。美国在其1972年的《国家海洋保护区法案》中规定，在距海岸200海里处划定了对美国具有历史、文化、考古和古生物学重要意义的"水下文化遗产保护区"。① 根据这一法案，美国联邦政府已在西海岸建立了5个国家海洋保护区（分别为美国国家峡岛、蒙特利湾、柯德尔滩、法拉罗尼斯海湾、奥林匹克海滩），② 并为保护区内的沉船建立了相应的

---

① National Marine Sanctuaries Act, The United States Congress, http：//sanctuaries. noaa. gov/library/national/nmsa. pdf, last visited Apr. 10, 2018.

② 刘洪滨、刘康：《海洋保护区：概念与应用》，海洋出版社2007年版，第187页。

数据库以保存重要信息。① 事实上，我国国内立法和实践也支持水下保护区的设立。我国福建省、广东省、浙江省的地方文物保护立法文件中均规定地方政府有权核定水下文物保护区。而海南北礁沉船遗址已于 2006 年入选第六批全国重点文物保护单位，福建平潭县海坛海峡水下遗址也已于 2013 年入选第七批全国重点文物保护单位。此外，海南省已于 2012 年启动北礁、华光礁、玉琢礁、永乐环礁四大水下文物保护区的勘定工作。② 综上所述，设置南海丝绸之路水下文化遗产自然保护区有其可行性。

二、设置南海丝绸之路水下文化遗产自然保护区的具体内容

设置南海丝绸之路水下文化遗产自然保护区首先应对沿线水下文化遗产开展全面的普查，并建立水下文化遗产的档案，此项工作同水下文化遗产信息上报制度和数字化平台的建立息息相关，因此开展沿线水下文化遗产的全面普查同建立水下文化遗产信息上报制度和数字化平台工作应同步进行。同时，南海丝绸之路沿线各国在专项水下文化遗产合作保护文件或其附件中应对水下文化遗产自然保护区设置的条件、标准和保护措施予以细化。在全面、深入了解水下遗址及周围环境的基础上，对于水下文化遗产集中且适宜"就地保护"的水下遗址，经沿线各国协商一致，可设置相应的水下保护区并由联合委员会秘书处公布，并采取声呐浮标、金属笼或沙袋覆盖物等措施对水下遗址实施充分保护。③ 此外，南海丝绸之路水下文化遗产联合执法机构也应定期对水下文化遗产自然保护区进行巡航，并对进入水下保护区的船舶进行全程监管，以防此类船舶实施破坏，盗捞水下文化遗产等不法行为；南海丝绸之路水下联合考古机构也应定期对水下文化遗产自然保护区进行巡视，对保护区内的水下文化遗产实施动态监管，发现不适宜继续"就地保护"的水下文化遗产应及时打捞出水并采取适当的方式保存。综上所述，南海丝绸之路水下文化遗产自然保护区同其他制度和机构的建立和运行是

① 刘丽娜：《中国水下文化遗产法律保护》，知识产权出版社 2015 年版，第 79 页。

② 《海南将在西沙群岛划定四大水下文物遗产保护区》，载南海网：http://www.hinews.cn/news/system/2012/06/24/014558918_01.shtml，最后访问日期：2020 年 1 月 2 日。

③ 刘丽娜：《中国水下文化遗产法律保护》，知识产权出版社 2015 年版，第 81 页。

紧密联系的，因此更需要沿线国家增强互信，凝聚共识。

第五节　建立谈判协商为主的争端解决机制

截至目前，我国虽然尚无同南海丝绸之路沿线东南亚国家之间的水下文化遗产权属争议问题，但起源于我国的大量水下文化遗产分布在包括南海海域，包括存在争端的海域和沿线他国海域。随着沿线国家对海洋的深度开发和水下文化遗产本身的文化价值、历史价值和经济价值的显现，沉睡在南海广袤海底的起源于我国的水下文化遗产很有可能被沿线其他国家发掘、打捞并占有而由此产生争议。采取何种方式解决水下文化遗产所有权的争议就是摆在南海丝绸之路沿线国家在合作保护水下文化遗产面前的问题。"搁置争议，共同保护"作为建立沿线多边合作保护机制的指导原则，也应适用于解决沿线国家间的上述争议，因此建立谈判协商为主的争端解决机制势在必行。

一、南海丝绸之路沿线海域水下文化遗产权属争议概述

我国对来源于中国的水下文化遗产行使绝对管辖权，而对来自其他国家（或来源不明）的水下文化遗产主张属地管辖权，在我国领海范围内即属我国所有，对主权豁免原则和来源于他国的水下文化遗产的权利有所忽视，[①] 有可能引起在南海丝绸之路沿线水域内发现的水下文化遗产的权属争议。而南海海域的争端的存在也使我国同南海丝绸之路沿线其他国家在水下文化遗产的权属争议更为复杂。

（一）内水、领海内水下文化遗产所有权的争议

根据《海洋法公约》的规定，内水及领海均属于一国专有管辖的水域，沿海国对内水和领海享有完全的、排他的主权，《海洋法公约》在第303条的规定中尊重沿海国对内水、领海内水下文物的绝对管辖权。《水下文化遗产公约》在第7条也认可了《海洋法公约》第303条的这一管辖权。但与此同时，《海洋法公

---

① 刘丽娜：《中国水下文化遗产法律保护》，知识产权出版社2015年版，第139页。

约》第 32 条、《水下文化遗产公约》第 2 条第 8 款均承认国家军舰及飞行器的豁免权。

但我国《水下文物保护管理条例》将我国领海水域内起源于他国的和起源不明的水下文化遗产也认定为我国水下文物。① 如果在我国领海内起源于他国的水下文化遗产为他国沉没的军舰、政府船舶或国家飞行器，我国对此类水下文物主张所有权显然不符合国际法的规定。如果在我国领海内起源于他国的水下文化遗产并非他国的国家船舶或飞行器，那么我国主张该类水下文化遗产的所有权可能会损害来源国的权利。同时，我国也主张对领海范围内起源不明水下文化遗产的所有权，但是否因起源不明就可以主张所有权有待探讨。② 同样的问题在南海丝绸之路沿线其他国家的国内法中也有体现，以越南的国内法为例，在越南领海内的一切水下文化遗产，不论是否起源于越南，均归越南所有。越南的此种规定显然也不符合国际法。

（二）毗连区、专属经济区、大陆架范围内水下文化遗产所有权的争议

根据《海洋法公约》第 33 条、第 55 条、第 56 条的规定，毗连区和专属经济区均不属于一国主权范围，沿岸国只有勘探、开发自然资源的权利，未涉及关于文化遗产的规定。而《水下文化遗产公约》第 8 条规定缔约国可管理和批准在毗连区内的水下文化遗产开发活动，第 10 条规定缔约国在其专属经济区内或大陆架上发现水下文化遗产时要与基于这些水下文化遗产有联系的（尤其是文化、历史或考古方面的联系）提出意愿的缔约国共同协商保护措施。

反观我国《水下文物保护管理条例》的规定，我国对遗存于中国领海之外由中国管辖海域内起源于中国和起源国不明的水下文物主张所有权。但我国同南海丝绸之路沿线各国均不同程度地存在海域划界争端。而根据我国在 1958 年的领

---

① 参见《中华人民共和国水下文物保护管理条例》（2022 年修订）第 2 条。

② 刘丽娜：《建构南海水下文化遗产区域合作保护机制的思考——以南海稳定和区域和平发展为切入点》，载《中国文化遗产》2019 年第 4 期，第 22 页。

海声明，① 我国对南海诸岛礁及附近海域拥有主权；1992 年在我国公布的《领海及毗连区法》中也同样强调对南海诸岛的主权；② 1998 年中国颁布的《专属经济区和大陆架法》再次重申，本法的规定不影响中华人民共和国享有的历史性权利。③ 从我国立法上来看，我国南海海域无可争辩地属于中国管辖，按照《水下文物保护管理条例》，位于南海海域的起源于中国的和起源国不明的水下文物均属中国所有。但越南、菲律宾、马来西亚、印度尼西亚、文莱等国的国内法同中国的水下文化遗产所有权和管辖权的规定存在冲突，这些国家若依据其国内法主张对南海海域特别是争端海域水下文化遗产的所有权就会不可避免地产生争议。④ 在未来开展的南海丝绸之路水下文化遗产合作保护的过程中，在争端海域发生上述争议的可能性较大，沿线各国应予特别关注。

（三）公海范围内水下文化遗产所有权的争议

根据《海洋法公约》第 87 条、第 89 条的规定，成员国均平等地共同享有公海的自由，任何国家不得对公海本身行使管辖权。此外，《海洋法公约》第 92 条规定了在公海上仅有船旗国可行使对其船只的管辖权。对于公海内水下文化遗产的所有权问题，根据《海洋法公约》第 136 条和第 149 条的规定，在公海区域内发现的水下文化遗产，应"为全人类的利益"予以保存或处置，并特别顾及来源国，或文化上的发源国，或历史和考古上的来源国的优先权利。《水下文化遗产公约》第 12 条第 6 款也肯定了《海洋法公约》的上述做法。⑤

综合以上规定，我们似可得出结论：沉没于公海区域内的可辨明物主的水下文化遗产应惠及"来源国"，对于不可辨别物主的水下文化遗产，似乎属于全人类共同的遗产。反观我国的国内立法，《水下文物保护管理条例》对于公海海域内起源于中国的水下文化遗产仅规定了我国享有"辨认器物物主"的权利，此种

---

① 《中华人民共和国政府关于领海的声明（1958 年 9 月 4 日）》，载中华人民共和国外交部：https：//www.fmprc.gov.cn/ diaoyudao/chn/flfg/zcfg/t1304542.htm，最后访问日期：2020 年 1 月 5 日。

② 参见《中华人民共和国领海及毗连区法》第 2 条。

③ 参见《中华人民共和国专属经济区和大陆架法》第 14 条。

④ 刘丽娜：《中国水下文化遗产法律保护》，知识产权出版社 2015 年版，第 140 页。

⑤ 参见《保护水下文化遗产公约》第 12 条第 6 款。

权利是否就属于上文国际公约中提及的"来源国"的优先权利？从字面上理解，我国的此种规定是否意味着我国已放弃对公海范围内起源于中国的水下文化遗产主张所有权？① 此外，《海洋法公约》似乎无法规制船旗国在公海默许的非法打捞、盗捞或破坏水下文化遗产的行为，倘若有南海周边国家在公海默许本国船只非法开发起源于我国的水下文化遗产，我国又该如何维护自己的合法权益？因此，我国同南海丝绸之路沿线其他国家在公海范围内可能产生的水下文化遗产所有权争端亦不能忽视。

二、建立谈判协商为主的争端解决机制的必要性和可行性

南海丝绸之路沿线国家之所以产生有关水下文化遗产所有权的争议，一方面是由于各国国内法的冲突，而另一方面是因南海部分海域的争议致使各国国内法的适用范围不明，后者更为复杂。因前者形成的水下文化遗产归属的争议（主要发生在南海非争端海域），结合上文的归纳，鉴于一国法律的空间效力，很难通过国内或国际司法的途径主张发现于他国领海而起源于本国的水下文化遗产的所有权。而因后者引发的水下文化遗产归属争议的解决之前提是相关政治争端的解决，因此当下通过司法方式解决此类水下文化遗产归属争议更是举步维艰。就相关政治争端的解决而言，南海海域尚未有成功实践，唯一吸引眼球的是 2013 年菲律宾诉中国南海仲裁案。菲律宾在 2013 年单方面将南海问题提交常设仲裁法院，我国外交部发表声明表示中国不承认常设仲裁法院对此案的司法管辖权，同时拒绝接受菲律宾涉及此案任何形式的和解安排。2016 年 7 月 12 日，仲裁庭对此案作出所谓的最终"裁决"，判决菲律宾"胜诉"，声称中国对南海海域没有"历史性所有权"，对中国主张的"南海断续线"不予认可。中国政府随后发出严正声明，菲律宾单方面提起仲裁违反国际法，仲裁庭没有管辖权，中国不接受、不承认所谓的最终"裁决"。更为戏剧的是，2016 年 7 月 14 日国际法院在其官方网站首页发布提示信息，声明南海仲裁案与其无关。② "轰轰烈烈"的南海仲裁案最终以闹剧收场。因此，通过司法途径解决南海丝绸之路沿线国家间的

---

① 刘丽娜：《中国水下文化遗产法律保护》，知识产权出版社 2015 年版，第 141 页。

② 《国际法院发声明：从未参与南海仲裁案（图）》，载凤凰网：http://news.ifeng.com/a/20160714/49350856_0.shtml，最后访问日期：2020 年 1 月 10 日。

水下文化遗产归属争议行不通，沿线各国仍应回归于通过谈判协商为主的政治途径解决此类争议。

回归他国的实践，荷澳间以及美法之间均是通过谈判协商的途径解决了关于水下文化遗产归属的争议并就此达成了共同保护的协议，此种做法值得南海丝绸之路沿线各国借鉴。同时，就南海区域来说，通过谈判协商等政治途径解决涉及南海的争议已成为南海周边各国的共识。中国提出的解决南海争议的"搁置争议，共同开发"原则也已经得到了南海周边各国的普遍认同，并由此催生了中国同南海周边国家共同开发争端海域油气资源的相关实践。作为"搁置争议，共同开发"原则的继承和发展，"搁置争议，共同保护"也应作为南海周边国家合作保护水下文化遗产的指导原则。有鉴于此，沿线各国通过谈判协商解决水下文化遗产归属争议就是坚持"搁置争议，共同保护"这一指导原则的必由之路。综上所述，在南海丝绸之路沿线建立谈判协商为主的水下文化遗产争端解决机制势在必行。

三、建立谈判协商为主的争端解决机制的具体内容

建立谈判协商为主的争端解决机制，首先应坚持"搁置争议，共同保护"原则，谈判协商的最终目的应是实现对相关水下文化遗产的共同保护。其次，应充分尊重各国的主权。对于在南海海域发现的可以被认定为水下文化遗产的已沉没的军舰、政府船舶和飞行器等，相关国家就此进行谈判协商时应尊重国际法确立的主权豁免原则，承认此类水下文化遗产来源国的所有权。对于在一国内水、领海范围内（不存在争端）发现的起源于他国的水下文化遗产，相关国家在磋商时应在充分尊重水下文化遗产所在国的国内法的前提下顾及来源国的优先权利，在承认水下文化遗产所在国享有所有权的基础上吸纳来源国共同成立委员会实现水下文化遗产的共同保护。在特殊情形下，例如该等水下文化遗产涉及来源国的重大文化、历史或考古利益，双方应基于自愿和互惠原则，在承认水下文化遗产所在国所有权的基础上，由水下文化遗产所在国将此等权利转移给来源国，由来源国对水下文化遗产实施保护。最后，应特别惠及"来源国"。对于在南海争端海域发现的水下文化遗产，在各国法律适用不明的情形下，对于能够确定水下文化遗产来源国的，南海丝绸之路沿线各国应先行搁置该水下文化遗产的归属问题，

并确定由来源国作为协调国对该水下文化遗产开展共同保护。对于无法确定来源国的水下文化遗产，南海丝绸之路沿线各国应结合具体情形并通过谈判协商确定协调国开展合作保护工作。最后，谈判协商为主的争端解决机制还应同其他制度有机协调。对于南海丝绸之路沿线国家协商一致同意纳入共同保护范围的水下文化遗产，联合委员会相关机构应有针对性地制订保护计划，对于不适宜就地保护的尽快由南海丝绸之路水下联合考古机构打捞出水并妥善保存，对于适宜就地保护的应设置专门的水下保护区，并由南海丝绸之路水下文化遗产保护联合执法机构开展定期的巡航，实现动态监管，防止非法打捞、盗捞等破坏水下文化遗产行为的出现。

参 考 文 献

一、中文文献

(一) 专著类

1. 中国大百科全书总编辑委员会主编：《中国大百科全书·中国历史》，中国大百科全书出版社 2000 年版。

2. 夏征农等主编：《辞海》，上海辞书出版社 1980 年版。

3. 班固：《汉书》（卷二十八下），中华书局 1962 年版。

4. 杨炳南：《海录》，商务印书馆 1936 年版。

5. 李庆新：《海上丝绸之路》，黄山书社 2016 年版。

6. 吴自枚：《梦粱录》（卷十二），中国商业出版社 1982 年版。

7. 苏继顾：《岛夷志略校释》，中华书局 1981 年版。

8. 陈炎：《海上丝绸之路与中外文化交流》，北京大学出版社 1996 年版。

9. 张燮：《东西洋考》（卷九），商务印书馆 1935 年版。

10. 向达校注：《两种海道针经》，中华书局 1961 年版。

11. 李长傅校注：《海国闻见录校注》，中州古籍出版社 1985 年版。

12. 刘昫等撰，陈焕良、文华点校：《旧唐书》（第 2 册），岳麓书社 1997 年版。

13. 赵汝适：《诸藩志》（卷下），商务印书馆 1937 年版。

14. 唐胄：《正德琼台志 上册》（卷四 疆域），海南出版社 2006 年版。

15. 韩振华：《我国南海诸岛史料汇编》，东方出版社 1988 年版。

16. 吴士存：《南沙争端的起源与发展》，中国经济出版社 2009 年版。

17. 李金明：《中国南海疆域研究》，福建人民出版社 1999 年版。

18. 罗观星：《国事回声——高端采访实录》，中国文化出版社 2009 年版。

19. 冯并：《"一带一路"：全球发展的中国逻辑》，民主法制出版社 2015 年版。

20. 杨言洪主编：《"一带一路"黄皮书》，宁夏人民出版社 2015 年版。

21. 赵亚娟：《联合国教科文组织〈保护水下文化遗产公约〉研究》，厦门大学出版社 2007 年版。

22. 傅崐成、宋玉祥：《水下文化遗产的国际法保护——2001 年联合国教科文组织〈保护水下文化遗产公约〉解析》，法律出版社 2006 年版。

23. 刘丽娜：《中国水下文化遗产法律保护》，知识产权出版社 2015 年版。

24. 范伊然：《南海考古资料整理与述评》，科学出版社 2013 年版。

25. 国家文物局水下文化遗产保护中心：《国家文物局水下文化遗产保护中心 2014 年报》。

26. 国家文物局水下文化遗产保护中心等：《南海 I 号沉船考古报告之一——1989—2004 年调查（上）》，文物出版社 2017 年版。

27. 李岩、陈以琴：《南海 I 号沉浮记——继往开来的旅程》，文物出版社 2009 年版。

28. 崔勇、张永强、肖达顺：《海上敦煌——南海 I 号及其他海上文物》，广东经济出版社 2015 年版。

29. 郭玉军：《国际法与比较法视野下的文化遗产保护问题研究》，武汉大学出版社 2011 年版。

30. 毛振华、闫衍、郭敏：《"一带一路"沿线国家主权信用风险评估报告》，对外经济贸易大学出版社 2015 年版。

31. 冯梁：《亚太主要国家海洋安全战略研究》，世界知识出版社 2012 年版。

32. 郭渊：《地缘政治与南海争端》，中国社会科学出版社 2011 年版。

33. 武晓迪：《中国地缘政治的转型》，中国大百科全书出版社 2006 年版。

34. 彭光谦等：《军事战略简论》，解放军出版社 1989 年版。

35. 胡启生：《海洋秩序与民族国家——海洋政治地理视角中的民族国家构建分析》，黑龙江人民出版社 2003 年版。

36. 郭文路、黄硕林：《南海争端与南海渔业区域合作管理研究》，海洋出版社 2007 年版。

37. 查道炯：《中国学者看世界——非传统安全卷》，新世界出版社 2007 年版。

38. 郑远民、朱红梅：《非传统安全威胁下国际法律新秩序的构建》，法律出版社 2014 年版。

39. 张全义、邹函奇：《当代全球热点问题》，浙江大学出版社 2009 年版。

40. 国防大学战略研究所：《国际战略形势分析（2002—2003）》，国防大学出版社 2003 年版。

41.《邓小平文选》（第三卷），人民出版社 1993 年版。

42. 陆书平、万森、张秋霞编：《现代汉语词典》（彩色插图本），商务印书馆 2017 年版。

43.《马克思恩格斯全集》（第 1 卷），人民出版社 1956 年版。

44. 袁吉洁：《国际海洋划界的理论与实践》，法律出版社 2001 年版。

45. 海洋国际问题研究会：《中国海洋邻国的海洋法规和协定选编》，海洋出版社 1984 年版。

46. 杨金森、高之国：《亚太地区的海洋政策》，海洋出版社 1990 年版。

47. 刘洪滨、刘康：《海洋保护区：概念与应用》，海洋出版社 2007 年版。

（二）译著类

1. ［美］索尔·科恩：《地缘政治学——国际关系的地理学》（第二版），闫春松译，上海社会科学院出版社 2011 年版。

2. ［美］詹姆斯·多尔蒂、小罗伯特·普法尔茨格拉夫：《争论中的国际关系理论》（第五版），阎学通等译，世界知识出版社 2003 年版。

3. ［美］斯派克曼：《和平地理学》，刘愈之译，商务印书馆 1965 年版。

4. ［美］汉斯·J. 摩根索：《国际纵横策论——争强权、求和平》，卢明华等译，上海译文出版社 1995 年版。

5. ［法］菲利普·赛比耶·罗佩兹：《石油地缘政治》，潘革平译，社会科学文献出版社 2008 年版。

6. ［美］兹比格纽·布热津斯基：《大抉择——美国站在十字路口》，王振西译，新华出版社 2005 年版。

7. ［美］亚历山大·温特：《国际政治的社会理论》，秦亚青译，上海人民出版社 2000 年版。

8. ［美］扎尔米·卡利扎德、伊安·O. 莱斯：《21 世纪的政治冲突》，张淑文译，江苏人民出版社 2000 年版。

9. ［日］小江庆雄：《水下考古学入门》，王军译，文物出版社 1996 年版。

10. ［英］马克尔瑞：《海洋考古学》，戴开元、邱克译，海洋出版社 1992 年版。

（三）期刊论文类

1. 陈炎：《略论海上"丝绸"之路》，载《历史研究》1982 年第 3 期。

2. 王巧荣：《海上丝绸之路南海航线对中国南海权益的历史价值》，载《桂海论丛》2018 年第 4 期。

3. 厉国青、钮仲勋：《郭守敬南海测量考》，载《地理研究》1982 年 8 月第 1 期。

4. 林金枝：《得道多助——外国方面对中国拥有西沙和南沙群岛主权的论证》，载《南洋问题》1981 年第 2 期。

5. 李金明：《南海争议现状与区域外大国的介入》，载《现代国际关系》2011 年第 7 期。

6. 鞠海龙：《中国南海维权的国际舆论环境演变——基于 1982 年以来国际媒体对南海问题报道的分析》，载《人民论坛·学术前沿》2015 年第 10 期。

7. 傅莹、吴士存：《南海局势及南沙群岛争议：历史回顾与现实思考》，载《南海评论（1）》，南京出版社 2017 年版。

8. 常书：《印度尼西亚南海政策的演变》，载《国际资料信息》2011 年第 10 期。

9. 鞠海龙：《文莱海洋安全与实践》，载《世纪经济与政治论坛》2001 年第 5 期。

10. 邹嘉龄、刘春腊、尹国庆、唐志鹏：《中国与"一带一路"沿线国家贸易格局及其经济贡献》，载《地理科学进展》2015 年第 5 期。

11. 聂博敏：《水下文化遗产的国际法保护》，载《中国海洋法评论》2015 年卷第 2 期。

12. 赵亚娟：《水下文化遗产保护的国际法制——论有关水下文化遗产保护的三项多边条约的关系》，载《武大国际法评论》2007 年第 1 期。

13. 郭玉军、唐海清：《文化遗产国际法保护的历史回顾与展望》，载《武大国际法评论》2010 年第 12 卷。

14. 林蓁：《南海水下文化遗产保护合作机制的可行性研究——基于建设 21 世纪海上丝绸之路视角》，载《海南大学学报》（人文社会科学版）2016 年第 34 卷第 2 期。

15. 赵亚娟：《国际法视角下"水下文化遗产"的界定》，载《河北法学》2008 年第 26 卷第 1 期。

16. 丁晓军、王婧：《南海争议海域维权困境及路径》，载《中国青年社会科学》2017 年第 4 期。

17. 邬勇、王秀卫：《南海周边国家水下文化遗产立法研究》，载《西部法学评论》2013 年第 4 期。

18. 李锦辉：《南海周边主要国家海底文化遗产保护政策分析及启示》，载《太平洋学报》2011 年第 19 卷第 6 期。

19. 许永杰、范伊然：《中国南海诸岛考古述要》，载《江汉考古》2012 年第 1 期（总第 122 期）。

20. 陈仲玉：《东沙群岛经营的回顾与展望》，载《"国家公园"学报》2010 年第 20 卷第 1 期。

21. 陈仲玉：《东沙岛南沙太平岛考古学初步调查》，载《历史语言研究所集刊》第 68 本第二分册，1995 年。

22. 吴春明：《中国水下考古 20 载》，载《海洋世界》2007 年第 8 期。

23. 俞伟超：《十年来中国水下考古学的主要成果》，载《福建文博》1997 年第 2 期。

24. 吴建成、孙树民：《南海Ⅰ号古沉船整体打捞方案》，载《广东造船》2004 年第 3 期。

25. 吉笃学：《"南澳Ⅰ号"沉船再研究》，载《华夏考古》2019年第2期。

26. 李雯：《十世纪爪哇海上的世界舞台——对井里汶沉船上金属物资的观察》，载《故宫博物院院刊》2007年第6期。

27. 何国卫：《"南海一号"与"海上丝绸之路"》，载《中国船检》2019年第10期。

28. 崔勇：《"南海Ⅰ号"沉船发掘纪略》，载《自然与文化遗产研究》2019年第10期。

29. 包春磊：《"华光礁Ⅰ号"南宋沉船的发现与保护》，载《大众考古》2014年第1期。

30. 文亚军：《南中国海海域水下文化遗产打捞政策比较评析》，载《市场论坛》2014年第4期。

31. 刘丽娜、王晶、郭萍：《试论中国水下文化遗产的法制建设与国际合作》，载《中国文物科学研究》2012年第4期。

32. 聂德宁：《近代中国与菲律宾的贸易往来》，载《海交史研究》1998年第2期。

33. 饶兆斌：《经济高于地缘政治：马来西亚对21世纪海上丝绸之路的观点》，载《南洋问题研究》2016年第4期。

34. 熊灵、陈美金：《中国与印尼共建21世纪海上丝绸之路：成效、挑战与对策》，载《边界与海洋研究》2017年第6期。

35. 韦红：《东盟社会—文化共同体的建设及其对中国的意义》，载《当代亚太》2006年第5期。

36. 黄耀东：《中国—东盟文化交流与合作可行性研究》，载《学术论坛》2014年第11期。

37. 冯悦：《东盟社会文化共同体与中国—东盟社会文化合作》，载《东南亚纵横》2017年第6期。

38. 张锡镇：《〈东南亚国家联盟宪章〉解读》，载《亚非纵横》2008年第1期。

39. 施雪琴：《认同规范与东盟社会文化共同体建设——兼论对深化中国-东盟地区合作的启示》，载《琼州学院学报》2013年第6期。

40. 栗建安：《海上丝绸之路的中国水下考古概述》，载《文物保护与考古科学》2019 年第 4 期。

41. 周祺、赵骏：《国际民商事协议管辖制度理论的源与流》，载《南京社会科学》2014 年第 6 期。

42. 岳来群：《突破"马六甲困局"——马六甲海峡与我国原油通道安全分析》，载《中国石油企业》2006 年第 11 期。

43. 江山：《透视美军〈地区海上安全计划〉》，载《当代海军》2004 年第 7 期。

44. 刘林山：《新〈四年一度防务评审〉折射美军战略调整动向》，载《现代军事》2006 年第 7 期。

45. 傅秉忠、吕有生：《浅析日本新〈防卫计划大纲〉》，载《国际社会与经济》1996 年第 1 期。

46. 任怀峰：《论区域外大国介入与南海地区安全格局变动》，载《世界经济与政治论坛》2009 年第 5 期。

47. 范晓婷：《对南海"共同开发"问题的现实思考》，载《海洋开发与管理》2008 年第 4 期。

48. 葛红亮：《非传统安全与南海地区国家的策略性互动》，载《国际安全研究》2015 年第 2 期。

49. 李金明：《"9·11"后美国在东南亚的反恐活动》，载《东南亚研究》2009 年第 2 期。

50. 交通运输部海事局：《东南亚地区海上犯罪增多》，载《防范海盗信息简报》2013 年 3 月 28 日。

51. 许可：《东南亚的海盗问题与亚太地区安全》，载《当代亚太》2002 年第 3 期。

52. 王胜、黄丹英：《非传统安全与南海区域开发合作》，载《地域研究与开发》2008 年第 2 期。

53. 洪农：《论南海地区海上非传统安全合作机制的建设——基于海盗与海上恐怖主义问题的分析》，载《亚太安全与海洋研究》2018 年第 1 期。

54. 任远喆、刘汉青：《南海地区非传统安全合作与中国的角色》，载《边界与海洋研究》2017 年第 3 期。

55. 郭荣星、杨书：《南海划界争端：迈向新的地缘政治与经济均衡》，载《经济地理》2019 年第 10 期。

56. 刘淑梅：《论邓小平"搁置争议，共同开发"思想的形成》，载《内蒙古师大学报（哲学社会科学版）》1999 年第 5 期。

57. 徐晓曦：《对"搁置争议，共同开发"思想的国际法分析》，载《云南大学学报（法学版）》2009 年第 6 期。

58. 许浩：《南海油气资源"共同开发"的现实困境与博弈破解》，载《东南亚研究》2014 年第 4 期。

59. 童伟华：《南海对策中"搁置争议"与"共同开发"之冲突及其调整》，载《中国海洋大学学报》（社会科学版）2011 年第 6 期。

60. 冯云飞：《关于中国南海开发战略思想的探究——从"主权属我，搁置争议，共同开发"谈起》，载《产业与科技论坛》2008 年第 12 期。

61. 杨泽伟：《"搁置争议，共同开发"原则的困境与出路》，载《江苏大学学报（社会科学版）》2011 年第 3 期。

62. 岳德明：《中国南海政策刍议》，载《战略与管理》2002 年第 3 期。

63. 柴振国：《区块链下智能合约的合同法思考》，载《广东社会科学》2019 年第 4 期。

64. 刘长霞、付廷中：《南海 U 形线外源自我国的水下文化遗产保护：机制、困境与出路》，载《法学杂志》2013 年第 2 期。

65. 江河、於佳：《国际法上的历史沉船之所有权冲突——以保护水下文化遗产为视角》，载《厦门大学法律评论》2015 年第 1 期。

66. 石春雷：《论南海争议海域水下文化遗产"合作保护"机制的构建》，载《海南大学学报人文社会科学版》2017 年第 4 期。

67. 刘丽娜：《建构南海水下文化遗产区域合作保护机制的思考——以南海稳定和区域和平发展为切入点》，载《中国文化遗产》2019 年第 4 期。

68. 巫晓发、赵菊芬：《南海水下文化遗产保护合作协议草案编制研究》，载《中国海洋法学评论》2018 年卷第 1 期。

69. 马明飞：《水下文化遗产归属的困境与法律对策》，载《甘肃社会科学》

2016 年第 1 期。

70. 赵亚娟、张亮：《从"南海一号"事件看我国水下文化遗产保护制度的完善》，载《法学》2007 年第 1 期。

71. 魏峻：《"南海 I 号"沉船考古与水下文化遗产保护》，载《文化遗产》2008 年第 1 期。

72. 巫晓发：《南海水下文化遗产保护的挑战》，载《中国海洋法学评论》2016 年卷第 2 期。

73. 蔺爱军、林桂兰等：《中国南海水下文化遗产的形成条件、探测与保护探讨》，载《海洋开发与管理》2017 年第 2 期。

74. 何学武、李令华：《我国及周边海洋国家领海基点和基线的基本状况》，载《中国海洋大学学报（社会科学版）》2008 年第 3 期。

75. 李令华：《关于领海基点和基线的确定问题》，载《中国海洋大学学报（社会科学版）》2007 年第 3 期。

76. 刘丹：《菲占黄岩岛法理不足》，载《社会观察》2012 年第 6 期。

77. 申钟秀：《我国邻国领海基线的实践及其对我国的启示》，载《河南财经政法大学学报》2018 年第 6 期。

78. 邰周伟：《菲律宾"领海基线法"之剖析》，载《温州大学学报 社会科学版》2009 年第 6 期。

79. 李洁宇：《马来西亚解释和运用〈联合国海洋法公约〉的策略与效果》，载《战略决策研究》2006 年第 4 期。

80. 李令华：《南海周边国家的海洋划界立法与实践》，载《中国海洋大学学报（社会科学版）》2008 年第 2 期。

81. 林蓁：《领海内满足水下文化遗产定义的军舰的法律地位：中国和东盟国家立法研究》，载《中国海洋法学评论》2018 年卷第 1 期。

82. 潘文亮、王盛安、蔡树群：《南海潜在海啸灾害的模拟》，载《热带海洋学报》2009 年第 6 期。

83. 杨马陵、魏柏林：《南海海域地震海啸潜在危险的探析》，载《灾害学》2005 年第 3 期。

84. 黎鑫等：《南海–印度洋海域海洋安全灾害评估与风险区划》，载《热带海洋学报》2012 年第 6 期。

85. 孔锋、林霖、刘冬：《服务"一带一路"建设，建立南海地区自然灾害风险防范机制》，载《中国发展观察》2017 年第 Z2 期。

86. 马明飞：《水下文化遗产打捞合同争议解决路径研究——以国际投资条约为视角》，载《政治与法律》2015 年第 4 期。

87. 林海莘、方淦明：《沉睡海底四百余年重见天日 解读汕头"南澳 I 号"前世》，载《潮商》2010 年第 3 期。

二、外文文献

（一）著作类

1. Liselotte Odgaard, *Maritime Security Between China and Southeast Asia*, Ashgate Publishing Limited, 2002.

2. Franck Goddio, *Discovery and Archaeological Excavation of a 16ᵗʰ Century Trading Vessel in the Philippines*, World Wide First. , 1988.

3. Allison I. Diem, *Relics of a Lost Kingdom: Ceramics from the Asian Maritime Trade*, Asiatype Inc. , 1996.

4. Gristophe Loviny, *In the Pearl Road: Tales of Treasure Ship in the Philippines*, Asiatype Inc. , 1996.

5. Aileen San Pable-Baviera (ed.), *The South China Sea Disputes: Philippine Perspectives*, *Philippine China Development Resource Center and Philippine Association for Chinese Studies*, New Manila (1992).

6. Colin Mac Andrews & Chia Lin Sien, *Southeast Asian Seas: Frontiers for Development*, McGraw—Hill International Book Company (1981).

7. Douglas M. Johnston & Mark Valencia, *Pacific Ocean Boundary Problems: Status an Solutions*, Martinus Nijihoff Publishers (1992).

8. Patrick J. O'Keefe, *Shipwrecked Heritage: A Commentary on the UNESCO Convention on Underwater Cultural Heritage*, The Institute of Art and Law (2002).

9. Porter Hoagland, *Chapter China' in Sarah Dromgoole*, *Legal Protection of the*

Underwater Cultural Heritage: *National and International Perspectives*, The Hague: Kluwer Law International (1999).

10. Kwa Chong Guan & John K. Skogan (ed.), *Maritime Security in Southeast Asia*, London & New York: Routledge (2007).

11. Garabello & Tullio Scovazzi (ed.), *The Protection of the Underwater Cultural Heritage*: *Before and After the 2001 UNESCO Convention*, Brill Academic Publishers (2003).

12. Sarah Dromgoole (ed.), *The Protection of the Underwater Cultural Heritage National Perspectives in Light of the UNESCO Convention* 2001, Martinus Nijhoff Publishers (2006).

13. Constance Johnson, *For Keeping or for Keeps? An Australian Perspective on Challenges Facing the Development of a Regime for the Protection of Underwater Cultural Heritage*, 1 Melb. J. Int'l L. 19 (2000).

14. Kent G & Valencia M J, *Marine Policy in Southeast Asia*, University of California Press (1985).

15. Dutch Archaological Institute, *MACHU Research Program*, Deutsches Arch Ologisches Institute Rom (2010).

16. Sarah Dromgoole, Underwater Cultural Heritage and International Law, Cambridge University Press (2013).

(二) 英文论文

1. David Jenkins, "A 2000-year-old Claim", Far Eastern Economic Review (August 7, 1981).

2. Jianming Shen, "International Law Rules and Historical Evidences Supporting China's Title to the South China Sea Islands", Hastings International and Comparative Law Review (Vol. 21, 1997).

3. Janet Blake, "The Protection of the Underwater Cultural Heritage", International and Comparative Law Quarterly (Vol. 45, No. 4).

4. Bobby C. Orillaneda & Wilfredo P. Ronqillo, "Protecting and Preserving the

Underwater Cultural Heritage in the Philippines: A Background Paper", The MUA Collection (2013. 01. 10).

5. Ida Madieha Azmi, "Tragedy of the Commons: Commercialization of Cultural Heritage in Malaysia", Queen Mary Journal of Intellectual Property (Vol. 2, No. 1, 2012).

6. Jhohannes Marbun, "An Advocacy Approach on Underwater Heritage in Indonesia, Case Study: An Auction on Underwater Heritage from Cirebon Waters in 2010", The MUA Collection (2013. 01. 10).

7. Michael Flecker, "Excavation of An Oriental Vessel of c. 1690 Off Con Dao", The International Journal of Nautical Archaeology (Vol. 3, 1992).

8. Mark J. Valencia, "Vietnam: Fisheries and Navigation Policies and Issues", 21 Ocean Dev. & Int'l L. 431 (1990).

9. Rames Amer, "China, Vietnam, and the South China Sea: Disputes and Dispute Management, " 45 Ocean Dev. & Int'l 20 (2014).

10. LIU Li-na, "Exploration and Analysis on Regional Cooperation Scheme for protection of Pnderwater Cultural Heritage in South China Sea", Journal of Chang'an University (Social Science Edition) (Vol. 19, No. 2, Mar. 2017).

11. Wilfredo P. Ronqillo, "Philippine Underwater Archaeology: Present Research Projects and New Development", Maritime Archaeology: A Reader of Substantive and Theoretical Contributions 127 (L. E. Babits & H. V. Tilburg. , 1998).

12. Michael Flecker, "The Ethics, Politics, and Realities of Maritime Archealogy in Southeast Asia", The International Journal of Nartiral Archaeology (Vol. 31, No. 1, 2002).

13. Isnen Fitri and others, "Cultural Heritage and Its Legal Protection in Indonesia since the Dutch East Indies Government Period", 81 Advances in Social Science, Education and Humanities Research (ASSEHR) (Vol. 131, 2016).

14. Michail Risvas, "The Duty to Cooperate and the Protection of Underwater Cultural Heritage", Cambridge Journal of International and Comparative Law (Vol. 2, No. 3, 2013).

15. Bernara Fook Wang Loo, "Transforming the Strategic Landscape of Southeast Asia", Contemporary Southeast Asia (Vol. 27, No. 3, 2005).

16. Hasjim Dkala, "Piracy and the Challenges of Cooperative Security Enforcement Policy", The Indonesia Quarterly (Vol. 30, No. 2, January 2002).

17. Robert C. Beckman, "Combating Piracy and Armed Robbery against Ship in Southeast Asia: The Way Forward", Ocean Development & International Law (Vol. 33, No. 3/4, Oct. 2002).

18. Yann-Huei Song, "The Overall Situation in the South China Sea in the New Millennium: Before and After the September 11 Terrorist Attacks", Ocean Development & International Law (Vol. 26, No. 1, Feb. 2004).

19. Barrett Bingley, "Security Interests of the Influencing States: The Complexity of Malacca Straits", The Indonesian Quarterly (Vol. 32, No. 4, Feb. 2004).

20. Lowell B. Bautista, "Gaps, Issues, and Prospects: International Law and the Protection of Underwater Cultural Heritage", Dalhouse Journal of Legal Studies (Vol. 57, No. 14, 2005).

21. Vincent P Cogliati-Bantz & Craig J. S. Forrest, "Consistent: the Convention on the Protection of the Underwater Cultural Heritage and the United Nations Convention on the Law of the Sea", Cambridge Journal of International and Comparative Law (Vol. 3, No. 2, 2013).

22. Sorna Khakzad, "Underwater Cultural Heritage Sites on the Way to World Heritage: To Ratify the 2001 Convention or not to Ratify?", Journal of Anthropology and Archaeology (Vol. 2, No. 1, June 2014).

23. Michail Risvas, "The Duty to Cooperate and the Protection of Underwater Cultural Heritage", Cambridge Journal of International and Comparative Law (Vol. 3, No. 2, 2013).

24. Tullio Scovazzi, "The Entry into Force of the 2001 UNESCO Convention on the Protection of the Underwater Cultural Heritage", Aegean Rev Law Sea (4th Aug. 2009).

25. Eden Sarid, "International Underwater Cultural Heritage Governance: Past

Doubts and Current Challenges", Berkeley Journal of International Law (2017).

26. James A. R. Nafziger, "The Unesco Convention on the Protection of the Underwater Cultural Heritage: Its Growing Influence", Journal of Maritime Law and Commerce (Jul. 2018)

27. Lydia Barbash-Riley, "Using A Community-Based Strategy to Address the Impacts of Globalization on Underwater Cultural Heritage Management in the Dominican Republic", Indiana Journal of Global Legal Studies (2015).

28. Patrick Coleman, "Unesco and The Belitung Shipwreck: the Need for A Permissive Definition of *Commercial Exploitation*", George Washington International Law Review (2013).

29. Craig J. S. Forrest, "Has the Application of Salvage Law to Underwater Cultural Heritage Become A Thing of the Past?", Journal of Maritime Law and Commerce (Apr, 2003).

30. Peter Hershey, "Rms Titanic As National and World Heritage: Protecting the Wreck Site of the Titanic Pursuant to the National Historic Preservation Act and the World Heritage Convention", Florida Coastal Law Review (Spring, 2015).

31. Ole Varmer & Caroline M. Blanco, "The Case For Using the Law of Salvage to Preserve Cultural Underwater Heritage: the Integrated Marriage of the Law of Salvage and Historic Preservation", Journal of Maritime Law and Commerce (Jul. 2018).

32. Craig Forrest, "Historic Wreck Salvage: An International Perspective", Tulane Maritime Law Journal (Summer, 2009).

33. Jonathan Joseph Beren Segarra, "Above Us the Waves: Defending the Expansive Jurisdictional Reach of American Admiralty Courts in Determining the Recovery Rights to Ancient or Historic Wrecks", Journal of Maritime Law and Commerce (Jul. 2012).

34. Laura Gongaware, "To Exhibit or not to Exhibit?: Establishing A Middle Ground for Commercially Exploited Underwater Cultural Heritage Under the 2001 Unesco Convention", Tulane Maritime Law Journal (Winter, 2012).

35. Marian Leigh Miller, "Underwater Cultural Heritage: Is the Titanic Still in

Peril as Courts Battle Over the Future of the Historical Vessel？"，Emory International Law Review（Spring，2006）．

36. Zhou Qinghai，"Tsunami Risk Analysis for China"，Natural Hazards（Vol. 1，1988）．

37. Ole Varmer，"Closing the Gaps in the Law Protecting Underwater Cultural Heritage on the Outer Continental Shelf"，33 Stan. Envtl. L. J. 251（2013-2014）．

（三）案例类

R. M. S. Titanic v. Wrecked & Abandoned Vessel，435 F. 3d521；U. S. App（2006）．

三、学位论文

1. 田辽：《南海争端的相关法律问题研究》，武汉大学 2013 年博士学位论文。

2. 陈旭艳：《水下文化遗产国际法保护研究》，中国政法大学 2009 年硕士学位论文。

3. 王汐：《水下文化遗产保护的国际公约及其对我国的启示》，中国海洋大学 2011 年硕士学位论文。

4. 刘依涵：《中国在南海问题的利益诉求——以 21 世纪海上丝绸之路为视角》，吉林大学 2016 年硕士学位论文。

5. 麻可：《论南海地区水下文化遗产保护的法律依据和实践》，北京外国语大学 2019 年硕士学位论文。

6. 范宝权：《地区认同视角下东盟社会文化共同体探析》，武汉大学 2017 年硕士学位论文。

7. 陈建光：《中国与东盟非传统安全合作问题研究》，广西师范大学 2012 年硕士学位论文。

8. 王涵：《水下文化遗产的所有权归属及法律保护》，海南大学 2015 年硕士学位论文。

9. 李孟妍：《水下文化遗产的所有权法律问题研究》，南京大学 2018 年硕士学位论文。

四、报刊文献

1. 吴春明：《中华海洋文化遗产亟待抢救与保护》，载《中国文物报》2012年5月11日，第003版。

2. 崔勇：《"南澳Ⅰ号"沉船与明代海上丝绸之路》，载《中国文物报》2017年6月16日，第003版。

3. 李培、黄学佳等：《"南澳Ⅰ号"会被完整复原》，载《南方日报》2012年9月25日，第A18版。

4. 吴绪山：《解读"南澳Ⅰ号"》，载《深圳特区报》2012年9月21日，第B01版。

5. 张燕：《"华光礁Ⅰ号"见证海上丝绸之路》，载《民主与法制时报》2014年1月9日，第014版。

6. 李白蕾：《福州将出台首部水下文物的地方性法规》，载《福州日报》2007年8月31日，第002版。

7. Abdul Khalik, "Bribery Ensures Spoils Go to the Treasure Hunters", The Jakarta Post 03/20/2006.

8. 林国聪、鄂杰：《我国水下考古技术的新探索》，载《文物考古周刊》2017年2月24日，第005版。

9. 李隽琼：《中国强势巩固南海油气战略，第二波斯湾价值凸显》，载《北京晨报》2006年1月11日，第002版。

10. 王勉等：《中国海洋资源维护的两大软肋》，载《国际先驱导报》2006年10月20日，第11版。

11. 王英诚等：《越南侵渔活动变本加厉》，载《国际先驱导报》2006年10月20日，第11版。

五、电子文献

1.《菲律宾觊觎海洋资源 找借口强占我国黄岩岛》，载新浪新闻网：http://news.sina.com.cn/c/2009-03-03/093017325156.shtml，最后访问日期：

2019 年 9 月 2 日。

2.《菲律宾提交领海法案到联合国 欲"强占"黄岩岛》，载搜狐新闻网：http：//news. sohu. com/20090303/n262567716. shtml，最后访问日期：2019 年 9 月 2 日。

3.《菲军方：中国海警船在黄岩岛以水炮驱逐菲渔船》，载凤凰网：http：//news. ifeng. com/mainland/special/nanhailingtuzhengduan/content-3/detail _ 2014_02/24/34134230_0. shtml，最后访问日期：2019 年 9 月 3 日。

4.《菲方：中国在黄岩岛建军事设施 不久将飘五星红旗》，载凤凰网：http：//news. ifeng. com/mainland/special/nanhailingtuzhengduan/content-3/detail _ 2014_02/24/34134230_0. shtml，最后访问日期：2019 年 9 月 3 日。

5.《外交部回应南海纳土纳群岛"争议"：主权属印尼》，载凤凰网：http：//news. ifeng. com/a/20151113/46227704_0. shtml，最后访问日期：2019 年 10 月 5 日。

6.《中越南海之战：你争我夺的 1974 年》，载搜狐网：http：//www. sohu. com/a/204401321_488570，最后访问日期：2019 年 10 月 9 日。

7.《1988 年中越南沙海战》，载凤凰网：http：//news. ifeng. com/mil/200803/0307_235_430113. shtml，最后访问日期：2019 年 10 月 9 日。

8.《东盟与中国关系大事记》，载人民网：http：//www. people. com. cn/item/zrjcfdm/zl02. html，最后访问日期：2019 年 10 月 11 日。

9.《中国学者发起南海丝绸之路文化遗产保护共同宣言》，载凤凰网：http：//finance. ifeng. com/a/20140709/12682503_0. shtml，最后访问日期：2019 年 10 月 15 日。

10.《南海丝绸之路文化遗产保护共同宣言发布》，载国务院新闻办公室网站：http：//www. scio. gov. cn/31773/35507/htws35512/Document/1524739/1524739. htm，最后访问日期：2019 年 10 月 20 日。

11.《习近平：像爱惜自己的生命一样保护好文化遗产》，载新华网：http：//www. xinhuanet. com/politics/2015-01/06/c_1113897353. htm，最后访问日期：2019 年 10 月 20 日。

12. The Role of ICOMOS ICUCH and NAS in Underwater Cultural Heritage

Protection in the Pacific, http：//www. academia. edu/7921674/The _ Role _ of _ ICOMOS_ICUCH_and_NAS_in_Underwater_Cultural_Heritage_Protection_in_the_ Pacific, last visited Oct. 29, 2019.

13. 《我国管辖海域水下文化遗产安全告急》，载法制网：http：//www. legaldaily. com. cn/index/content/2011-12/13/content_3194399. htm？node = 33769，最后访问日期：2019 年 12 月 29 日。

14. 《海南将在西沙群岛划定四大水下文物遗产保护区》，载南海网：http：//www. hinews. cn/news/system/2012/06/24/014558918_01. shtml，最后访问日期：2020 年 1 月 2 日。

15. 《各国对南沙群岛实际控制情况》，载凤凰网：http：//news. ifeng. com/mainland/special/nanhailingtuzhengduan/，最后访问日期：2020 年 1 月 2 日。

16. 《记者视域：水下考古 探寻中国海洋文明》，载中国考古网：http：//kaogu. cssn. cn/zwb/ggkgzx/xw_3516/201206/t20120604_3923910. shtml，最后访问日期：2019 年 7 月 3 日。

17. 《中国水下考古任重道远 家底还不清楚盗捞仍严重》，载中国考古网：http：//kaogu. cssn. cn/zwb/kgyd/kgsb/201105/t20110504_3921248. shtml，最后访问日期：2019 年 7 月 3 日。

18. 《盘点历次西沙考古》，载中国考古网：http：//kaogu. cssn. cn/zwb/kgyd/kgsb/201505/t20150525_3933682. shtml，最后访问日期：2019 年 7 月 4 日。

19. 《首站设在海南西沙海域》，载海南日报：http：//news. hexun. com/2012-03-27/139776654. html，最后访问日期：2019 年 7 月 14 日。

20. 《"水下海盗"洗劫南海文物》，载今日头条：http：//www. zjzhongshang. com/gushi/yingxiaogushi/55746. html，最后访问日期：2019 年 8 月 1 日。

21. 《我国水下文物盗捞呈集团化公司化趋势》，载搜狐网：http：//roll. sohu. com/20111215/n329085636. shtml，最后访问日期：2019 年 8 月 5 日。

22. 《西沙海域水下考古与海上丝绸之路》，载中国考古网：http：//kaogu. cssn. cn/zwb/kgyd/kgsb/201706/t20170626_3942099. shtml，最后访问日期：2019 年 8 月 9 日。

23. 《南海文化遗存见证"海上丝绸之路"》，载南海网：http：//www.

参 考 文 献

hinews. cn/news/system/2012/06/27/014568850. shtml，最后访问日期：2019 年 8 月 11 日。

24. 《中国文物火爆全球的背后，谁在导演天价"古董局中局"》，载搜狐网：http：//www. sohu. com/a/350738891_100157730，最后访问日期：2019 年 8 月 11 日。

25. 《水下文物海盗：南海文物保护处于"真空状态"》，载腾讯网：https：//news. qq. com/a/20111026/001403. htm，最后访问日期：2019 年 9 月 2 日。

26. 《西沙水下遗存 50% 被盗捞 我国文物盗捞呈集团化》，载腾讯网：https：//news. qq. com/a/20111215/000234. htm，最后访问日期：2019 年 9 月 2 日。

27. 《中国水下文物盗捞猖獗 文物工作者不得已抢救发掘》，载凤凰网：http：//news. ifeng. com/mainland/detail_2011_12/15/11336355_0. shtml，最后访问日期：2019 年 9 月 3 日。

28. 《西沙海底文物惨遭洗劫 南海周边轮船曾蓄意破坏》，载搜狐网：http：//news. sohu. com/20111024/n323201611. shtml，最后访问日期：2019 年 9 月 4 日。

29. 《水下文物盗捞集团化 我国南海主权证据被他国蓄意破坏》，载舜网新闻中心：http：//news. e23. cn/content/2011-12-15/2011C1500718. html，最后访问日期：2019 年 9 月 5 日。

30. Ca Mau Loses Millions of Euros from Sale of Antiques, Intellasia News Online：http：//www. intellasia. net/news/articles/soriety/111248159. shtml, last visited Oct. 11，2019.

31. Intangible Cultural Heritage Safeguarding System in Vietnam, UNESCO official website：https：//ich. uncsco. org/doc/src/00174-EN. pdf, last visited Oct. 14，2019.

32. National Report on the Philippines, UNESCO Experts Meeting on the Protection of the Underwater Cultural Heritage：http：//www. unescobkk. org/fileadmin/user _ upload/culture/Underwater/SL _ presentations/Country _ Reports/

Philippines. pdf, last visited Oct. 23, 2019.

33. Human Resources Development in Indonesia's Underwater Archaeology: http://www. themua. org/collections/files/original/3c68f6f321e72eec85a34155b0f69 ec4. pdf, last visited Oct. 20, 2019.

34. An Advocacy Approach on Underwater Heritage in Indonesia, Case Study: An Auction on Underwater Heritage from Cirebon Waters in 2010: http:// www. themua. org/collections/files/original/b4d3ef18e9639823a6c4243b9eeb09d0. pdf, last visited Oct. 20, 2019.

35. National Report of Indonesia on the Protection of Underwater Cultural Heritage, UNESCO Experts Meeting on the Protection of the Underwater Cultural Heritage: http://www. unescobkk. org/fileadmin/user_upload/culture/Underwater/SL _presentations/Country_Reports/ Indonesia. pdf, last visited Oct. 23, 2019.

36. Cultural Attitude and Values towards Underwater Cultural Heritage and Its Influence on the Management Actions in Indonesia: http://themua. org/ collections/ files/original/5e505174e0alacbe5ecd71c0aa83b3ee. pdf, last visited Oct. 23, 2019.

37. 《文莱，21 世纪海上丝绸之路在这里焕发新生机》，载国务院新闻办公室网站：http://www. scio. gov. cn/31773/35507/35510/Document/1630357/1630357. htm，最后访问日期：2019 年 9 月 17 日。

38. ASEAN Declaration on Cultural Heritge, Association of Southeast Asian Nations: http://cultureandinformation. asean. org/wp-content/uploads/2013/11/ASEAN-Declaration-on-Cultural-Heritage. pdf. last visited Nov. 12, 2019.

39. The ASEAN Socio-Cultural Community Plan of Action, Association of Southeast Asian Nations: http://www. aseansec. org/16832. htm, last visited Nov. 13, 2019.

40. 《中国和东盟签署谅解备忘录 文化合作新发展时期》，载搜狐网：http://news. sohu. com/20050805/n226572088. shtml，最后访问日期：2019 年 11 月 11 日。

41. ASEAN Charter, Association of Southeast ASIAN Nations: http://www. eseansec. org/21069. pdf, last visited Nov. 15, 2019.

42. Roadmap for an ASEAN Community 2009-2015，Association of Southeast ASIAN Nations：http：//www. asean. org/wp-content/uploads/images/ASEAN_RTK_2014/2_Roadmap_for_ASEAN_Community_2009201. pdf，last visited Nov. 17，2019.

43.《各方签署〈中国−东盟文化合作行动计划〉》，载搜狐网：http：//roll. sohu. com/20140420/n398511672. shtml，最后访问日期：2019 年 11 月 14 日。

44.《第 27 届东盟领导人会议马来西亚开幕》，载搜狐网：http：//www. sohu. com/a/43461591_115848，最后访问日期：2019 年 11 月 14 日。

45. ASEAN Socio-Cultural Community Blueprint 2025，Association of Southeast ASIAN Nations：http：//www. asean. org/wp-content/uploads/2012/05/8. -March-2016-ASCC-Blueprint-2025. pdf，last visited Nov. 18，2019.

46. Vientiane Declaration on Reinforcing Cultural Heritage Cooperation in ASEAN，Association of Southeast ASIAN Nations：https：//asean. org/storage/2016/09/Vientiane-Declaration-endorsed-by-7th-AMCA-24Aug2016. pdf，last visited Nov. 23，2019.

47.《周边国家西方公司加紧南海探采油气 打千余口井》，载搜狐网：http：//news. sohu. com/20120322/n338579113. shtml，最后访问日期：2019 年 11 月 20 日。

48.《南海渔业资源现状一瞥》，载南海研究院：http：//www. nanhai. org. cn/news/news_info. asp%20ArticleID = 448，最后访问日期：2019 年 7 月 20 日。

49.《直面外国武装船挑衅 中国海上维权挑战敏感地带》，载搜狐网：http：//news. sohu. com/20100201/n269963558. shtml，最后访问日期：2019 年 12 月 20 日。

50.《南海周边国家近年抓扣枪击中国民兵渔民上百人》，载搜狐网：http：//history. sohu. com/20130516/n376157255. shtml，最后访问日期：2019 年 12 月 24 日。

51.《美第七舰队与菲律宾在南沙群岛附近搞联合军演》，载新浪网：http：//mil. news. sina. com. cn/p/2008-05-27/0928502566. html，最后访问日期：2019 年 12 月 29 日。

52.《日本将向马来西亚提供 14 艘快艇打击海盗与走私》，载搜狐网：http：//news. sohu. com/20090331/n263114839. shtml，最后访问日期：2019 年 12 月 31 日。

53.《温家宝访越期间中越将签署多个经贸合作文件》，载中国网：http：//www. china. com. cn/chinese/EC-c/671874. htm，最后访问日期：2019 年 8 月 18 日。

54. Security Implication of Conflict in the South China Sea-Exploring Potential Triggers of Conflict, CSIC：http：//www. csic. org/pacfor/opSChinaSea. pdf, last visited Sep. 17, 2019.

55.《他曾在中国南海盗捞出 200 万件瓷器，被称为"中国水下考古克星"》，载新浪网：http：//k. sina. com. cn/article_6440666289_17fe4c4b1001005 x8y. html，最后访问日期：2019 年 9 月 7 日。

56. Reports on Acts of Piracy and Armed Robbery Against Ships（2000-2010），IMO：http：//www. imo. org/OurWork/PiracyArmedRobbery/Pages/PirateReports. aspx, last visited Dec. 11, 2019.

57. Reports on Acts of Piracy and Armed Robbery Against Ships Annual Report-2008, IMO：http：//www. imo. org/en/OurWork/Security/PiracyArmedRobbery/Reports/Documents/208_Annual_2008. pdf, last visited Dec. 11, 2019.

58. Countering Maritime Piracy and Robbery in Southeast Asia：the Role of ReCAAP Agreement, EIAS：http：//www. eias. org/publication/briefing-paper/countering-maritime-piracy-and-robbery-southeast-asia-role-recaap, last visited Dec. 21, 2019.

59. Reports on Acts of Piracy and Armed Robbery Against Ships Annual Report-2013, IMO：http：//www. imo. org/en/OurWork/Security/PiracyArmedRobbery/Reports/Documents/208_Annual_2013. pdf, last visited Dec. 15, 2019.

60. Reports on Acts of Piracy and Armed Robbery Against Ships Annual Report-2014, IMO：http：//www. imo. org/en/OurWork/Security/PiracyArmedRobbery/Reports/Documents/219_Annual_2014. pdf, last visited Dec. 16, 2019.

61. Reports on Acts of Piracy and Armed Robbery Against Ships Annual Report-2015, IMO：http：//www. imo. org/en/OurWork/Security/PiracyArmedRobbery/Reports/

Documents/232_Annual_2015. pdf, last visited Dec. 16, 2019.

62. Reports on Acts of Piracy and Armed Robbery Against Ships Annual Report-2016, IMO：http：//www. imo. org/en/OurWork/Security/PiracyArmedRobbery/Reports/Documents/245%20Annual%202016. pdf, last visited Dec. 16, 2019.

63. Reports on Acts of Piracy and Armed Robbery Against Ships Annual Report-2017, IMO：http：//www. imo. org/en/OurWork/Security/PiracyArmedRobbery/Reports/Documents/258%20Annual%202017. pdf, last visited Dec. 16, 2019.

64. Reports on Acts of Piracy and Armed Robbery Against Ships Annual Report-2018, IMO：http：//www. imo. org/en/OurWork/Security/PiracyArmedRobbery/Reports/Documents/271%20MSC. 4-Circ. 263%20Annual%202018. pdf, last visited Dec. 16, 2019.

65. 《历史选择了邓小平（116）》，载人民网：http：//cpc. people. com. cn/n1/2018/1121/c69113-30412441. html，最后访问日期：2019 年 11 月 7 日。

66. 《中国菲律宾和越南三国石油公司签署南海合作协议》，载广西新闻网：http：//www. gxnews. com. cn/staticpages/20050318/newgx4239b2a6-339155. shtml，最后访问日期：2019 年 11 月 26 日。

67. 《国家水下文化遗产保护宁波基地落成开放》，载国家文物局：http：//www. gov. cn/xinwen/2014-10/16/content_2766231. htm，最后访问日期：2019 年 11 月 28 日。

68. 《水下考古基地阳江落成 将撩开南宋千年沉船面纱》，载广东新闻：http：//news. southcn. com/gdnews/areapaper/200309190984. htm，最后访问日期：2019 年 12 月 21 日。

69. 《国家文物局关于公开征求〈中华人民共和国水下文物保护管理条例〉修订草案（征求意见稿）意见的通知》，载国家文物局：http：//www. sach. gov. cn/art/2018/2/11/art_1966_146987. html，最后访问日期：2019 年 12 月 27 日。

70. 《司法部关于〈水下文物保护管理条例（修订草案送审稿）〉公开征求意见的通知》，载司法部：http：//www. gov. cn/xinwen/2019-03/19/content_5375083. htm，最后访问日期：2019 年 12 月 29 日。

71.《政协委员建议海南省加大水下文物保护力度》，载央广网：http：// news. cnr. cn/native/city/20170221/t20170221_523612690. shtml，最后访问日期：2019 年 12 月 31 日。

72.《中国海警开展国际交流合作成效显著》，载搜狐网：http：//m. sohu. com/a/222729395_162758，最后访问日期：2020 年 1 月 3 日。

73. Global Competitiveness Report 2019, World Economic Forum：https：// www. weforum. org/reports/global-competitiveness-report-2019，last visited Dec. 23, 2019.

74. Global Competitiveness Report 2018, World Economic Forum：https：// www. weforum. org/reports/the-global-competitveness-report-2018，last visited Dec. 23, 2019.

75.《中华人民共和国政府关于领海的声明（1958 年 9 月 4 日）》，载中华人民共和国外交部：https：//www. fmprc. gov. cn/diaoyudao/chn/flfg/zcfg/t1304542. htm，最后访问日期：2020 年 1 月 5 日。

76.《国际法院发声明：从未参与南海仲裁案（图）》，载凤凰网：http：// news. ifeng. com/a/20160714/49350856_0. shtml，最后访问日期：2020 年 1 月 10 日。

77.《越南曾承认中国南海主权：和周总理照会确认》，载搜狐网：https：// mil. sohu. com/20150217/n409073758. shtml，最后访问日期：2020 年 3 月 5 日。

78. Law on Cultural Heritage, UNESCO official website：https：// www. unesco. org/culture/natlaws/media/pdf/indonesie/indonesia_compliation_of_law_2003_engl_orof. pdf，last visited Dec. 23, 2019.

79. National Heritage Act 2005, HBQ：https：www. hbq. usm. my/conservation/laws/nationalheritageact. htm，last visited Feb. 21, 2020.

80. Agreement Between the Government of the United States of America and the Government of the French Republic Regarding the Wreck of la Belle, https：// www. gc. nooa. gov/documents/gcil_la_belle_agmt. pdf，last visited Feb. 25, 2020.

81. Agreement Between the Netherlands and Australia Concerning Old Dutch Shipwrecks, Australasian Legal Information Institute：http：//www. austlii. edu. au/

cgi-bin/sinodisp/au/other/dfat/treaties/ATS/1972/18. html？stem = 0&synonyms = 0&query = old%20Dutch%20shipwrecks，last visited Feb. 25，2020.

82. Law of the Republic of Indonesia Number 5 of the Year 1992 Concerning Item of Cultural Property，UNESCO official website：http：//www. unesco. org/culture/ natlaws/media/pdf/indonesie/indonesia_compilation_of_law_2003_engl_orof. pdf，last visited Feb. 5，2020.

83. Decree no. 86/2005/ND-CP of 8th July 2005 on Management and Protection of Underwater Cultural Heritage：Vietnam Law & Legal Forum：http：//faolex. fao. org/ docs/pdf/vie60607. pdf，last visited Feb. 14，2020.

84. Republic Act No. 10066，An Act Providing for the Protection and Conservation of the National Cultural Heritage，Strengthening the National Commission for Culture and the Arts（NCCA）and Its Affiliated Cultural Agencies，and for Other Purposes, The Lawphil Project - Arellano Law Foundation：http：//www. lawphil. net/statutes/ repacts/ra2010/ra_10066_2010. html，last visited Feb. 15，2020.

85. An Act Providing for the Protection and Conservation of All Objects［of］ Underwater Cultural Heritage in Philippine Waters，Senate of the Philippines：http：// www. senate. gov. ph/lisdata/2395220626！. pdf，last visited Feb. 19，2020.

86. The Scientific and Technical Advisory Body，UNESCO official website： http：//www. unesco. org/new/zh/culture/themes/underwater-cultural-heritage/2001- convention/advisory-body/，last visited Mar. 19，2020.

87.《南海油气储量究竟有多少？我国南海油气开发主要集中在这些区域》，载网易网：http：//dy. 163. com/v2/article/detail/DV2RRCUO05371V2U. html，最后访问日期：2020 年 3 月 2 日。

88.《南海海域发生 4. 1 级地震 震源深度 5 千米》，载国家应急广播网：http：//www. cneb. gov. cn/2016/09/23/ARTI1474565336603361. shtml，最后访问日期：2020 年 3 月 16 日。

89.《南海海域附近发生 6. 5 级左右地震》，载新浪网：http：//news. sina. com. cn/o/2017-08-11/doc-ifyixcaw4227975. shtml，最后访问日期：2020 年 3 月 17 日。

90.《南海今早发生 3.6 级地震！细数历史上影响海南的十次地震》，载搜狐网：https：//www.sohu.com/a/246908966_200317，最后访问日期：2020 年 3 月 17 日。

91.《南海海域附近发生 5.9 级左右地震》，载搜狐网：https：//www.sohu.com/a/309644029_118392，最后访问日期：2020 年 3 月 17 日。

92.《2019 年 9 月 5 日 21 时 58 分在南海海域发生 5.2 级地震》，载海南省地震局：http：//www.haindzj.gov.cn/dzml/zgjlqdz/201909/t20190908_3231365.html，最后访问日期：2020 年 3 月 17 日。

93. National Marine Sanctuaries Act, The United States Congress：http：//sanctuaries.noaa.gov/library/national/nmsa.pdf, last visited Apr. 10, 2018.

94.《人民日报：中国在南海断续线内的历史性权利不容妄议和否定》，载人民网：http：//opinion.people.com.cn/n1/2016/0523/c1003-28369833.html，最后访问日期：2020 年 3 月 18 日。

95.《中华人民共和国政府和菲律宾共和国政府联合声明》，载中华人民共和国中央人民政府：http：//www.gov.cn/xinwen/2017-11/16/content_5240177.htm，最后访问日期：2019 年 12 月 26 日。

96.《"搁置争议，共同开发"》，载中华人民共和国外交部：https：//www.fmprc.gov.cn/web/ziliao_674904/wjs_674919_674923/200011/t20001107_10250989.shtml，最后访问日期：2020 年 8 月 31 日。

后　记

行文至此，此书终成定稿，内心无限感慨与唏嘘。文章千古事，得失寸心知，本书是作者在主持的国家社科基金青年项目"南海丝绸之路水下文化遗产合作保护问题研究"结项成果的基础上修订而成。从起稿至终稿，对这本书倾注了太多情感，此刻心中有繁重"枷锁"卸下后的释然，有受惠于人的感激，有似故人分别时的眷恋，也有美中不足的惋惜，多种情感交织在一起，唯有寄情笔尖，写下内心思绪万千。

犹记当年，我满腔热忱来到武汉大学珞珈山求学，在恩师郭玉军教授的指导下，从事文化遗产保护法的学习与研究，自此便对该领域产生了浓厚的兴趣。一路走来，结识了诸多良师益友，在本课题的研究与本书的写作过程中，也得到了他们的指导与帮助。感谢恩师郭玉军教授和蔡兴先生的知遇之恩和培养之恩；感谢原国家文化局水下文化遗产保护中心姜波主任的提携与指导；感谢国家文化局水下文化遗产保护中心王晶副研究馆员热忱帮助；感谢我的博士研究生任鹏举在本书校对和资料收集中付出的努力。

爱好由来笔难落，一诗千改始心安。从计划成书至落笔为终，文章结构内容不断修改，却总有能力所不及之处。或是对《保护水下文化遗产公约》等相关法律法规的核心精神要义理解不足，抑或是对一些问题存在不同见解，心中对本书总留有一丝遗憾。但正是这份缺憾加深了对本书的情感，也会携带这份遗憾继续从事文化遗产保护法的研究，不断前行。

起稿至今，历时颇久，其间有过才思枯竭之时的辛酸，有过文思泉涌的喜悦，也有过理论深度更上一层的欣慰，拾起笔尖，心中总有一丝不舍。此刻仿佛是一段旅程的结束，这一路经历了写作艰难的崎岖之路，也领略了写作初成的绝美风景，而旅程的结束留下的便只有不舍与回忆，我会怀揣着这份不舍与回忆继续从事文化遗产法研究，使内心的情感得以延续。

　　最后，感谢武汉大学出版社胡荣编辑的辛勤工作，本书能在母校的出版社出版，无疑是最好的归宿。

马明飞

2023 年 9 月于辽宁大连